El Chamán,
El físico y el místico

MILLENIUM

Patrick Drouot

El CHAMÁN
EL FÍSICO Y EL MÍSTICO

Javier Vergara Editor
GRUPO ZETA

Barcelona / Bogotá / Buenos Aires
Caracas / Madrid / México D. F.
Montevideo / Quito / Santiago de Chile

Título original: *Le Chaman, le physicien et le mystique*
Traducción: Amanda Forns de Gioia
1.ª edición: febrero 2001

© 1998 Éditions du Rocher
© Ediciones B Argentina, S.A., 2001
   para el sello Javier Vergara Editor
   Paseo Colón 221 - Piso 6 - Buenos Aires (Argentina)
   www.edicionesb.com

Printed in Spain
ISBN: 950-15-2172-9
Depósito legal: M. 4.815-2001

Impreso por BROSMAC, S.L.
Crta. Villaviciosa a Móstoles Km. 1
28670 VILLAVICIOSA DE ODÓN (Madrid)

Todos los derechos reservados. Bajo las sanciones establecidas en las leyes, queda rigurosamente prohibida, sin autorización escrita de los titulares del *copyright*, la reproducción total o parcial de esta obra por cualquier medio o procedimiento, comprendidos la reprografía y el tratamiento informático, así como la distribución de ejemplares mediante alquiler o préstamo públicos.

A Liliane,
a las chamanes de su linaje.

*La purificación vendrá.
La Gran Madre nos acunará en sus brazos
y secará nuestras lágrimas
y el Gran Padre caminará entre nosotros.
Será esta generación
—todos vosotros— la que lo hará posible
y el círculo roto de la nación
se formará de nuevo.*

WALLACE BLACK ELK
MÉDICO BRUJO OGLALA

Introducción

El Chamán, el médico y el místico evoca la cultura tradicional de pueblos abiertos a la dimensión oculta del mundo. Para ellos, el medio, los espíritus de la naturaleza y los dioses forman parte de la misma esfera mágica. Este libro expone las enseñanzas de chamanes conocidos durante viajes por los hemisferios Norte y Sur,[1] su visión de la vida y de la muerte, de la enfermedad y de la curación. Aborda igualmente el tema de sus poderes paranormales, de sus profecías y de sus incursiones en el mundo de los espíritus.

No soy más que un neófito en el camino de la conciencia chamánica, pero en muchas oportunidades me he sentido recipiendario de un conocimiento olvidado. Por eso he deseado describir el acceso a una notable vía de liberación psicológica y espiritual; una manera de estar en el mundo que desafía nuestras concepciones del cuerpo, del espíritu y del alma. Creo que las enseñanzas de los pueblos tradicionales son tan ricas y estimulantes en la actualidad como antes de la llegada de los primeros europeos.

En realidad, este libro es el fruto de un encuentro entre la visión occidental del ser humano, de su papel y de su lugar dentro del universo y la esfera mágica del mundo chamánico. Cuenta las vivencias de representantes de la tradición amerindia, de la cuenca amazónica y de la Polinesia, así como la fascinación que ella ha ejercido sobre mi búsqueda personal.

Desde finales de los años setenta, efectué investigaciones, como médico, acerca de la naturaleza de la conciencia humana. Yo mismo experimenté e hice vivir a otras personas viajes hacia el mundo interior. Conocí las experiencias de expansión de la conciencia descritas por todas las tradiciones; viaje hacia vidas anteriores, proyección de la conciencia fuera del cuerpo e incursión dentro de los mundos sutiles. He buscado en las enseñanzas tibetanas y yoguis paralelos con nuestros conceptos occidentales.

A comienzos de los años ochenta, cuando vivía en Nueva York, participé en encuentros interculturales entre el mundo de los blancos y la cultura aborigen de América del Norte y conocí así a representantes de la tradición chamánica amerindia. Sus rituales, sus plegarias de agradecimiento a la Madre Tierra y su visión de la enfermedad y de la curación me impresionaron enormemente. Me pareció que esas culturas habían desarrollado, a lo largo de toda su historia, enseñanzas y prácticas espirituales que permitían trascender los estratos de la realidad convencional y hacer la experiencia de una dimensión en la cual nuestras nociones de tiempo, de espacio y de causalidad quedan suspendidas.

Mi búsqueda me llevó a terrenos tan diversos como la historia de la medicina, la mitología comparada de Joseph Campbell, el estudio de los relatos de los primeros exploradores, el folclore y las narraciones aborígenes anteriores al contacto.[2]

Me interesé igualmente en los estados de conciencia transpersonales descritos por las tradiciones orientales y chamánicas. Caminos que desembocan en enseñanzas, conceptos, perspectivas y experiencias que hoy nos hablan con una asombrosa e irresistible pertinencia.

En esta introducción, quisiera sin embargo mencionar la existencia de una tradición celta. Un día, Raymond Graf, un representante de la antigua cultura maorí del Pacífico Sur, me dijo: "Debajo de mil quinientos años de sustrato cristiano, ¡vuestras raíces culturales profundas son celtas!". Extraña observación de parte de un tahitiano tan ajeno a nuestra cultura. Los celtas han elaborado una concepción de la vida llamada Wyrd:[3] una manera de ser y de evolucionar que trasciende nuestras nociones convencionales de libre albedrío y de determinismo. Todos los aspectos del mundo son percibidos dentro de un flujo, un movimiento constante entre las polaridades psicológica y mística del fuego y del hielo: una visión creadora y orgánica paralela a los conceptos orientales clásicos de yin y de yang. En la actualidad está apoyada por algunos desarrollos en física teórica.

De este concepto de Wyrd resulta una visión del universo —de los dioses en el mundo subterráneo— representado por un sistema de fibras gigantescas, una especie de monumental tela de araña en tres dimensiones. Cuando se hace vibrar uno de los hilos de la tela, todo el conjunto entra en resonancia, al estar ligados todos sus componentes. Esta imagen trasciende nuestro enfoque de la ecología, que no obstante ya ha ampliado nuestro concepto de causa y de efecto a cadenas de influencia más prolongadas y más laterales. Pero la tela del chamán celta propone un modelo que toma en cuenta tanto los acontecimientos de la vida individual como los fenómenos físicos y biológicos, tanto los acontecimientos inmateriales como los materiales, y que cuestiona nuestro propio concepto de causalidad.

Innumerables pruebas confirman que una tradición chamánica se desarrolló en todos los puntos del globo. Ella implica la coexistencia de un mundo de espíritus dinámico y omnipresente y de un mundo material. Esos espíritus, manifestaciones de las fuerzas de la naturaleza, son invisibles para la mayoría de los humanos, pero no para los chamanes, seres dotados de aptitudes paranormales.

Los chamanes practicaban la curación y la adivinación, presidían ritos de adoración y celebraciones, y hasta servían de consejeros a los reyes. Sus aptitudes eran reconocidas, cultivadas y mantenidas porque permitían el acceso al terreno de la magia. El ser investido de esos poderes trataba directamente con los espíritus y actuaba como mediador entre el mundo interior y el de la materia. Naturalmente, el abismo cultural entre la visión cartesiana clásica y las tradiciones chamánicas es gigantesco. Sin embargo, las aptitudes de la conciencia humana parecen cambiar poco con el tiempo. De tal modo, la emergencia de la tradición chamánica mundial, sus enseñanzas, creencias, prácticas y vías de iniciación, constituyen un camino de liberación psicológica y espiritual muy valioso para Occidente.

Todos los pueblos tradicionales poseen un mito de la Creación que constituye el esqueleto de su visión chamánica del universo. He intentado, de manera muy modesta, utilizar el sistema metafórico de esos pueblos para describir el mito de los orígenes y las profecías de los primeros contactos en la Polinesia. Este sistema no se articula en el cerebro izquierdo lógico, sino en la expresión artística y creadora típica del funcionamiento del cerebro derecho, con su inmenso potencial no utilizado, hasta hoy, por nuestro sistema cultural occidental.

El resurgimiento espectacular de la conciencia chamánica durante los últimos veinte años encuentra entre nosotros una creciente aceptación. Como vía de transformación personal y espiritual, constituye el meollo de numerosas problemáticas contemporáneas. Cada capítulo ilustra mi encuentro con una dimensión particular de esta tradición.

La perspectiva chamánica trasciende los límites estrechos de la psiquiatría, de la psicología y de la visión de un mundo ordenado, estable y determinado. Los descubrimientos revolucionarios de la física cuántica, el estudio de las estructuras disipativas, la investigación del potencial del cerebro, la holografía, las experiencias de expansión de la conciencia pueden combinarse tanto con las enseñanzas de las grandes tradiciones espirituales como con las experiencias comunicadas por los antropólogos. Se impone una revisión radical de nuestras concepciones fundamentales de la naturaleza humana y del universo.

Desde el comienzo de mis investigaciones, percibí las lagunas propias del enfoque científico de la vía chamánica. No existe física de la conciencia o, más exactamente, no existe el menor intento tendente a conciliar ciencia y chamanismo. Sin olvidar mi formación médica, me propuse ese acercamiento en el quinto capítulo de esta obra. Nuevas reflexiones vinieron a sumarse a mis primeros ensayos.

¿Cómo concebir las experiencias chamánicas, vehiculizadas por las tradiciones de todas las edades, en un mundo determinista? Esta cuestión traduce una profunda tensión entre nuestro pensamiento occidental, que, por una parte, favorece un saber objetivo y, por la otra, predica un ideal humanista de responsabilidad y libertad. En la actualidad, nos situamos en una etapa crucial de esta aventura. En el punto de partida de una nueva racionalidad que ya no identifica ciencia y certeza, probabilidad e ignorancia. En los albores del tercer milenio se producen muchos cambios: numerosas personas aspiran hoy a un estilo de vida diferente, a un sistema ecológico pensado nuevamente, a una medicina más humana, a una participación en los conocimientos, al respeto de las diferencias. Lo que era inconcebible hace treinta años ahora se ha hecho posible.

Según Karl Popper,[4] el determinismo no sólo cuestiona la libertad humana, sino que también hace imposible toda confrontación con la realidad, que es sin embargo la vocación de nuestro conocimiento. En consecuencia, se impone tanto una física chamánica de la conciencia como una reformulación de las leyes fundamentales de la física. Incorporar el indeterminismo y las experiencias chamánicas a las leyes de la física es la respuesta que podemos aportar a este desafío. Si nos mostramos incapaces de hacerlo, esas leyes serán tan incompletas como si dejaran de lado la gravitación o la electricidad. El error inherente a las leyes de la ciencia actual reside en el hecho de que describen un mundo idealizado y estable, en lugar del mundo inestable y evolutivo en el cual vivimos. Las experiencias descritas en esta obra nos obligan a reconsiderar la validez de las leyes fundamentales tanto clásicas como cuánticas.

En todas las épocas, los estados visionarios han desempeñado un papel importante. Los encontramos en el origen tanto de los trances extáticos de los chamanes como de las revelaciones de los fundadores de las grandes corrientes religiosas y hasta en el origen de notables fenómenos de curación o de inspiraciones artísticas. Las culturas antiguas y preindustriales siempre han visto en los estados no ordinarios de la conciencia un medio de acercarse a los aspectos ocultos de lo real y de alcanzar una dimensión espiritual.

El advenimiento de la revolución científica de los siglos XVII y XVIII alteró todo esto. Los estados de conciencia chamánica ya no fueron considerados como una prolongación del estado normal de vigilia sino como una distorsión de la actividad mental. A partir de ahí, las personas que presentaban anomalías emocionales y psicosomáticas fueron consideradas automáticamente enfermas. La ciencia moderna no distingue psicosis y vigilia chamánica; tiende a tratar los estados no ordinarios de la conciencia con el uso de antidepresivos y ansiolíticos.

En los últimos treinta años, esta tendencia ha comenzado a invertirse. Progresivamente, un número significativo de investigadores, algunos de ellos muy eminentes, han reconocido que las experiencias de maduración y de desarrollo personal conducen a un mayor bienestar psicológico y espiritual.

Nos alarma cada vez más la crisis que atraviesa nuestra civilización, nuestro sistema de pensamiento y nuestro estado de conciencia. El renacimiento del interés por las antiguas tradiciones espirituales, la búsqueda chamánica y la fusión de nuestro cuerpo de luz con el de la Gran Madre Tierra es una señal alentadora y prometedora.

En abril de 1997, conocí en Belo Horizonte, Brasil, a Leonardo Boff,[5] teólogo y ex padre franciscano, que abandonó la Iglesia católica tras años de divergencias con el Vaticano. El 12 de octubre de 1992, aniversario de la conquista de los pueblos amerindios por parte de los españoles, pronunció su famoso sermón del Cristo del Corcovado, en Río de Janeiro. Para todos los pueblos tradicionales del mundo, es un himno de esperanza. He aquí algunos extractos:

> Me apeno por vosotros, millones y millones de hermanas y hermanos, mis pequeños, excluidos de la tierra, solitarios, ocultos en la selva, apiñados en los barrios pobres, caídos en tantos caminos, allí donde ningún samaritano estaba presente para socorreros.
>
> Mirad las selvas y los bosques, la gigantesca cordillera y la inmensa Amazonia, los ríos caudalosos y los valles profundos, los animales salvajes y las innumerables aves. Todos son vuestros hermanos y hermanas. El Padre cuida de vosotros; por eso cuidaos vosotros también. Todos los seres del cosmos heredarán juntos el Reino.
>
> Que la gracia esté con vosotros, indígenas americanos, mis primeros testigos en estas tierras fecundas de Abia Ayala. Vuestras ciudades, vuestras pirámides, vuestras rutas, vuestros rituales, el Sol y la Luna que veneráis, son signos del Creador, de ese Dios a la vez tan próximo y tan lejano, del Dios por quien todo vive. Y por esas guerras que habéis padecido a fin de proteger el sentido del sacrificio, obtendréis misericordia.
>
> Infortunados quienes os sometieron, quienes arrasaron vuestros cultivos, devoraron vuestras flores, intentaron emascular al Sol, destruyeron vuestros altares, engañaron a vuestros sabios, impusieron sus doctrinas, día y noche, mediante la violencia de la espada y de la cruz.

Dichosos aquellos de vosotros que creen en la fuerza secreta de la simiente. Tendrán el poder de resucitar al pueblo y de reanimar las culturas para alegría de los ancianos y para la alabanza del Santo Nombre de Dios, de Viracocha y de Quetzalcoatl.

Este libro describe, en verdad, una vía de liberación espiritual a través del camino de la tradición chamánica. Es el canto de victoria de los grandes antepasados desaparecidos, de quienes sólo soy el humilde mensajero.

Patrick Drouot
París, verano de 1998

I

EL VIAJE
CHAMÁNICO

Crowley Lake, contrafuerte de la High Sierra, California, septiembre de 1992

En el interior de la tienda de sudación, el sonido del tambor se hacía más y más persistente. Las voces, los cánticos y las plegarias, cada vez más intensos. La matraca del médico brujo imprimía un tono particular a la armonía sonora de esa ceremonia yuwipi.

Sentado en el suelo sobre hojas de salvia, las piernas cruzadas, cerca del camino de los espíritus, entre la entrada de la cabaña y el fuego ceremonial, yo me ensimismaba poco a poco en mis pensamientos. Aunque el aire todavía estaba templado en esa parte de la sierra californiana, yo temblaba. La luna de las ciruelas maduras —el mes de agosto— había cedido lugar a la de las hojas amarillas.

El fuego sagrado seguía ardiendo detrás de mí, enrojeciendo las piedras como lo exigía el ritual. Yo trataba de permanecer atento a todos los pedidos que el médico brujo dirigía desde el interior de la *sweat lodge*.

Desde hacía ya dos horas, el ritual milenario se desarrollaba según las etapas sucesivas que, generación tras generación, los chamanes respetaban, fieles a las enseñanzas de los ancianos. El ritmo del tambor, los cánticos, las oraciones, el ambiente de la High Sierra me habían llevado poco a poco a un estado que yo conocía bien. Mi mente, habituada a ese mecanismo particular, respondía de inmediato con una mayor disponibilidad y una ampliación de la conciencia.

Experimentaba la sensación indefinible de tener un pie en el universo exterior, otro pie en el interior. Siempre me aventuraba con un placer inconmensurable en este último, que me procuraba una deliciosa sensación de abandono, como si me convirtiera en un viajero de los dos mundos. Por un lado, el visible, con las montañas, el cielo estrellado, los árboles y una brisa fresca de final del verano. Por el otro, lo invisible y sus misterios. El "mundo oculto detrás del mundo" se develaba de nuevo.

En la tienda, todos —norteamericanos de las ciudades e indios del campo— compartían el mismo ritual, los mismos cánticos. Yo sentía que mi cerebro respondía a los estímulos externos.

Me resultaba evidente que ese órgano tan particular no se limita a los cinco sentidos. Un estímulo exterior permite, en efecto, proyectar la conciencia a estados de extraordinaria lucidez, de meditación, de concentración y de contemplación profundas. A decir verdad, descubría una manera lúcida de alcanzar ese grado de conciencia que yo había bautizado nivel 21 y que se caracteriza por la sensación de escapar del tiempo lineal habitual; es el tercero de los siete grados accesibles a la conciencia humana.[1] Su apertura favorece la aparición de los estados visionarios, así como la percepción de los campos energéticos y de las auras.

Experimentaba de nuevo ese sentimiento de alcanzar la otra vertiente de la realidad, permaneciendo al mismo tiempo consciente de mi tiempo propio: el aquí y ahora. Mi cuerpo físico me parecía no ser más que un vehículo, un simple soporte. A favor de esta exploración, mi conciencia adquiría su dimensión real. En esa noche de la High Sierra, yo penetraba un espacio firmamento; una especie de *no man's land*. Es más allá de esa zona fronteriza donde se encuentran, si hemos de creer en las tradiciones, los mundos de la posvida.

Sentado en mi lecho de salvia, era presa de una sensación extraña. Practicaba los estados de expansión de la conciencia desde hacía años, pero siempre en condiciones protegidas: acostado, dentro de un marco privilegiado, con o sin estímulos externos (música, sonidos de sincronización de los hemisferios cerebrales perfeccionados por el *Monroe Institute* de Estados Unidos, etcétera). Ahora bien, aquí, mi cuerpo lúcido se comunicaba con el ambiente exterior como si el aire que respiraba me dirigiera un mensaje de bienvenida, como si el cielo estrellado me insuflara su alegría de vivir... ¡Ah, el misterio de la Vida!

Mi cerebro izquierdo descubría sus mecanismos lógicos, y mi cerebro derecho su capacidad de apreciar una realidad más sutil. Otro nivel de mi conciencia, ligero como una pluma, captaba el funcionamiento simultáneo de esos dos procesos. El cerebro es una máquina de memoria, un vínculo entre el mundo físico y receptivas dimensiones de vida en campos de memoria desaparecidos hace mucho tiempo.

Esta expansión progresiva de mi conciencia me ayudaba a descifrar el mensaje que me dirigía la Tierra. Escuchaba el ligero roce de los mocasines de los indios que pisaron antaño esta tierra. Como en un aquí absoluto, fusión de un nacimiento pasado y de una muerte sin futuro, todo está presente, todo es justo, todo está bien.

El aullido del Gran Padre Coyote detrás de la tienda de sudación me arrancó de mi ensoñación; un reflejo del cerebro izquierdo. Vagamente inquieto, me preguntaba cómo reaccionar si aparecían coyotes. Confiado, sin embargo, me acerqué al fuego acechando la llegada del Gran Padre Coyote —un símbolo extremadamente poderoso entre los indios de las llanuras. De pronto, una presencia innombrable se hacía perceptible. Mis ojos —los del cuerpo y los del alma— se volvieron hacia los árboles y distinguí una masa fluídica enorme que flotaba entre las ramas y se desplazaba lentamente.

¿Cómo describir una nube energética? ¿Cómo explicar una visión de cinco dimensiones? Las palabras son incapaces de hacerlo; sin embargo, mi *otro* yo registraba, como en una película en cámara lenta, las fases sucesivas del acontecimiento. Mi atención se concentró en los cánticos obsesivos que ascendían de la tienda de sudación; me di cuenta de que la voz del médico brujo ganaba en intensidad. Llamaba a los espíritus yuwipis.

En ausencia de todo soplo de aire, las hojas y las ramas de los árboles vecinos empezaron a mecerse, como bajo la caricia de un viento imperceptible. De pronto, los espíritus del Pueblo de la Piedra se manifestaron exactamente encima del fuego, a mi lado. Yo también me había vuelto "innombrable". Sabía a mi cuerpo capaz de obedecer los impulsos de mi cerebro, pero ya no sentía ningún deseo; ni el de permanecer sentado ni el de incorporarme. Simplemente, yo era.

Los espíritus de la naturaleza —árboles, montañas, plantas, animales— tanto pasados, presentes, como futuros, se reunieron como en un largo suspiro, pasaron por encima del pequeño altar situado en la entrada de la tienda de sudación, y se precipitaron dentro del lugar ceremonial.

Mientras yo miraba esa nube fluídica, energética, formarse en el gran árbol cercano, la voz del abuelo Wallace me llamó desde el interior de la tienda:

—*Firekeeper, is somebody out there?*[2]

Agregó, dirigiéndose a su nieto Andrew, quien lo asistía en esta ceremonia:

—Alguien camina afuera, alguien llega.

Con su sensibilidad exacerbada, el chamán había percibido la reunión de los espíritus, aun antes de que penetraran en el lugar ceremonial. Ya no eran plegarias ni cánticos chamánicos lo que se elevaba del grupo de participantes, sino el cántico de la Creación.

Examiné el resplandor rojizo de las brasas. ¿Quién era yo? ¿Un blanco o un indio? ¡Qué importaba! Mi sangre es la de un blanco, es verdad, pero en ese preciso momento yo formaba un solo ser con todos los seres humanos, sin distinción de raza ni de color. Vivir —pensaba yo— es adaptarse. Si se es incapaz de hacerlo, hay que dejar el lugar a otros. Pasado y futuro, todo es vano; sólo existe el instante del eterno presente.

Aspiré un perfume: la salvia; hierba misteriosa que nunca envejece, que no muere jamás, hierba ritual que purifica, que ayuda al ser a entrar en armonía con la naturaleza y los espíritus.

Cuando percibí que me sumía en un sueño particular, resonó un leve piar de pájaros entre las ramas que el grupo había recogido detrás de mí, justo antes de la ceremonia, para despejar el espacio sagrado. Esos suaves gritos de aves dormidas eran repetidos incansablemente, lo bastante fuerte para evitar que yo sucumbiera totalmente. Sentí de pronto la necesidad de tocar la tierra. Mi mano izquierda se deslizó sobre el suelo como cuando se acaricia la mejilla de un niño. En los orígenes, la tierra era una fuerza espiritual; según los Ancianos, llegará el día en que esa fuerza absorberá la tierra. Al posar la mano sobre el suelo, me pareció reconocer cada brizna de hierba y percibir bajo ellas la fuerza espiritual eterna de la verdadera Gran Madre.

Me hallaba reflexionando de ese modo cuando la pequeña puerta de la tienda de sudación se abrió. Wallace Black Elk me pidió que trajera agua para que cada participante pudiese beber un sorbo. Le expresé mi deseo de pronunciar una plegaria de agradecimiento para el grupo. Luego de obtener su autorización, penetré en la choza —adentro hacía un calor de baño de vapor, pero en ese gran círculo, cada uno parecía distendido, feliz, calmo. Todos eran mis amigos: Wallace Black Elk, el médico brujo; Andrew Thunderdog,[3] su nieto adoptivo; Kim Buszka, una dibujante de Boston de origen blackfoot;[4] Leslie, su amiga, también de Boston; Julie, de San Francisco; Antonio, conductor de autobuses en los suburbios de Los Ángeles; Jeffrey, indio crow de una reserva vecina; Josh, mestizo shoshon de visita en casa de su abuelo Wallace.

Nos sentíamos como barridos por el soplo del Gran Misterio. Cada ser, un misterio dentro del misterio global, un cuerpo dentro de un alma comunitaria, una conciencia en comunión con la del grupo. Me senté entre Wallace Black Elk y Andrew. Como el gran chamán me invitaba a hablar con un gesto de cabeza, dije:

—Agradezco a todas las personas aquí presentes por haberme permitido ser el guardián del fuego. He cumplido mi tarea con espíritu de compasión y con amor. He orado a *Tunkashila*[5] para que todos los seres humanos reunidos aquí tengan alegría y felicidad durante el resto de su vida.

Wallace exclamó: *¡Aho!*, una manera lakota de asentir; luego pidió a su nieto que retribuyera el agradecimiento. Los indios son maravillosos oradores, tal vez por sus lejanos orígenes asiáticos. Quien habría de convertirse en mi hermano y mi amigo me agradeció a su vez; luego Black Elk pidió a los otros participantes que hicieran lo mismo. Fue un instante maravilloso, uno de esos instantes que reúnen a todos los seres en una profunda comunión.

En la tienda, Antonio, el angelino,[6] me confió que había sentido inmediatamente la presencia de los espíritus. Suele ocurrir, en tales ceremonias, que se eleve una ola de angustia, luego que desaparezca, que se instale un sentimiento de alegría, de ligereza o, por el contrario, de opresión, como si cada participante sintiera las cosas según su estado de ánimo o su árbol psicológico. Se nos recomienda entonces orar intensamente. Lo ideal sería conocer las plegarias en lakota, pero lamentablemente nosotros —representantes del pueblo pálido— sólo conocemos de ellas algunos fragmentos.

Durante el ritual, Wallace recibía sus instrucciones de los espíritus y les respondía en un lenguaje sagrado para hacerse comprender por ellos y posibilitar el intercambio. El momento más impresionante fue cuando se sintieron como unos aleteos, pequeños flashes de luz azul eléctrico. Habrían sido producidos por guijarros volando a través de la *lodge*. Se dice que esas piedrecillas son las formas manifiestas de los espíritus.

Al finalizar la ceremonia, todos los participantes entonaron el cántico de plegaria y el cántico de ofrenda para hacer don a los espíritus de todos los objetos sagrados situados sobre el altar —incluidos los alimentos— a fin de que los bendijeran antes de partir. También el chamán es bendecido por los espíritus. De hecho, su seguridad depende de su sinceridad en el transcurso de toda la ceremonia.

Entonces, Wallace tomó la pipa sagrada del altar y la tendió por turno a cada uno. Todos estábamos profundamente conmovidos por lo que acabábamos de vivir. Cuando la pipa sagrada recorría el círculo, cada uno aspiraba dos o tres bocanadas pronunciando con fervor religioso: *Mitakuye Oyasin*.[7] En la penumbra de la *sweat lodge*, todos sentíamos nuestro vínculo de parentesco con los elementos de la Creación. Yo tenía la sensación de estar dentro de la matriz de la Tierra Madre, tan protegido como un niño en el vientre de su madre.

Chanunpa, la pipa sagrada, circuló por última vez. El tabaco había sido colocado con sumo cuidado, pues los ancianos dicen que el *Wakinyan* —el misterio volante, el rayo— se encoleriza si el médico brujo deja caer una sola pizca de tabaco al llenar la pipa. Salimos luego de la tienda respetando el sentido de las agujas del reloj, siendo el último el líder de la ceremonia.

Cada uno respiraba a pleno pulmón el aire vivificante de la montaña. Black Elk apareció a su vez. Estiró su gran cuerpo y permaneció silencioso. Me acerqué a él con respeto y le confesé que había oído al Coyote detrás de Inipi, la *sweat lodge*. El gran lakota se rió a carcajadas y se dirigió a todo el grupo:

—¿Habéis oído lo que el hombre blanco acaba de decir? Oyó al coyote. Estoy seguro de que debe de haber tenido miedo.

Yo no reaccioné, esperando que se explicara. Otros se echaron a reír. Terminé por preguntarles la causa de esa hilaridad. Mis nuevos amigos me dijeron que no había coyotes en la región. Quedé desconcertado.

Wallace añadió que el primer espíritu que se había manifestado había sido el Gran Padre Coyote, como lo explicó a todos los participantes:

—Entonces, lo que él oyó es la enseñanza de su otro espíritu.

Permanecí de nuevo silencioso, midiendo hasta qué punto podemos escuchar lo inaudible y ver lo invisible cuando las condiciones son propicias y el ser se abandona a su naturaleza profunda, verdadera, auténtica. Mi otro espíritu, "mi voz familiar", no me engañaba; sin embargo, había dejado que unos bromistas invisibles se burlaran de mí.

Por último, el grupo fue hacia el edificio grande para descansar un poco. Permanecí un instante pensativo recordando las reflexiones de Ruth Beebe Hill,[8] cuyo libro había releído precisamente antes de mi partida de Nueva York. Ella explica que las familias ancestrales de los indios no poseían términos tales como: *admitir, esperanza, fin, duda, asumir, porque, creer, olvidar, culpabilidad, perjudicial, debería, pesar, despilfarro, ellos, nosotros*. Estos conceptos y lo que ellos abarcan no existían simplemente para ellos; son aportes de la civilización blanca al Nuevo Mundo. Me resultaba difícil, al menos de momento, volver a hundirme en su memoria colectiva. Sólo mi otro espíritu —mi "voz familiar"— podía ayudarme a hacerlo.

WALLACE BLACK ELK, INIPI, LA *SWEAT LODGE*

Nacido en 1921 en Dakota del Sur, Black Elk[9] recibió, desde su más tierna infancia, las enseñanzas de su abuelo, el famoso Nicolás Black Elk. Es uno de los últimos chamanes amerindios que fue educado en la tradición y tomó la "ruta roja sagrada". Reconocido por su pueblo como un Anciano y un jefe espiritual, Wallace da numerosas conferencias en Estados Unidos, en Europa y en Japón. Imparte una enseñanza chamánica auténtica, vivida desde el interior.

Wallace, o *Grand-Pa*, como se lo llama familiarmente, ha desempeñado un papel muy importante en el terreno político, luchando por la libertad de los indios norteamericanos. Conduce ceremonias lakotas tradicionales: danza del sol, búsqueda de visión yuwipi, *sweat lodge*, inipi, etcétera. A través de

Chanunpa, la pipa sagrada de la que es poseedor, se comunica directamente con sus animales guardianes y puede así ayudar en las ceremonias de curación.

Para los lakotas, la pipa sagrada es el objeto más santo del universo, cuyo poder no es superado por nada. Todas sus pipas provienen de la pipa sagrada original, que poseen siempre y que les fue concedida por la Mujer Bisonte Blanco.

Fumar la pipa, enseña Grand-Pa, equivale a afirmar a la vez la dimensión horizontal de su parentesco y la dimensión vertical de su identidad. El concepto de parentesco se basa en el hecho de que todos los que fuman juntos participan de la misma ceremonia y cumplen los mismos gestos rituales ancestrales.

Mientras fumábamos en un silencio religioso, sentíamos ese vínculo con todos los elementos de la creación.

El médico brujo había dicho:

—Incluyamos los poderes de las cuatro direcciones, domicilios de los cuatro vientos que están reunidos en un solo poder en su padre, el viento que permanece en el cielo. Yo dirijo el tubo de *Chanunpa* hacia las cuatro direcciones, luego hacia el cielo.

Al cumplir ese gesto, afirmábamos, como Wallace nos lo había enseñado:

—Fumo con *Tunkashila*.[10]

Por este ritual, el concepto de parentesco se fusiona con el de identidad. Cuando se pone el tabaco en el hornillo de la pipa, se lo identifica con nombres de pájaros y de animales. Se evocan todos los poderes, todas las formas del universo. Una vez armada, la pipa sagrada se convierte en el cuerpo reconstituido del Gran Espíritu, una totalidad sintética y significativa. Todas las formas de la Creación están reunidas y luego unificadas por la acción del Fuego.

Durante mi estancia en Crowley Lake, Black Elk realizó varias ceremonias yuwipis. Se trataba de rituales de curación destinados a aliviar a personas afectadas de graves enfermedades (cáncer, esclerosis en placas, sida, afecciones pulmonares y renales). La mayoría de las ceremonias yuwipis se practican en las reservas de Dakota, pero algunos médicos brujos las realizan en otras partes, como la que yo acababa de vivir en el noreste californiano.

La ceremonia yuwipi es el ritual más poderoso entre los sioux lakotas. En esa ocasión, el chamán convoca a sus espíritus guardianes para cumplir rituales de curación, pero también para encontrar un objeto perdido, localizar una manada de bisontes o profetizar. La ceremonia yuwipi proviene posiblemente de la de la tienda tembladora de las naciones ojibwas y crees de Canadá y de la región de los Grandes Lagos. Muchas similitudes existen entre ambas, como con la Loge de los espíritus arapahos. Un médico brujo lakota rara vez se convierte en un líder yuwipi —"el que convoca a los espíritus"— antes de los cuarenta años y hasta de los cincuenta, pues necesita tener mucha experiencia para soportar y canalizar el poder considerable engendrado por esa ceremonia tan particular.

El aprendizaje dura varios años. Generalmente, es impartido por otro yuwipi encargado de enseñar los sonidos necesarios, la manera de disponer el altar y de cumplir el ritual. El aprendiz, aunque tenga ya veinte o treinta años de experiencia como médico brujo, debe realizar numerosas búsquedas personales de visión antes de adquirir la fuerza y la capacidad suficientes para practicar esta ceremonia. Black Elk dice que la mayoría abordan ese ritual con precauciones y respeto infinitos, teniendo en cuenta el poder intenso y la naturaleza volátil de los espíritus yuwipis. Es necesario ser capaz de controlar a todos los espíritus convocados, incluso a los Seres Truenos, extremadamente potentes y ruidosos. Una fuerza no dominada puede resultar peligrosa para el chamán y los miembros de su familia, sobre todo los niños.

Yo había oído hablar de las ceremonias yuwipis, pero hasta entonces nunca había participado en ellas. Para comenzar, todos los objetos necesarios son purificados cuidadosamente con salvia antes de ser dispuestos sobre el altar. Los banderines de oración, representando los cuatro puntos cardinales, se disponen en los extremos del altar, según su color. Se ha previsto fabricar cuatrocientos cinco saquitos de oraciones conteniendo tabaco o *kinikinick,* que representan los cuatrocientos cinco espíritus. El alimento ceremonial es depositado al pie del altar, generalmente al este. Black Elk nos explicó que, en el momento en que los espíritus penetran en la *lodge*, rozan el alimento que desde ese momento adquiere virtudes curativas. Por eso se lo consume con gran deferencia durante el festín que sigue a la ceremonia.

Casi todas las tribus practican la ceremonia de la *sweat lodge* para purificarse el cuerpo y el alma.

El baño de vapor existía entre los mayas y los aztecas mucho antes de la llegada de los españoles. En el siglo XVI, un dominico, el hermano Diego Durán, describió a los aztecas tomando baños secos en el interior de las *temezcalli*, las casas de sudación: "Esas casas de baños se calientan con fuego y son relativamente pequeñas. Cada cabaña puede contener diez personas sentadas. La entrada es muy baja y estrecha. Las personas entran una a una".

Los aztecas veneraban a un dios de la cabaña de sudación. Durante la purificación, le dirigían plegarias. Según el hermano Durán, el calor que había allí era tal que un español no habría podido soportarlo y habría quedado paralizado de por vida. Los conquistadores observaron esas mismas *temezcalli* entre los antiguos pueblos de México (en la antigua lengua azteca, *teme* significa bañarse, y *calli*, casa.)

Es curioso observar que los misioneros españoles que siguieron a los conquistadores dedicaron tantos esfuerzos a describir las *temezcalli* como los que hicieron después para destruirlas.

La cabaña de sudación *(kashim)* existía también entre los inuits. Era una larga estructura de madera descrita como el centro de la vida social y religiosa de la aldea. Un viajero del siglo XVIII, que visitaba a los delawares en Pennsylvania, observó: "En cada aldea se hallaba un horno, situado a cierta distancia del campamento. Estaba construido de madera cubierta de barro y situado junto a una colina. En el interior se colocaban piedras calentadas al rojo vivo. Los indios lo utilizaban para limpiarse y purificarse. La *sweat lodge* de los navajos se asemeja a un pequeño montículo con una entrada formada por un marco de madera de cedro. Los indios de las llanuras realizaban la ceremonia de la *sweat lodge* en cuatro tiempos y la acompañaban de cánticos sagrados y plegarias".

Alrededor de 1830, el famoso pintor del Oeste, Georges Catlin, representó una tienda de sudación mandán realizada en el interior de un tipi. El antropólogo James Mooney informó que el uso de la cabaña de sudación era casi una práctica diaria entre los cheyenes y los kiowas. En toda América, la *sweat lodge* se construye de la misma manera: se doblan y atan juntas ramas suficientemente largas para formar una cúpula de aproximadamente un metro cincuenta de altura, cubierta antaño con pieles de bisonte y en la actualidad con mantas. Al principio, de seis a diez personas se sentaban alrededor de una pequeña fogata central donde se colocan piedras calentadas al rojo vivo. Se vierte agua fría sobre ellas, y eso produce un vapor ardiente. Según la tribu, se practica esta ceremonia en ocasión de las fiestas de pubertad, antes de una danza del sol o de otras ceremonias sagradas, antes de partir a la caza o en camino a la guerra, después de haber matado a un águila o a un ser humano.

Inikagapi, "tomar una *sweat*", es un rito de purificación, que puede también realizarse solamente para sentirse bien, limpio, o para mitigar la fatiga. Pero la mayor parte del tiempo, se trata de una ceremonia sagrada. Es el preludio de un ritual más solemne todavía: la búsqueda de visión.

Hace más de cincuenta años, el chamán Nicolás Black Elk[11] decía que la *sweat lodge* reúne todos los poderes del universo: la tierra, el agua, el fuego y el aire. El agua representa a los Seres Trueno que aportan sus beneficios. El vapor, surgido de las rocas que rodean al fuego, nos purifica y nos permite vivir de acuerdo con la voluntad de Wakan

Tanka. Hasta podríamos esperar una visión si fuésemos suficientemente puros.

El médico brujo lakota Archie Fire Lame Deer,[12] enseña que doce estacas y cuatro horizontes forman el marco de la *lodge*. Cada elemento posee su símbolo y cada símbolo es sagrado. El suelo en el cual se entierran las estacas debe estar situado en las proximidades de un ojo de agua, en un lugar suficientemente provisto de madera; siempre sauce blanco, que cura los dolores de cabeza. Lame Deer cuenta:[13] "Mi padre (John Fire Lame Deer) me decía siempre: es como los huesos del esqueleto de nuestro pueblo. Las ramas de sauce están para recordarnos la vida y la muerte. El sauce muere en invierno pero renace en la primavera, como el pueblo que muere pero sigue viviendo en el mundo de los espíritus".

La entrada de la cabaña debe estar siempre de cara al oeste para unir el sol poniente con el sol nocturno, también llamado luna. Sólo el *Heyoka*, el soñador trueno, siempre contraría la tradición. La entrada de su cabaña de sudación mira hacia el este. Black Elk afirma que la inipi debería estar de cara al este.

La tierra extraída del hogar central, en el interior de la *lodge*, se utiliza para trazar un camino sagrado que conduce a un pequeño montículo llamado a veces *Unci*,[14] a unos cincuenta o sesenta centímetros de la entrada. Un poco más lejos se encenderá el Fuego Sin Fin. Para construirlo, se disponen cuatro leños en la dirección este-oeste, sobre los cuales se colocan otros cuatro orientados según el eje norte-sur. Contra éstos, se apoyan todavía otros leños para formar un tipi. Sobre los leños se colocan las piedras. El fuego sin fin representa no solamente a *Unci,* sino también al poder eterno del Gran Padre Espíritu, porque, si bien el ser humano muere, las montañas y las rocas viven siempre.

Al lado de la hoguera donde se calientan las piedras, se encuentra un altar en forma de cráneo de bisonte sobre el cual se deposita la pipa sagrada: al pie de ese altar, se dispone un cubo de agua de manantial que servirá para rociar las piedras calientes; algunos médicos brujos hacen hervir salvia previamente en ella. En ciertas *sweat lodge*, se transportan las piedras con la ayuda de horquillas, pero la tradición recomienda utilizar cuernos de ciervo. En cada etapa de la preparación de la inipi, conviene pronunciar las oraciones apropiadas.

Hace quince años, en ocasión de mis primeras experiencias de *sweat lodge*, los hombres y las mujeres estaban separados. Algunos líderes tradicionales, en especial Lame Deer, siguen respetando esa regla, mientras que otros, como Wallace Black Elk, realizan la inipi sin la menor segregación. Los participantes entran en la cabaña siguiendo el sentido de las agujas del reloj —el sentido solar—, luego se sientan sobre la tierra. El líder ceremonial se sienta al este de la entrada. El guardián del fuego oficia en el exterior, cerca de la hoguera central. Él es quien lleva las piedras rojas al interior de la *lodge* a pedido del líder ceremonial. Él también abre y cierra la puerta, que no es más que una simple manta, y ejecuta las órdenes del líder.

Las piedras calentadas al rojo adquieren un aspecto particular. Black Elk las llama *stone people*.[15] Cuando las llevan a la cabaña y las disponen ritualmente sobre la hoguera central, parecen dibujarse en ellas rostros, formas... Se comprende entonces hasta qué punto son vivientes. El líder deposita salvia o cedro sobre las piedras y un olor particular llena la *lodge*.

Después se espera que se manifiesten los buenos espíritus, que Wakan Tanka venga a apaciguar y a instruir el corazón de los participantes. Cada uno reza y agradece al Creador, mientras vierte agua fría sobre las piedras ardientes. Poco a poco, un vapor blanco invade la cabaña, como una ola de aire caliente surgida del suelo.

Las *sweat lodges* suelen ser agradables. Pero puede ocurrir que resulten penosas para las personas que no están habituadas a esa clase de experiencias. Recuerdo haber participado, en 1985, en una *lodge* conducida por un joven lakota, en cuyo transcurso todos se sintieron incómodos por el calor, que resultaba literalmente insoportable. Sin embargo, la mayoría de los chamanes conocen los límites que no hay que traspasar con los novicios.

La atmósfera va hechizándose progresivamente. Llevado por los cánticos, las plegarias y el sonido de las matracas, el líder ceremonial implora la llegada de los espíritus y la del Gran Padre del Cielo. Jerry Dunson, un kiowa amigo mío, repetía a menudo: "Padre mío, yo soy algo muy pequeño, dame sólo la humildad necesaria para cumplir esta ceremonia".

Si un participante no soporta más el calor, puede pedir permiso para salir, gritando: *Mitakuye Oyasin*.[16] El guardián del fuego abre la puerta de inmediato y él sale, respetando siempre el sentido de las agujas del reloj. El ritual se desarrolla en cuatro vueltas, o cuatro puertas, es decir que la entrada de la cabaña de sudación es abierta cuatro veces durante la ceremonia. Cada vez que lo hace, el médico brujo (o la médica bruja) pregunta si alguien desea salir.

Chanunpa pasa de mano en mano. Cada uno recibe la pipa sagrada pronunciando algunas palabras o recitando una plegaria. Una ceremonia de esta importancia purifica el cuerpo y el alma —en ciertos casos, uno se puede lavar con salvia.

Por regla general, un gran sentimiento de fraternidad y de armonía une a los participantes. Gracias a *Chanunpa* los lakotas sioux lograron, a despecho de los avatares de su historia, conservar un estrecho vínculo con la Madre Tierra.

Recuerdo todavía mi primera ceremonia yuwipi con Wallace Black Elk. Desde el primer día de mi llegada a Crowley Lake, él cumplía el ritual de la mañana y presentaba la pipa sagrada en las siete direcciones. Esta ceremonia puede hacerse con la pipa o con un simple puñado de tabaco. Las siete direcciones son: el norte, el este, el sur, el oeste, la nación de las Águilas (el vínculo con el Creador), *Unci Maka*[17] y *Tunkashila*.[18]

Una vez ejecutada esta ceremonia previa, la jornada podía comenzar. A principios de la tarde, construimos, bajo su dirección, una tienda de sudación según las reglas dictadas por la tradición: con el fuego sin fin y el camino central.

Aunque éramos unos quince sentados en círculo en el interior de la tienda de sudación, formábamos un alma espiritual única. Black Elk extendió una capa de salvia sobre las brasas rojizas y aguardó a que el humo así perfumado ascendiera en volutas. El poder de la hierba debía servir para cerrar la puerta a los espíritus malignos. El que tocaba el tambor, Andrew, comenzó a percutir su instrumento de oración y entonó una melopea en tonos agudos. Estábamos sumidos en una absoluta oscuridad. Pasaron apenas unos minutos antes de que se hiciese perceptible una modificación de la atmósfera.

—Gran Padre —gritó Black Elk—, escúchame, soy pariente de todos los que caminan, de todos los que reptan, vuelan y nadan. Desde el comienzo, mi rostro, mi torso, mis brazos, mis piernas son de la misma naturaleza que todas las criaturas; ellas y yo estamos emparentados. Eso lo sé yo. Veo tu misterio en todas partes, en la hoja del otoño, en el árbol donde crece esa hoja, en las raíces del *pueblo de pie*.[19] Gran Padre, escúchame.

Wallace pidió que se le llevaran las primeras piedras calentadas al rojo. Éstas fueron depositadas en el fuego central y la puerta se cerró, sumiéndose de nuevo todos los asistentes en la oscuridad más absoluta.

—Siento —dijo Grand-Pa— que algo protege a todo ser viviente. Yo vivo, por lo tanto estoy protegido. Vosotros vivís, por lo tanto estáis protegidos. Vosotros razonáis, os maravilláis, hacéis elecciones...Vuestras acciones os protegen. Sois seres humanos; también reconocéis en vosotros la presencia de un poder de curación, que regenera a las personas necesitadas. Pido al Gran Padre que reconozca en vosotros a buscadores de la verdad, a seres que aspiran al bien y al poder de regeneración.

Penetrábamos más y más profundamente en la conciencia chamánica gracias a los diversos estímulos corporales: salvia, cedro, redoble del tambor, cánticos y plegarias. El tiempo pasaba, pero sin que hubiera un antes y un después. Nada más que el eterno presente. De pronto, un torbellino, el Pueblo de la Piedra, penetró en la cabaña cerrada bajo la apariencia de una luz azul turquesa. Observé con atención el fenómeno para asegurarme de que no se trataba de una reacción química natural de las piedras calentadas al rojo. En vano.

La atmósfera era intensa, el calor, extremo, mi cuerpo sudaba. El redoble del tambor se aceleraba. Súbitamente escuchamos el piar de pájaros, aleteos, crujidos de telas, mientras un viento suave soplaba en el interior de la cabaña herméticamente cerrada. En ciertos momentos, los cánticos y el tambor se detenían para que Wallace pudiera hablar.

—Esta ceremonia es un llamado espiritual único. Yuwipi mostrará el camino que deberán seguir quienes deseen sinceramente comunicarse con el mundo de los espíritus. Podrán entonces servir a sus pueblos, sin distinción de religión o de raza, y al mundo. Para establecer esta comunicación, es necesario tomar como ejemplo al chamán que camina delante. Vosotros, especialmente los hombres blancos, aprended a superar las exigencias de vuestro ego. Si queréis acercaros aún más al Gran Espíritu y convertiros en un chamán natural, desarrollad también el respeto a vosotros mismos, reequilibrad vuestros conocimientos y vivid en armonía con las leyes de la Creación.

Nosotros aspirábamos literalmente sus palabras por todos los poros de nuestra piel.

—Mirad —siguió diciendo después de verter agua sobre las piedras— este vapor santo que asciende del Pueblo de la Piedra; es el soplo del Gran Espíritu. Al aspirarlo, asimiláis la energía del Gran Misterio.

Una sensación extraordinaria recorrió mi cuerpo. Experimenté una ligera aceleración cardiaca, como si mi corazón tratara de quemar viejas escorias, viejas emociones, viejas dudas escondidas todavía en mi conciencia ordinaria. Me sentía maravillosamente bien, como en ocasión de otras experiencias de expansión de conciencia, salvo que ahora mi cuerpo estaba purificado al mismo tiempo que mi mente.

En realidad, la ceremonia duró todavía una hora y media más. Algunos rezaban por parientes enfermos, otros por seres queridos desaparecidos, otros más por la naturaleza.

Como decía Black Elk: "En la ceremonia yuwipi ya no hay hombres ni mujeres, ya no hay razas ni diferencias religiosas, nada más que seres humanos unidos en un estado de comunicación perfecta, en un mismo impulso espiritual".

Yo no podía dejar de pensar que esas ceremonias se remontan a la noche de los tiempos y que han atravesado todos los avatares de la historia. Tal vez ha llegado el momento, para nosotros, los occidentales que hemos perdido el sentido de tales ritos, de reencontrar esas antiguas vías de realización de uno mismo a través de la nueva aparición de enseñanzas chamánicas varias veces milenarias.

Mientras fumábamos todos juntos la pipa, Grand-Pa dijo:

—Hace medio milenio que fumamos la *Chanunpa*. En aquellos tiempos, un clan lakota, instalado en el oeste de la actual Virginia, vivió un acontecimiento tan extraordinario y sagrado para nosotros, como para vosotros la entrega de las Tablas de la Ley de Dios a Moisés. Una mujer vino al encuentro de ese clan, aportando con ella una profecía y una pipa, objeto de unificación del pueblo. Ella era pariente de los "cuatro patas", que pronto serían su alimento y su abrigo (los bisontes). La extraña visitante pretendía además llamarse *Ptesanwin*, su familia era la nación Bisonte. Los machos son *Pta* y las hembras, *Pte*. Ella era entonces la mujer *Pte*, hermana de cada lakota. "Yo soy mujer, dijo ella. Mi lengua dice verdad, no hay nada malévolo en mí".

Luego entregó a los lakotas un largo tubo estrecho, la laringe del *Pte* que ella había estirado y hecho secar para el aliento del hombre. "Este tubo, dijo ella, hará visible vuestro aliento. Empleadlo para manifestar el bien, para entrar en contacto con la sabiduría de los ancianos desaparecidos, para unir a vuestro pueblo y hacer que vuestras palabras sean siempre armoniosas."

Yo conocía la historia de la mujer Bisonte. Ella fue quien transmitió a los lakotas sioux las siete ceremonias que forman el esqueleto de su cosmogonía. Muchas han caído en desuso, pero otras permanecen vivas y han resurgido en el transcurso de los últimos treinta años, gracias al despertar de la conciencia chamánica en América del Norte: la danza del sol, la búsqueda de visión y la Tienda de Sudación, con su variante yuwipi. Esta última se ha hecho muy popular tanto entre los indios como entre los demás.

En muchas oportunidades tuve ocasión de hablar con Andrew Thunderdog, mi hermano y mi amigo. Este admirable narrador me habló de sus numerosas búsquedas de visión. *Hamblecheyapi*, la búsqueda de visión, es el meollo del camino seguido por el indio deseoso de entrar en contacto directo con Wakan Tanka. Es una ceremonia individual, que se cumple en una montaña aislada, en especial la famosa *Bear Butte*[20] en Montana. Algunos indios de los bosques, los sioux santees que vivían en las regiones boscosas de Minnesota, construyeron en la copa de los árboles plataformas sobre las que iban a efectuar su búsqueda.

Quien busca la visión debe imponerse un período de ayuno completo de cuatro días. Yo ya había realizado ayunos de varios días, pero jamás el ayuno hídrico.

—¿Qué ocurre cuando no bebes durante varios días? —pregunté a Andrew.

—Pues bien, el segundo día resulta penoso; entonces rezas al Gran Padre del cielo. Pero lo más duro sobreviene al tercer día.

—¿Qué haces entonces? —insistí.

Me miró con aire burlón y dijo:

—*Hey, then you pray more.*[21]

La víspera de nuestra partida, todos estábamos confortablemente instalados junto al fuego de la chimenea. Wallace, como de costumbre, bebía un refresco. Nos contó su experiencia con el águila.

—Un día —dijo—, mi padre, mi primo y yo viajábamos por la autopista cuando vi un gran pájaro tendido a la vera del camino. Dimos media vuelta. Era un águila herida por un cazador. En su caída se había roto un ala. A pesar de todo, la pobre trataba de levantar vuelo, pero estaba demasiado débil. Entonces, yo mastiqué un poco de salvia y la apliqué como un emplasto sobre la herida. Luego junté otras ramas de salvia y las dispuse alrededor del animal, algunas sobre el cuerpo, otras debajo. Después tomé el ala rota e intenté acomodarla en su lugar. Por último, le sostuve las patas firmemente apretadas, la levanté con la mano izquierda y, presentándola hacia el oeste, comencé a orar. Hacia la mitad de mi plegaria, el águila murió en mis manos.

"La llevamos a la tienda del Pueblo de la Piedra. Rezábamos, cuando se produjo como una especie de fogonazo y el espíritu del águila penetró en la *lodge*. Me echó un soplo de aire y me tocó con las alas. Yo habría jurado que se trataba de una mano humana. Me agradeció lo que había hecho por ella. Se me cerró la garganta y las lágrimas afluyeron a mis ojos.

"El águila dijo: 'Cuando estaba tendida a la vera del camino, en la angustia y el dolor de la agonía, me acunaste en tus brazos. Intentaste curar mi herida y rezaste para que viviera. Pero ahora sabes que yo también tengo un espíritu. Ya no tenía sangre y por eso partí. En adelante, tú puedes disponer de mi vestido aquí abajo (las plumas). He vuelto a decirte que, por haber acariciado mi herida y rogado por mí, por haberme manifestado tu amor, yo te ofrezco mis plumas. Mientras las lleves, prometo volar sobre ti. Estaré siempre ante ti, a tu lado y hasta debajo de ti'. Ésa fue la promesa que me hizo el espíritu del águila ese día.

Un miembro de nuestro grupo pidió a Grand-Pa que hablara de la enseñanza que le había transmitido su abuelo, el famoso Nicolás Black Elk, uno de los más grandes chamanes de la primera mitad del siglo XX.

Con la mirada perdida en el vacío, Wallace dijo:

—Era una época difícil. En los años treinta, el Departamento de Asuntos Indios prohibía las ceremonias tradicionales. Nick y yo íbamos a cumplirlas en lo más profundo del bosque. Cuando era apenas un muchacho joven, mi abuelo cayó bruscamente en un coma de varios días. Había salido de su cuerpo, siendo llevado a un nivel sobrenatural, en el que asistió a diversos acontecimientos premonitorios y en el que descubrió la riqueza de la vía lakota. El sentido de esa experiencia se le hizo evidente con el correr de los años. Así, tuvo la visión de la derrota de nuestro pueblo contra los blancos; había visto el círculo de la nación "roto". Se piensa que su visión no abarcaba solamente la duración de su propia vida, sino que se extendía más allá. Nick se lamentó a menudo, más adelante, de su impotencia para volver a cerrar el círculo quebrado. Sin embargo, muchos piensan que lo hizo. La visión de mi abuelo lo dotó también de poderes chamánicos diversos. El del impulso lo volvió virtualmente irresistible para las mujeres, lo que no le impidió en absoluto asumir elevadas responsabilidades espirituales a lo largo de toda su vida...

"Las guerras de las llanuras, que culminaron con la masacre del clan de Pie Grande en Wounded Knee, en 1892, rompieron el corazón y la columna vertebral del Pueblo. Sin embargo, como los seres sobrenaturales se lo habían dejado entender, el espíritu de nuestro Pueblo no está definitivamente quebrado. A lo largo de todo el siglo XX los amerindios fueron barridos por una gran tormenta. No obstante, hoy surgen de ella más vigorosos que nunca y los años futuros verán cumplirse la escena final de la visión de mi abuelo: el círculo de la nación será reconstituido y el Pueblo vivirá de nuevo en armonía y en paz.

Conciencia amerindia del medio ambiente, Flora Jones, india wintu, canal del monte Shasta

En el otoño de 1995, gracias a un congreso intercultural en el sudoeste de Francia, tuve ocasión de conversar largamente con Jack Walking Eagle, un indio del norte de

California, que había seguido una enseñanza chamánica con Flora Jones, una wintu de su región.

Durante miles de años, los wintun, karoks, yuroks y hupas habían vivido aislados en un maravilloso valle natural cerrado. Esas tribus vecinas desarrollaron, a pesar de sus idiomas diferentes, modos de vida similares: pesca del salmón, casa del gamo y cultivo del maíz. Cada una manifiesta, además, el mismo respeto por la naturaleza. Los wintun veneran en particular el monte Shasta, su montaña sagrada.

Durante la ceremonia otoñal denominada "danza de la piel de gamo blanco", los chamanes perpetúan los ritos secretos con el objeto de renovar la naturaleza y el bienestar de la comunidad. También allí se nota un respeto sin igual por la conciencia de la naturaleza. Flora Jones es una de las ilustres representantes de esos chamanes wintun.

En otros tiempos, los wintun ocupaban un territorio que se extendía desde el monte Shasta, a lo largo de la ribera occidental del río Sacramento, hasta la bahía de San Francisco. En el siglo XIX, antes de 1870, eran cerca de doce mil. Pero cerca de cien años de violencia racial, la enfermedad, la pobreza, las migraciones y los casamientos consanguíneos, los redujeron a apenas un poco más de un millar.[22]

A pesar de la desaparición progresiva de la mayoría de sus tradiciones, los wintun siguen considerando a los chamanes iniciados como sanadores y guías espirituales.

—Sus ceremonias comienzan por la tarde —me dijo Walking Eagle—. Los chamanes y aprendices de chamanes danzan y cantan alrededor de una hoguera para invocar a los espíritus, cuya llegada anuncian con un silbato de hueso. Si un espíritu juzga a un candidato aceptable, penetra en su cuerpo, el que de inmediato es presa de convulsiones. El hombre saliva, incluso suele ocurrir que le salga sangre por la boca y la nariz. Finalmente cae al suelo, y los chamanes más viejos lo llevan del otro lado del fuego, donde lo velan cantando.

Hoy son raros los wintun que conservan la memoria de su idioma y de sus tradiciones. Flora Jones es la única chamán reconocida que queda. Sigue practicando el arte de curar transmitido por sus antepasados, anima sesiones chamánicas y administra hierbas tradicionales a los pacientes de las tribus vecinas.

En trance, Flora Jones establece sus diagnósticos con la sola ayuda de sus manos.

—La sesión comienza cuando el espíritu toma posesión de su cuerpo, un acontecimiento espectacular —sigue diciendo Jack Walking Eagle—. Al desplazar sus manos por encima del cuerpo del enfermo, Flora siente hasta el menor de sus músculos y la vena más pequeña. Incluso sientes sus dolores. Si una persona padece un problema cardiaco, el corazón de Flora acelera sus latidos. A ella le duele todo lo que duele al enfermo. Se transforma en una parte del otro. Si el espíritu descubre la causa de la enfermedad, describe la cura terapéutica expresándose por boca del chamán.

El monte Shasta es la montaña sagrada de todos los indios del noroeste de Estados Unidos, por eso allí se desarrollan varias ceremonias cada año. Con frecuencia se cuentan casos de visión espontánea y de fenómenos de apariciones. Flora Jones sabe cómo entrar en contacto con el espíritu del monte Shasta. Entonces ya no es ella quien habla; es el propio monte Shasta quien se expresa a través de un cuerpo físico perfectamente purificado.

Flora Jones nació en 1909. A finales de los años ochenta anunció que se retiraba, pero continúa practicando para los wintun y para quienes la consultan desde hace tiempo. A principios de los años noventa seguía celebrando ceremonias públicas en el monte Shasta, en Pascua y a mediados de agosto.

Después de que su pueblo hubo firmado un tratado cediendo la mayor parte de las tierras tribales al gobierno de Estados Unidos en 1854, el jefe Seattle, de la tribu de los suquamish, se dirigió en estos términos a Isaac Stevens, gobernador del nuevo Estado de Washington:

"Cuando el último hombre rojo haya muerto y la memoria de mi tribu se haya convertido en un mito entre los hombres blancos, estas riberas estarán habitadas por los muertos invisibles de mi tribu y cuando los hijos de vuestros hijos se crean solos en la pradera, en el silencio de los bosques más profundos, jamás estarán solos. Por la noche, cuando las calles de vuestras ciudades y de vuestros pueblos estén silenciosas y vosotros las creáis desiertas, habrá en ellas la multitud de todos los aparecidos que habitan en esta región y que siguen amando este lugar maravilloso. El hombre blanco jamás estará solo. Que sea justo y bueno con mi pueblo, pues los muertos no carecerán de poder. ¿Muertos, he dicho? No hay muertos, solamente un cambio de mundos".

Ritual de la tienda tembladora entre los indios crees —al norte de Quebec— en el otoño de 1992

Después de dejar Montreal y de atravesar Trois Rivières, voy en coche en dirección al lago Saint-Jean; más precisamente hacia Mistassini-Baie-du-Poste, para visitar un campamento cree cercano a la bahía James. El bosque laurentino, que se extiende al sur de los bosques boreales, es magnífico, verdadero mosaico de madera, campos, pinos —entre los cuales se cuenta el majestuoso pino blanco—, de arces, robles, abedules y tantas otras especies cuyos nombres ignoro pero que hacen el esplendor de los otoños canadienses.

La carretera bordea el Parque Nacional de la Mauricie. Al norte de Trois Rivières, pasados Shawinigan y Grand-Mère, un rosario de colinas ricas en lagos y en valles alberga al alce, al zorro, al oso y al castor. Ver un alce en libertad es uno de mis sueños. Este animal de tamaño impresionante vive en las regiones pantanosas del norte, más allá del lago Saint-Jean, donde los centros civilizados se hacen más raros. Suele percibirse a ese animal solitario en medio de la carretera, sobre todo por la noche; su presencia en la región siempre es indicada por carteles de señalización.

Voy a pasar unos quince días con los crees de Mistassini-Baie-du-Poste por recomendación de Agnès, una enfermera rural que trabaja en el dispensario de la reserva. Me encontré con ella en varias ocasiones en Montreal. Esta mujer de Grenoble, de treinta y cinco años, abandonó Francia a los dieciocho para responder al llamado del Nuevo Mundo. Agnès es una enciclopedia viviente en materia de civilizaciones amerindias. Hay que señalar que vivió siete años con los inuits del Gran Norte canadiense.

Me hubiera gustado aprovechar el viaje para visitar yo también el Gran Norte. Lamentablemente tenía el tiempo contado. Esta civilización desconocida, a la vez lejana y tan cercana, me fascinaba. La palabra inuit designa a todos los esquimales del Canadá, por oposición a los que viven en Asia y las islas Aleutianas de Alaska. El término "esquimal", poco apreciado por los inuits, es utilizado cada vez menos. En cuanto a "inuit" significa simplemente "el Pueblo".

Algunos artistas amerindios conocidos en Montreal me habían explicado que después de más de quince años de negociaciones, los inuits y los gobiernos federal y territorial habían firmado el acuerdo de Nunavut, fruto de la más importante reivindicación de indios autóctonos en la historia del Canadá. Ese acuerdo prevé la creación en 1999 de un nuevo territorio, el Nunavut, en la parte este de los actuales territorios llamados del Noroeste. *Nunavut*, que significa "Nuestra Tierra" (el equivalente del *Fenua* polinesio), abarca más de doscientos mil kilómetros cuadrados, o sea la quinta parte de la superficie del Quebec. El inuktitut es su lengua oficial junto con el inglés. Los propios esquimales se designan como los inuits, "el Pueblo" o "los Hombres", mientras que llaman a los indios *itkilits*, los "Piojosos" y a los blancos *Kallunaat*, "de largas cejas".

Durante su estancia entre los inuits, Agnès fue adoptada por una familia de unos setenta miembros. Allí descubrió la caza del zorro plateado. En una extensión blanca, llana, sin arbustos, sin árboles, sin ondulaciones, sin el menor punto de referencia, los cazadores caminan durante horas colocando trampas; luego regresan a retirarlas sin extraviarse jamás y sin olvidar ninguna. Agnès me explicó que las mujeres eran superiores a los hombres en ese arte.

—¿Por qué? —le pregunté.

—Un día de cacería, un amigo me pidió que fuese a ver a su madre. Me dirigí pues hacia ella en esa extensión blanca barrida por las borrascas. Ella me pidió que orinara en la nieve endurecida. La orina hace un pequeño agujero donde el inuit deposita su trampa. Cuando terminé, ella me lanzó una mirada reprobadora, pues yo sólo había logrado hacer tres agujeros, como los hombres. Las mujeres inuits son capaces de orinar siete pequeñas dosis.

Después del lago Saint-Jean, penetro en el bosque laurentino. Un cartel indicador anuncia: *Próxima gasolinera: 120 km.* ¡Ciento veinte kilómetros de bosque! Pienso en los de nuestra Edad Media y en las campañas de deforestación emprendidas en Francia desde el siglo VIII. En Francia, dejando de lado algunos bellos bosques comunales, casi no quedan espacios comparables a los que se encuentran todavía aquí. Al salir de una curva, me detengo para darme el gusto de caminar una hora por el bosque. Mis amigos de Montreal me habían hablado de una planta rara, el *suce-pin*, que crece entre los residuos vegetales del suelo forestal en zonas de sombra y produce una flor única. Es una planta evanescente, de color blanco plateado, sin hojas. Me habían elogiado también las bayas silvestres, los arándanos y los famosos acianos, particularmente abundantes en esta región. Mientras paseaba, repasaba mis conocimientos sobre las actuales condiciones de vida de los indios canadienses.

Los pueblos aborígenes, como se los denomina, se dividen en tres grupos que viven en el Yukón, los territorios del Noroeste y el Ontario. No obstante, se encuentran comunidades aborígenes en todas las provincias. A esos grupos también se los llama canadienses autóctonos o primeras naciones, referencia implícita a la independencia perdida de los aborígenes de

Canadá. Existen, al parecer, más de dos mil reservas diseminadas en todo el territorio, reuniendo a unas seiscientas naciones, que viven miserablemente en su mayoría y en muchos casos gracias a un subsidio gubernamental. Tal es el caso de los crees de Mistassini-Baie-du-Poste.

Desde comienzos de los años sesenta, se asiste sin embargo tanto a un despertar del orgullo amerindio como a la afirmación de los derechos y de la especificidad cultural de los primeros habitantes, en especial a través de la Carta de los Derechos y Libertades firmada en 1982. A partir de los años ochenta, los líderes indios se esfuerzan por politizar sus reivindicaciones. Tanto si invocan la Constitución, reclamen tierras o defiendan sus derechos mineros, varias organizaciones nacionales —en especial la Asamblea de las Primeras Naciones— se ocupan de defender los intereses de los indios. Gracias a esas acciones, sus voces logran por fin hacerse oír. Las reivindicaciones de los indios son presentadas con regularidad ante los tribunales, sobre todo el derecho a la autonomía de los pueblos aborígenes.

Yo me hallaba en Montreal en 1990, cuando una facción rebelde de los mohawks, los warriors, tomaron las armas y bloquearon el puente Mercier que une la isla de Montreal con la margen sur del San Lorenzo, para llamar la atención de los medios. Como consecuencia de esos disturbios, el gobierno federal firmó el acuerdo de creación del territorio de Nunavut —prevista para el 1 de abril de 1999— e inició un proceso de restitución de las tierras a los pueblos autóctonos. Yo sabía que Mistassini poseía un dispensario, una enfermería, un pequeño supermercado, una escuela y una iglesia, es decir las bases de una organización social a la manera occidental. La creación de escuelas indias permite controlar la instrucción religiosa y la enseñanza de las lenguas autóctonas, y al mismo tiempo la instalación de un sistema judicial indio. Como en Estados Unidos, el movimiento amerindio es particularmente activo y participa cada vez más en diversos movimientos que preconizan el respeto de la religión, de la cultura, del idioma y de la historia de sus pueblos.

Amo a este país; aquí he hecho numerosos amigos. Lo amo por su dulzura y su potencia, por su clima riguroso y sus veranos calurosos. Me gustan también el arte, la cultura y la literatura quebequesas y acadienses. Pienso en todos esos franceses acadienses que perdieron sus tierras en el siglo XVIII. El extenso poema de Henry Longfellow, *Evangelina*, ha hecho conocer su drama al mundo entero. La literatura india existe también gracias a escritores como Georges Clutesi y sobre todo Ipougri quien, en los años treinta, escribió varias obras traducidas en el mundo entero, entre ellas la admirable *Pilgrims of the Wild*. Antonine Maillet, haciendo revivir la Acadia en *La Sagouine*, ha dado nueva vida a un territorio despojado de su pasado.

Al llegar a la reserva me sorprendo, pues esperaba encontrar una aldea más tradicional. Los crees actuales son los descendientes de cazadores nómadas del Gran Norte, que vivían en la inmensa selva boreal, la cual se extiende sobre cuatro mil ochocientos kilómetros, desde el litoral del Labrador hasta el curso inferior del Mackenzie y el Yukón. Antes de la llegada de los europeos, esos cazadores debían adaptarse a un medio natural riguroso. Armas, ropa, herramientas, objetos rituales, todo era fabricado con materiales naturales. La vida se organizaba en torno de técnicas aprendidas en común y a artefactos ligeros. En la actualidad, ¡nada de eso! Los subsidios del gobierno federal les han permitido construir casas de madera, típicas de las pequeñas ciudades norteamericanas.

Agnès acude de inmediato a recibirme y me ayuda a instalarme. Visito el dispensario cree, muy bien equipado con su pequeña sala de operaciones y sus camas de hospital. El personal "extranjero" comprende, además de Agnès, a Mercedes, una médica de origen español que dirige el centro, y una tercera persona. Todos los otros empleados son crees. Los carteles indicadores están redactados en inglés y en algonquín.

Visité el pueblo varias veces. Está perdido en medio del bosque, a más de ochenta kilómetros de la ciudad más cercana. Me aguardaba otra sorpresa: una gran carpa se levanta en el centro de la reserva: la iglesia de Pentecostés, instalada desde hace años. Impulsado por la curiosidad, entré en ella una tarde. Allí se desarrollaba un espectáculo asombroso. La "tienda", como la denominan familiarmente los crees, se asemeja a una carpa de circo. En su interior, están dispuestos bancos de dos asientos como en un aula. Tres jóvenes predicadores de cabellos cortos, traje, camisa blanca y corbata, tocaban la guitarra salmodiando cánticos religiosos ante unos veinte indios. Cada cinco o diez minutos, algunos espectadores abandonaban la tienda y otros los reemplazaban. Comprendí rápidamente que era una de las atracciones mayores de la aldea. Cuando un indio no tenía nada que hacer, decía a los que le rodeaban: *Let's go to the tent*.[23]

Una tarde conocí al antiguo jefe del pueblo, de noventa años, y a la mujer más vieja, de ciento dos años. Les pregunté si apreciaban el modo de vida occidental. Evidentemente, esos ancianos, que habían conocido el tiempo de los wigwams y de la comunión con la naturaleza, se sentían incómodos en su nuevo ambiente. El jefe me dijo:

—Vivimos cuatro a cinco meses por año en estas casas, pero sólo esperamos una cosa: ¡que los jóvenes den la señal de partida! Entonces vamos a pasar seis a siete meses en el bosque donde cazamos, pescamos y recuperamos nuestro medio natural.

Sonreí, pensando que los jóvenes en cuestión eran en su mayoría sólidos sexagenarios.

Por recomendación de Agnès y de Mercedes, fui a visitar al chamán del pueblo, el médico rural, el *bush-doctor*, como le llaman aquí. Tras muchas reticencias, me explicó su manera de utilizar las plantas y me habló de ciertas ceremonias, entre ellas el célebre tambor de caza cree y la tienda tembladora. Le pregunté si todavía practicaba el ritual de la tienda tembladora. De inmediato su rostro se volvió inexpresivo. Después de algunas horas de conversación, comprendí, lamentándolo mucho, que esos autóctonos habían perdido gran parte de sus creencias y de sus rituales.

—Sin embargo —dijo—, nuestras leyendas, hoy olvidadas en su mayoría, cuentan cómo los crees se organizaron en comunidades, cómo se multiplicaron y fundaron su sociedad, la de los hombres por excelencia, y cómo establecieron de ese modo un orden en un mundo anteriormente caótico.

Mitos y leyendas se acaban cuando el mundo del Pueblo se instala.

Estrechas relaciones subsisten sin embargo entre los hombres y los animales, gracias a un ser investido, el chamán, diestro en el arte de convocar a los espíritus animales para utilizar su fuerza o su astucia en beneficio propio o del grupo. Entre los crees, la caza era un verdadero ritual cuyas etapas, en su totalidad —desde la persecución de las piezas hasta su distribución— estaban marcadas por gestos o palabras rituales. Después de matar a un reno caribú o a un alce, se recitaban cortos encantamientos. El animal cazado era faenado y cortado según reglas precisas para no ofender a su espíritu, sino, por el contrario, para agradecerle y pedirle que se ofreciera de nuevo a las flechas o a las balas de los cazadores. El recurso al relato simbólico para justificar el orden del universo coloca a la geografía cree dentro de un pensamiento animista y mágico, muy alejado del pensamiento cartesiano que preside la construcción de la erudita geografía occidental.

El médico rural me hizo conocer a otro anciano que fabricaba todavía los famosos tambores de caza. Me explicó que cuando los crees partían de cacería, el tambor redoblaba de una manera particular para ponerse en contacto con el alce y el caribú. El animal solía encontrarse a varios kilómetros del campamento; los indios no habían detectado todavía su presencia, ni él la de los cazadores. No obstante, los crees afirman que el redoble del tambor permitía comunicarse de verdad con el animal. En cuanto se establecía el contacto, lo que se traducía por ínfimas variaciones de ritmo, la persecución podía comenzar. El animal había aceptado hacer el don de su vida.

En el otoño de 1992, sólo había dos personas que poseían aún el conocimiento sagrado de la construcción de esos tambores. Ellas me confiaron, con un dejo de pesar en la voz, que eso ya no interesaba a nadie. Los jóvenes se vuelcan al mundo moderno, sus promesas y sus ilusiones. Además, los misioneros de la zona habían repetido a los crees durante varias décadas que la construcción de tambores y su utilización ritual eran diabólicas. Esto contribuyó, evidentemente, a la erradicación de un arte que se remonta a los cazadores siberianos que vinieron a instalarse, hace varios milenios, en esta inmensa región.

Yo pensaba en todos esos chukches, goldes, iakutas que se dirigían hacia Alaska hace treinta mil años. En la misma época, hombres como ellos creaban, en Europa meridional, un arte inmortal en los techos y las paredes de sus grutas: el arte rupestre. Esos viajeros componían melopeas para el fuego y la noche, relatos que evocaban su experiencia chamánica de la vida. No disponían de una lengua escrita, pero comprendían el desierto ártico y la estepa, respetaban a los animales con los que compartían esos espacios y sabían apreciar las maravillas que les ofrecía una naturaleza sin embargo ruda.

Más tarde, otros hombres y otras mujeres de coraje y competencias comparables, se aventuraron en esas tierras desconocidas con una experiencia mental apenas más evolucionada que la de esos antiguos descubridores. En sus pequeños trineos con patines de cuernos de ciervo o de hueso, traían a la reserva herramientas y diversos objetos reunidos por sus pueblos durante el transcurso de diez mil años de vida en el Ártico: agujas de hueso extremadamente valiosas, pieles aún no cosidas para confeccionar vestidos, cuencos tallados en madera dura o hueso, algunos utensilios de cocina de marfil de morsa y varias mantas de pieles por familia.

Sin embargo, más que esas magras posesiones materiales, traían de Asia un conocimiento extraordinario del Gran Norte. Las mujeres y los hombres habían aprendido centenares de normas para sobrevivir en el invierno ártico y encontrar alimentos en verano. Conocían la naturaleza de los vientos y el movimiento de las estrellas. Durante la noche invernal, los chamanes visionarios los guiaban.

Esos viajeros no comprendían por cierto que pasaban de un continente a otro. No podían saber que esas enormes masas terrestres existían y, aunque lo hubiesen sabido, Alaska les habría parecido como una parte de Asia y no de América del Norte. La idea de que cruzaban un puente —el estrecho de Behring— no se les ocurría siquiera, pues el paisaje árido que los rodeaba se asemejaba a cualquier cosa menos a un "puente". Para ellos, esa expedición de algunos cientos de kilómetros, ¡no tenía por cierto nada de una migración!

Se los habría podido denominar siberianos, pero como fueron asociados a Alaska, adquirieron el nombre genérico de indios y luego el más específico de atabascos. Una vigorosa rama de ese pueblo se instalará en las islas que constituyen la Alaska meridional, y algunos de sus descendientes partirán, unos milenios más tarde, hacia el sur, hasta Arizona, donde se convertirán en los navajos (el pueblo dineh). Los especialistas han demostrado que el idioma de los navajos es tan similar al de los atabascos como el portugués al español. Ahora bien, es imposible que esto sea un efecto del azar. Forzosamente ambos grupos están emparentados.

Estos atabascos nómadas no formaban una corriente poderosa de emigración tendente a llevar su civilización a tierras inhabitadas. Nada tenían en común con los peregrinos ingleses que cruzaron el Atlántico en un decidido éxodo. Es probable que los atabascos se hayan extendido por toda América sin haber tenido jamás la sensación de abandonar su territorio. De tal modo, seres humanos vinieron, insensiblemente, a poblar un continente entero avanzando apenas unos centenares de kilómetros en cada generación. En treinta mil años, pasaron de Siberia a Arizona sin haberse alejado nunca, en verdad, de su hogar.

Encontramos principalmente dos grandes familias lingüísticas en Alaska y en Canadá: los atabascos, a los cuales pertenecen los navajos, que migraron en el siglo XII hacia el sudoeste norteamericano, y los algonquinos. Los primeros ocupan Alaska y el oeste de Canadá; los segundos, el este de Canadá y ciertas zonas del noreste de Estados Unidos.

Los atabascos son inmigrantes recientes. Según la antropología y la arqueología clásicas, habrían llegado entre el séptimo y el segundo milenio antes de Cristo. Los algonquinos son más interesantes para nuestro propósito, pues conservaron hasta una época reciente costumbres impregnadas todavía de antiguas tradiciones siberianas. En cambio, sus prácticas religiosas son menos conocidas que las de sus vecinos atabascos.

Existen dos subgrupos algonquinos: los crees y los ojibwas. Estos indios viven en las regiones del noroeste y del sur de la meseta canadiense, una inmensa zona de lagos, bosques, pantanos y tundras que comprende Manitoba, Ontario, algo de Minnesota, Michigan, Wisconsin y una parte de Quebec. Los crees ocupan el norte de esta zona; los ojibwas el sur.

Los crees de los bosques creen en los manitús (espíritus que viven en todas partes en la naturaleza), en la necesidad de mantener una relación de orden sagrado con los animales y en la existencia de "amos de los animales". Como todos los algonquinos, veneran a un Ser supremo llamado Manitú o Gran Espíritu, similar en todos los sistemas religiosos amerindios. El éxito de la caza está asegurado por espíritus guardianes que se dan a conocer en ocasión de las búsquedas de visión, practicadas en la adolescencia.

Una de las instituciones médicas más espectaculares de los algonquinos es el rito de la tienda tembladora, una ceremonia chamánica de origen siberiano que se ha propagado a través de los grupos esquimales hasta el norte de América. Se la encuentra también, en una forma ligeramente diferente, entre los indios de las llanuras de la meseta del Colorado (la tienda de los espíritus arapahos) y hasta en el sudeste asiático. Es uno de los ritos chamánicos mejor establecidos.

Cuando un chamán es llamado para diagnosticar la naturaleza de una enfermedad o para atender a una persona, comienza por hacer construir la tienda. Ese trabajo corresponde a la familia y a los amigos del enfermo. Entierran en el suelo, a cincuenta centímetros de profundidad, sólidas estacas formando un círculo. Se curvan los extremos unos hacia otros y se los ata juntos. Esa armazón se cubre luego con una tela. La tienda se presenta como una pequeña choza cilíndrica en forma de tonel, con una capacidad apenas suficiente para albergar al chamán sentado. Los espectadores siguen el desarrollo de las operaciones desde el exterior.[24]

El chamán penetra en la tienda de oración prácticamente desnudo. Canta y agita su matraca. Enseguida vienen a atarlo con tiras de cuero; en ese estado él convoca a los espíritus del aire y de los animales. El grupo reunido en el exterior canta también al ritmo del tambor. El canto se intensifica y alcanza su paroxismo cuando llega el espíritu principal a ayudar al chamán. Entre los crees, se trata habitualmente de Mikenak, la tortuga. Desde el exterior, se oye toda una serie de ruidos extraños: raquetas que aplastan la nieve, un hacha que parte madera, diversos chirridos, remos que se hunden en el agua.

Entonces, el espíritu principal llama a los espíritus secundarios.

Un mistassini cuenta que un día vio unas patas de oso, la cabeza de una nutria y peces asomándose por la tela de la tienda. En general, los espectadores se quedan sin aliento. Durante todo el ritual, la tienda oscila como presa de locura. Quienes la han construido saben que eso no es natural, pues un hombre sentado en su interior no tendría la fuerza física para provocar tal alboroto.

Los asistentes interrogan entonces al amo de los espíritus, quien responde por boca del chamán, cuya voz deformada escapa por la parte alta de la tienda. La mayor parte de las preguntas conciernen a personas u objetos desaparecidos, a hechos del pasado o profecías. El chamán da también informaciones referidas a las enfermedades, sus orígenes y su tratamiento.

Los crees practican todavía, aunque cada vez menos, un rito de recuperación del alma. Cuando los espíritus secundarios declaran que el alma de un enfermo ha desaparecido, el espíritu principal se encarga de devolverlo y la tienda comienza a temblar de nuevo. Según todos los testimonios, cuando la tienda recupera su inmovilidad, el chamán sale de ella, misteriosamente liberado de sus ataduras. El *bush-doctor* afirma que con frecuencia se han encontrado las correas atadas en lo alto de las estacas, dentro de la tienda. ¿Cómo ha podido liberarse el chamán? Nadie lo sabe. Agotado, requerirá la ayuda de los asistentes para regresar a su wigwam. En cuanto al enfermo, se restablecerá lentamente.

La ceremonia de la tienda tembladora fue descrita por primera vez en 1609, por Samuel de Champlain, y luego, de manera más detallada, en el siglo XVII, por misioneros jesuitas canadienses.

En Mistassini me hablaron de una película filmada en 1958 por un equipo de la televisión canadiense. El consejo tribal había autorizado a que los cámaras instalaran su material dentro de la tienda tembladora, para hacer callar a los que pretendían que nada especial pasaba en ella, que el propio chamán ¡aferraba las estacas y sacudía la construcción!

—Debería informarse —me dijeron—. La película debe de existir todavía en los archivos.

Pedí pues a mi amigo Marc Côté, terapeuta de Montreal, que entonces trabajaba para la Oficina Nacional del Filme Canadiense, que me ayudara a dar con ese documento. La ONF no lo había conservado y ¡la bobina estaba virgen! En 1997, Marc se enteró por colegas amerindios de la ONF que los crees de Ontario y del bosque boreal habían dejado de practicar el ritual de la tienda tembladora. Se cuenta que se sienten responsables de la muerte de miles de caribús que se ahogaron al desviarse el curso de un río para permitir la construcción de una carretera o de una presa hidroeléctrica. Sienten no haber luchado con suficiente fervor y temen la cólera del Gran Padre Caribú.

2

EL MUNDO DE LAS PLANTAS
REVELADORAS

Amazonia, abril de 1995

Después de haber participado en un congreso en Canela, a dos horas de Porto Alegre en el estado de Rio Grande do Sul, regresé a Río con Liliane, mi compañera. Rio de Janeiro, ciudad turística por excelencia, tiene las playas más célebres del mundo: Copacabana e Ipanema. Pero para nosotros, lo que iba a comenzar era una expedición a la Amazonia. Habíamos previsto ir al centro de la selva tropical húmeda más extensa del globo, alimentada por el gran río y dotada del ecosistema más rico y más variado del planeta. Nuestro objetivo: experimentar una planta reveladora, conocida desde hace milenios, la *ayahuasca*, en la comunidad del *santo daime* en Ceu de Mapia, un sitio ecológico de cinco mil quinientos kilómetros cuadrados cercano a la frontera boliviana.

En ocasión de mi tercera estadía americana (desde 1991 a 1993), tuve oportunidad de consultar una serie de informes sobre las plantas psicotrópicas, en especial la *ayahuasca*. Lo expresado por el profesor Callaway[1] y el doctor Edward MacRae[2] me había impresionado particularmente, sin hablar de los libros e informes de Michael Harner, uno de los padres de la nueva antropología. Me intrigaba la utilización de enteógenos[3] —entre ellos la *ayahuasca*—, por las poblaciones de la cuenca del Amazonas.

Ayahuasca es un término quechua que designa una tradicional bebida psicoactiva, conocida también con el nombre de *yagé, natema* o *daime*. Se prepara a partir de la liana *Banisteriopsis caapi* y de hojas de la especie *psicotria*. Su utilización ritual, ampliamente difundida en la Amazonia y en otras zonas de América del Sur, permite suponer que ese brebaje era utilizado desde hace milenios. Además, los chamanes actuales y los *curanderos*[4] siguen utilizando la *ayahuasca* tanto en sus prácticas de la adivinación chamánica como en sus ceremonias de curación.

Decidido por completo a no actuar como un psiconauta temerario, me había preocupado por documentarme antes de ingerir cualquier planta o hierba, pues siempre son de temer los accidentes. Había consultado así toda la literatura susceptible de informarme acerca de la dosificación de esos psicotrópicos y su eventual toxicidad.

Sabía que los indios ven con malos ojos lo que ellos llaman el "turismo del *ayahuasca*", que ha terminado por desnaturalizar sus tradiciones. Algunas revistas americanas proponen *tours ayahuascas*: "Uno de los accesos más directos a los estados de éxtasis chamánico". Sin embargo, yo creo que los investigadores espirituales sinceros pueden obtener un innegable beneficio de la *ayahuasca*, siempre que sean guiados por chamanes experimentados y que comprendan que los rituales tradicionales son tan indispensables para este tipo de experiencias como un buen guía para desplazarse en la selva.

En ocasión del paso por París de Nelson Lliamo, por entonces director de colección de mi editorial brasileña *Editora Record*, le hablé de mi interés en la utilización de las plantas psicoactivas. En el otoño de 1994, organizábamos juntos mi primera gira brasileña a Río de Janeiro, San Pablo y Porto Alegre. Valiéndonos de sus relaciones con la comunidad del *daime*, Liliane y yo habíamos previsto ir al corazón de la Amazonia a proseguir nuestras investigaciones sobre la alteración de la conciencia.

Mis lecturas me perturbaban profundamente. Todos los autores coincidían en que la *ayahuasca* no provocaba ningún efecto secundario ni la menor dependencia. Además, la experiencia se desarrollaba en un estado de hiperconciencia, pudiendo el sujeto seguir caminando, hablando y razonando. Me intrigaba la posibilidad ofrecida por esa planta "reveladora" de penetrar en estados de conciencia límites, permaneciendo al mismo tiempo consciente del entorno.

Nelson conocía bien a Alex Polari de Alverga, un pilar de ese movimiento religioso en Brasil. Alex vivía con su familia en el centro de Ceu de Mapia, en el corazón de la selva amazónica. Habíamos leído y oído muchas cosas sobre la *ayahuasca*, el *daime* y la selva amazónica pero, partiendo del principio de que nada reemplaza a la experiencia directa, habíamos decidido ir al lugar para forjarnos nuestra propia opinión.

La expedición —física y espiritual— comenzó desde nuestra partida de Río hacia la capital federal de Brasil: ¡Brasilia!, la ciudad más grande del mundo. Lamenté no poder demorarme en ella, pues mi amigo, el profesor Pierre Weil, vivía muy cerca de allí. Pierre es el rector de la tercera universidad holística mundial, situada al sur de Brasilia, donde se encuentra la Ciudad de la Paz. De origen alsaciano, como yo, este doctor en psicología diplomado en la Sorbona se instaló en Brasil hace treinta años. Fue uno de los primeros profesores de psicología transpersonal en la universidad de Belo Horizonte, donde ha dejado un vivo recuerdo. Su fama ha trascendido por otra parte las fronteras de su país de adopción y se ha extendido hasta Estados Unidos, Canadá y Francia.

Brasil es notable por la variedad y el sincretismo de sus numerosos movimientos religiosos. Históricamente, sus principales influencias espirituales son el chamanismo indio, el catolicismo y los cultos africanos. En el congreso de Gramado, habíamos visto a católicos practicantes participar en una ceremonia *umbanda*, un culto afrobrasileño relacionado con la magia blanca, mezcla de *candomblé*[5] y de espiritismo. Los orígenes de este culto son diversos, pero sus formas actuales han sido elaboradas en Brasil. La influencia africana se remonta a los bantúes de Angola.

La ceremonia pone en escena a representantes de todas las razas de Brasil: el viejo esclavo, divinidades amerindias, el guerrero blanco, etcétera.

Entre los movimientos religiosos mayores de Brasil, es imposible no mencionar el kardecismo. En el siglo XIX, Alan Kardec introducía el espiritismo en ese país en una forma aceptable para la comunidad blanca. Su enseñanza —fragmentos de religiones orientales adaptados al espíritu occidental— cuenta todavía hoy con varios millones de adeptos en Brasil. Él hizo hincapié en el espiritismo, la reencarnación y la comunicación con los difuntos. Kardec consignó sus enseñanzas en varios libros.[6] Casi un siglo después de su muerte, su tumba en el cementerio de Père-Lachaise de París es una de las más floridas.

Algunos rituales indios se propagaron, sin integrarse no obstante a los cultos afrobrasileños. Citemos la *uniao do vegetal*, en San Pablo, y el *santo daime*, en los estados de Rondonia y de Acre. La *ayahuasca* se encuentra en el centro de la práctica de esos movimientos religiosos que se basan en un comportamiento moral, una jerarquía social y un código estricto de vestimenta. El gobierno brasileño tolera el uso de la *ayahuasca* en sus ceremonias religiosas y controla su producción y distribución.

El santo daime fue fundado en 1930, en Rio Branco, en la frontera boliviana, en el estado de Acre, por Raimundo Irineu Serra, llamado maestro Irineu. En la actualidad reuniría a quince mil adeptos, entre los cuales se cuentan personalidades como el cantante Ney Matogrosso, el creador de cómics Glauco y el antropólogo Edward MacRae. Las dos principales comunidades se encuentran en Ceu de Mapia, en el estado de Amazonas, y en Colonia Cinco Mil,[7] en Rio Branco en el estado de Acre. Nosotros nos dirigimos a Ceu de Mapia después de una escala en Rio Branco.

En el aeropuerto de Cuiabá, hicimos una escala de dos horas esperando la combinación de Rio Branco. Para Liliane y yo, se desplegaba un libro de aventuras ante nuestros ojos.

En un puesto para turistas del aeropuerto, compramos plumas de papagayo del Pantanal. El Pantanal, al sur de Cuiabá, es el terreno pantanoso más grande del mundo. Alberga la más importante concentración animal de América del Sur, con más de seiscientas especies diferentes de aves de los pantanos: milanos, halcones, cardenales, ibis, cigüeñas, cuclillos, colibríes, tucanes, aras, etcétera, pero también nutrias gigantescas, anacondas, iguanas, jaguares, ocelotes, caimanes, pavas de la pampa y de las ciénagas, hormigueros gigantes, monos chillones, etcétera.

Nuestros conocimientos del portugués y del brasileño eran prácticamente inexistentes. Nuestros amigos portugueses nos comentaban la riqueza extraordinaria de su idioma. En un principio, el tupi-guaraní, transcrito y simplificado por los jesuitas, se convirtió en la lengua vehicular complementaria del portugués. Hace dos siglos, esta lengua declinó y el portugués se impuso, incorporando no obstante palabras derivadas de las lenguas indias y africanas. Numerosos nombres geográficos provienen del tupi-guaraní y de dialectos africanos, en particular nigerianos y angoleses.

Rio Branco es el destino favorito de promotores y de colonos que reclaman tierras para la tala y la instalación en ellas de ganado bovino. Su comportamiento suscitó muchos debates sobre la noción de propiedad territorial y la utilización de los bosques por las poblaciones indígenas y los trabajadores rurales, en su mayoría cosechadores descendientes de colonos llegados a la región hace varias décadas.

En esta etapa, es imposible no hacer una pequeña digresión para hablar de Chico Mendes, virulento adversario de la destrucción de la selva tropical húmeda. Desde muy joven se interesó por la defensa de los derechos de los cosechadores en sus tierras. En los años setenta, un plan gubernamental ambicioso destinado a someter a la Amazonia atrajo al estado de Acre a promotores, ganaderos, sociedades de explotaciones forestales y colonos. En 1975, Chico Mendes organizó un sindicato de trabajadores rurales para resistir a las prácticas de intimidación y de expropiación de los recién llegados, que destruían la selva amazónica y despojaban a los trabajadores rurales de sus medios de subsistencia. En diciembre de 1988, Mendes, que ya había recibido numerosas amenazas de muerte, dejó por un momento a sus guardaespaldas en el interior de su casa para ir a tomar un poco de aire. Fue abatido en el umbral de su puerta. Numerosos parques municipales brasileños llevan en la actualidad su nombre y diversas organizaciones internacionales le otorgan premios póstumos. En Xapuri, a doscientos kilómetros al sur de Rio Branco, su casa fue transformada en museo.

Finalmente llegamos a nuestra última escala antes de la gran aventura. En el aeropuerto fuimos recibidos por Gilles Dupin de Saint-Cyr, francés instalado en Belem desde hace unos treinta años, con el que nos habíamos encontrado algunas veces en Francia. La capital del estado de Acre se halla a orillas del río Acre, que llega al Amazonas a través del río Purus.

En taxi, nos internamos en el corazón de la Amazonia. Allí también se nos ofrecía un paisaje completamente nuevo. Para comenzar, campos cultivados, una carretera asfaltada digna de nuestras carreteras nacionales francesas; luego, al cabo de unos treinta kilómetros, al salir de una curva hacia la izquierda, una simple senda de laterita roja.

Se acababa la estación de las lluvias y el suelo todavía estaba anegado. En varias ocasiones el taxi se atascó antes de arrancar penosamente. No íbamos a más de treinta o cuarenta kilómetros por hora. Después de cinco kilómetros de barquinazos por esa pista, nos vimos obligados a descender para empujar el vehículo seriamente atascado. Apenas puse el pie en el suelo, me enterré hasta la mitad de la pantorrilla en un barro rojo. Haciendo al mal tiempo buena cara, me eché a reír, mientras el conductor intentaba desesperadamente sacar su vehículo del pantano. Unos segundos más tarde, estábamos todos cubiertos de ese barro rojo. ¡Ése fue el bautismo amazónico!

Cuando proseguimos mal que bien, eran casi las cinco de la tarde y comencé a preguntarme dónde pasaríamos la noche. Después de unos centenares de metros, el taxi se empantanó de nuevo. Empezábamos a ser expertos en ese juego, que se repitió seis o siete veces más. El propio chófer comenzaba a preguntarse. ¿Habrá que seguir o dar media vuelta? Al cabo de un cuarto de hora, nos cruzamos con una camioneta todo terreno cuyo conductor nos aconsejó desandar lo andado. Acabábamos de recorrer unos treinta kilómetros en una hora. Pero entonces, ¿cómo llegar a Boca do Acre, donde teníamos previsto pasar la noche antes de embarcarnos en la piragua e internarnos definitivamente en la selva, hacia Ceu de Mapia?

Por fin, decidimos dar media vuelta y buscar un hotel en Rio Branco. Hacía un calor húmedo, pegajoso. Después de pagar el taxi, penetramos en el hall de recepción del hotel, cubiertos de barro de los pies a la cabeza. La tierra, que comenzaba a secarse, nos daba un aspecto de estatuas móviles de arcilla roja. Ese tipo de espectáculo debía de ser corriente en ese lugar, pues pasamos totalmente inadvertidos. Después de lavarnos y ducharnos, cenamos frugalmente y nos acostamos.

Al día siguiente, en cuanto nos despertamos —suponiendo que hubiésemos podido dormir con el acondicionador de aire que hacía un ruido infernal—, Gilles nos propuso proseguir el viaje en una avioneta local. Nos dirigimos pues al aeropuerto, de donde levantamos vuelo al promediar la mañana.

En Boca do Acre fuimos recibidos por Alex Polari, a quien, por fin, tenía el gusto de conocer. El lugar estaba atestado de una multitud abigarrada, de niños y perros vagabundos. En las pocas tiendas había gran variedad de productos, aunque los lugareños no parecían tener una posición muy desahogada. A nuestra llegada al hotel se nos anunció que la piragua para Ceu de Mapia ya había partido. Mientras esperábamos la de la mañana siguiente, dedicamos la jornada a pasear por la única calle y sus dos callejuelas adyacentes.

Alex es un hombre bastante alto y delgado, vestido a la manera local: pantalón de tela clara y camisa de franela. Aunque sólo tenía unos cuarenta años, su barba blanca lo asemejaba a un profeta de los tiempos bíblicos. Nativo de Río de Janeiro, Alex Polari fue apresado a finales de los años sesenta por su participación en un grupo de guerrilla urbana opuesto al régimen de los generales. Perdió todas las batallas legales y fue condenado a cadena perpetua, hasta que fue liberado tras nueve años de detención gracias a un decreto de amnistía.

De nuevo libre, este poeta se propuso filmar un vídeo en la selva tropical amazónica. De él obtuvo el material para una obra dedicada al culto de ciertos extractores de caucho que adoran un potente brebaje amazónico, conocido con el nombre de *ayahuasca*. Ese té amargo es producido a partir de una planta que se encuentra en toda la extensión del continente sudamericano, pero que crece sobre todo en el alto Amazonas y en el Orinoco. La liana, del grosor de un dedo pulgar, crece en los territorios cálidos y húmedos, donde se enrosca alrededor de los troncos de los árboles. Desde tiempos inmemoriales, la *ayahuasca* se consume en ocasión de rituales chamánicos de curación.

Ayahuasca, en lengua quechua, significa el "vino de las almas" o la "vid de los sueños". *Aya* quiere decir "muerto" y *huasca*, "liana". Nuestro anfitrión nos contó que los conquistadores descubrieron en los Andes un pueblo muy civilizado que poseía un profundo conocimiento de las plantas reveladoras. Ya los incas parecían conocer los secretos de la *ayahuasca*, un brebaje que hace posible la comunicación con el más allá. En la época de la conquista, los misioneros hablaban de profecías durante sacerdocios del sol, "en el transcurso de los cuales las visiones producidas revelaron el fin de la civilización inca".

—Nunca hemos encontrado registros escritos que probaran que los incas utilizaban las plantas psicotrópicas, pero es muy probable que fuera así —dijo Alex—. Los antiguos mitos de Creación de los pueblos amazónicos indican que la combinación de las dos plantas originarias del Amazonas (liana y hoja) da un brebaje sagrado, que forma parte de su cosmología. Los pueblos de la selva tropical conocían los secretos de esta bebida, que les brindaba las claves para descubrir sus orígenes.

Entrada la noche, fuimos a acostarnos a una habitación rústica. Allí también, el acondicionador de aire hacía un ruido infernal.

A la mañana siguiente, el piragüero nos esperaba. Gilles Dupin, Alex Polari, Liliane y yo nos embarcamos para la última parte del viaje. Remontamos el río Acre durante varias horas. En ese lugar, ¡el río tiene más de tres kilómetros de ancho! Pudimos admirar las típicas casas de las granjas amazónicas montadas sobre pilotes, las pequeñas plantaciones de plátanos, mangos, guayabas, y los arrozales. De vez en cuando, los habitantes nos saludaban con la mano. Una paleta fabulosa de colores se extendía entre el azul del cielo y el color rojizo del agua. La noche tropical nos sorprendió cuando llegábamos a la confluencia de dos ríos. En unos minutos apenas, un amplio manto de sombra envolvió toda la selva. Lejos de haber llegado a destino, decidimos solicitar hospitalidad en una granja a orillas el río Acre.

Pasamos una agradable velada en compañía del granjero, de su mujer, del abuelo y de los tres hijos que nos observaban como si fuésemos marcianos. El lugar era modesto pero bonito. La granja abarca una superficie de varias hectáreas. Aquí, los tesoros más preciados son las pilas para la radio, las velas y los cortaplumas. ¡Nuestros amigos de Río nos habían aconsejado llevar varios Opinel N° 8! Comimos una cena frugal, compuesta de batatas, arroz y plátanos fritos. Luego el granjero nos llevó a conocer su propiedad.

A la mañana siguiente, nos despertamos a eso de las cinco, pues amanece temprano en los trópicos. A decir verdad, fueron los ruidos de la selva los que nos despertaron. Después del silencio de la noche, turbado apenas por el canto de algún pájaro, la música de la selva se vuelve de pronto ensordecedora con su miríada de piares, de cotorreos y de aullidos.

Reanudamos nuestra navegación y la piragua se internó en un nuevo río, el Mapia. Nos adentrábamos cada vez más profundamente en el corazón de la selva amazónica. El río se hacía más estrecho; de diez a veinte metros de ancho. Las ramas de los árboles de las orillas se unían encima del agua, creando una suerte de túnel esmeralda. Podíamos habernos creído en la nave de una catedral verde. Era un espectáculo extraordinario, que nuestros ojos no se cansaban de admirar. Al ser el río relativamente estrecho, algunos troncos de árboles caídos nos obligaron a descender al agua para hacer pasar la piragua. Decididamente, después de haber desempantanado un taxi...

Unas horas más de navegación y llegamos a destino. Necesitamos tres días de viaje para ir desde Río de Janeiro a Ceu de Mapia. Sacamos nuestros efectos de la piragua y penetramos en la selva. Unos cien metros más allá, encontramos la aldea con sus pequeñas casas de madera. No nos costó mucho apreciar el coraje de esos hombres que han debido luchar contra la selva para despejar unas hectáreas de tierra aptas para el cultivo y la ganadería. El gobierno brasileño ha concedido a los residentes de Mapia una reserva ecológica de quinientas cincuenta mil hectáreas que les permite subsistir y llevar una existencia digna.

Alex nos recibió en su casa y su mujer, Sonia, salió a darnos la bienvenida. De inmediato pusieron a nuestra disposición una casa para el tiempo que durara nuestra estadía, a unos cien metros de la de ellos, en el linde del bosque. Era una especie de cabaña de madera típica de la selva tropical, con dos habitaciones montadas sobre pilotes a un metro del suelo y un mobiliario de lo más rudimentario: un pequeño colchón y algunas velas. En cuanto al cuarto de baño, se nos indicó con un gesto el bosque y el arroyo que serpentea entre árboles inmensos.

Inmediatamente preguntamos si había insectos, pirañas o animales peligrosos. Nuestros anfitriones se echaron a reír:

—Tranquilizaos. No corréis ningún peligro.

En efecto; era el más bello cuarto de baño que hayamos tenido jamás. El agua a temperatura ambiente es de 28 °C; nos hundimos en ella hasta la cintura. Podíamos ducharnos y lavarnos sin temor.

La experiencia
de *Ayahuasca - Santo Daime*

Por fin íbamos a experimentar la *ayahuasca*, bautizada *daime* por la comunidad de Ceu de Mapia. Para esos amazónicos, el infierno verde de los conquistadores de antaño se convirtió en el paraíso verde de todos los que desean incursionar en un proceso de conquista de sí mismo.

Nuestro anfitrión nos sugirió que el mito bíblico del fruto prohibido probablemente no se refería más que a las plantas sagradas, que han favorecido definitivamente el paso de la semiconciencia biológica a la conciencia humana: otro pueblo, otro tipo de creencia.

Allí, en el corazón de la selva tropical, entre los *igarapes*,[8] una comunidad trata de recrear un modo de vida olvidado desde hace tiempo, una existencia en la que las vicisitudes diarias y la conexión con lo divino pasan por una planta sagrada. La ingestión de hierbas potentes era una experiencia nueva para nosotros que utilizábamos, a fin de favorecer la expansión de la conciencia humana, ritmos, músicas o mantras, como lo enseñan los chamanes de América del Norte y los sabios de Oriente. Sin embargo, en esta selva amazónica, el recurso a las plantas nos resultaba una costumbre completamente normal, por estar adaptada al modo de vida de los habitantes de la selva.

Alex Polari de Alverga, nuestro anfitrión, está considerado como un *padrinho*, es decir un padrino espiritual, dentro del movimiento del *santo daime*. Este escritor se interesó por el *daime* en ocasión de su visita a la Colonia Cinco Mil, en

Acre, a finales de los años setenta. Fue uno de los primeros ciudadanos instruidos en esa doctrina por el padrinho Sebastião Mota de Melo. En 1984, Alex fue autorizado por éste a abrir un centro *daime* en las montañas tropicales de Visconde de Maua. Fundó luego la comunidad de Ceu da Montanha, uno de los doce centros afiliados a la Iglesia principal de Ceu de Mapia. En una de nuestras numerosas conversaciones acerca de la utilización de la *ayahuasca* por su movimiento, nos confió:

—La ceremonia se basa en rituales católicos, con cánticos e himnos que nuestro fundador "recibió" a través del *miração*, la visión mística producida por la *ayahuasca*. El *miração*, que significa al mismo tiempo visión interna y éxtasis, es el modelo de una forma de conciencia en la cual el yo se concentra en la realidad interna. Favorece la conciencia espiritual necesaria para que la vida pueda continuar desarrollándose en nuestro planeta.

—¿Pero qué es el *daime*? —pregunté a Alex.

Con la mirada perdida en la lejanía, nuestro anfitrión me respondió:

—El *daime* es un sacramento, un vehículo para la Fuerza, para el Ser divino presente en la selva tropical y en toda la creación. El *daime* mantiene una relación natural con nuestro cerebro, que actúa como una llave para abrir la puerta de nuestra conciencia. Por una parte, la mezcla de *cipo*[9] y de *folha*[10] suscita diversas reacciones neuroquímicas basadas en sus propiedades moleculares. Por otra parte, sus alcaloides —divinidades inherentes a los componentes de ambas plantas— ayudan a que el hombre reintegre y comprenda un sistema de conocimiento que se remonta a sus orígenes. Además, el brebaje ajusta y reorienta el sistema nervioso, los meridianos y las energías internas que regulan las conexiones entre el cuerpo, el alma y la mente.

Al día siguiente de nuestra llegada, a comienzos de la tarde, fuimos a una casa en el linde de la selva para nuestro primer encuentro con el espíritu de la *ayahuasca*. Éramos unos diez: Alex, su mujer, Sonia, su hija mayor, su hijo de dieciocho años, Gilles, Liliane y yo, además de dos o tres personas de la aldea.

Nos reunimos en la terraza del primer piso, donde se ha preparado un altar con una pequeña cruz, parecida a una cruz de Lorena, levantada sobre un bloque de madera de unos veinte centímetros de alto y cuarenta centímetros de largo y de ancho. Sobre un lienzo blanco que cubre el altar, están dispuestos cristales, uno de ellos de cuarzo, amatistas y un pequeño ramo de flores. También hay dos botellas de *ayahuasca*, una clara, la otra más oscura en razón de una concentración algo más fuerte.

Nos reunimos alrededor del altar, donde nuestros anfitriones recitan el Ave María y el Padrenuestro. A Liliane y a mí eso nos sorprende, pues para nosotros la *ayahuasca* es una planta chamánica, una planta reveladora. Sin embargo, si pensamos en el sincretismo religioso brasileño y en su capacidad de absorción de diversas corrientes de pensamiento, eso resulta perfectamente comprensible.

Alex toma la botella más clara —la dilución más ligera— y vierte una dosis de diez centilitros en unos vasos blancos. Mientras bebo, agradezco mentalmente a la planta por la enseñanza que va a dispensarme. El brebaje se asemeja al zumo de manzanas rojas como el que encontramos en nuestros comercios de alimentos dietéticos. Es amargo y raspa la lengua. Luego nos sentamos, adosados a la pared de madera de la terraza. Instalado junto a Liliane, miro el paisaje lujurioso que se ofrece a nuestras miradas y escucho los ruidos de la naturaleza exuberante dominados por el canto particular de los pájaros.

Habíamos convenido que Liliane miraría regularmente su reloj para notar los efectos sucesivos del brebaje. Durante el primer cuarto de hora, no ocurrió gran cosa; luego, poco a poco, observo alteraciones visuales, sobre todo en relación con la percepción del verde vegetal. La selva parece acercarse y luego retroceder lentamente, como en un ligero balanceo.

Las modificaciones de la percepción sensorial son leves. Liliane me observa en silencio, y yo siento que ella también entra en un estado alterado de conciencia.

La experiencia ha comenzado hace ya veinte minutos. Los otros miembros de nuestro pequeño grupo están sentados, igualmente silenciosos. Algunos conservan los ojos abiertos, otros los tienen cerrados.

Después de veinticinco minutos, siento mi cuerpo recorrido por olas, como una lenta resaca del mar. Parten de mis muslos y ascienden hacia mi garganta. En ese momento el hijo y la hija de Alex y de Sonia comienzan a entonar himnos acompañándose con la guitarra. El anacronismo suscitado por la utilización de una planta chamánica en el marco de un ritual cristiano nos sorprende nuevamente. Habíamos venido a buscar una experiencia de índole chamánica, una experiencia de expansión de conciencia controlada, un diálogo con una planta reveladora, y comprendemos que la ingestión de ese brebaje debe realizarse efectivamente en el marco de un ritual, chamánico u otro.

Los himnos y los ritos son necesarios para "poner balizas" en el viaje. Mientras los asistentes cantan, Liliane y yo permanecemos silenciosos, atentos a nuestras modificaciones sensoriales.

Cuarenta minutos después de la ingestión, nos parece que la selva se anima. Percibimos gamas de colores, variedades de verde que nunca habíamos notado antes. Descubro a los espíritus de la selva, un poco como cuando se tiene la sensación de percibir una forma humana dentro de una roca.

Después de tres cuartos de hora, los cánticos despiertan en mí un sentimiento de lasitud. Me incorporo, desciendo la escalera para salir de la casa y me dirijo a la selva. Un sendero bordeado de árboles parece llamarme. Debido a la modificación de mis percepciones visuales, ese sendero se me presenta como un arco verde esmeralda. Siento el llamado de la "reina Selva", en el momento en que soy presa de náuseas. No me sorprendo, pues me habían prevenido que eso podía ocurrir.

Mientras contemplo esas nuevas gamas de verde, comprendo que estoy bajo la influencia de la *ayahuasca*.

No obstante, la experiencia apenas comienza. En nuestro *debriefing* ulterior, Liliane y yo estimamos que su paroxismo tuvo lugar entre tres cuartos de hora y una hora y media después de la ingestión.

Los participantes que permanecieron en la terraza me observan. El llamado de la selva se vuelve más y más intenso. Me reúno sin embargo con los otros y vuelvo a sentarme en medio del círculo.

Liliane, que no ha tenido la fuerza de acompañarme, experimenta a su vez la súbita necesidad de reencontrar la tierra. Se levanta lentamente y se dirige hacia el linde de la selva. Luego me contará:

—Necesité cinco minutos para recorrer ese trayecto que me pareció difícil. Experimentaba una sensación de pesadez en el corazón, como al comienzo de una crisis de taquicardia. Mi cuerpo no estaba en verdad anestesiado sino sometido a un ligero entorpecimiento. Mis gestos y mis movimientos me parecían más lentos y hasta dudaba de ser capaz de caminar. Me sentí mejor cuando mis pies tocaron la tierra. Mientras estaba sentada en la terraza, observaba animarse la selva. Se volvía viva; me parecía estar en *Alicia en el país de las maravillas*. Luego, cuando descendí, yo también vi ese arco verde que me llamaba. Me invadió una gran tristeza y lloré. Lloré *en* la selva pero también *con* la selva.

Vuelvo a levantarme por segunda vez y me reúno con Liliane, que sigue caminando lentamente.

—No te alejes demasiado —me dice ella—, la selva te llama.

En efecto, siento esa poderosa atracción por el ser vegetal que es la selva tropical que se extiende ante mí. Una primera diarrea me obliga a dirigirme hacia los sanitarios naturales; un pequeño hoyo practicado en el suelo. Regreso enseguida al borde de la selva y veo a Liliane a unos veinte metros delante de mí. Es allí donde la experiencia comienza en realidad.

De tanto en tanto, el grupo en la terraza deja de cantar y percibimos los ruidos de la naturaleza; nuestra capacidad auditiva se ha acrecentado por la influencia de la planta. Esas modificaciones son cada vez más vivas. Por momentos, tenemos la impresión de estar vigilados. Alex nos explicará que el grupo cuidaba de que no nos aventuráramos, bajo la acción de la planta, demasiado lejos en la selva, con riesgo de perdernos.

Unos minutos más tarde, volvemos a subir a la terraza. Cierro los ojos y de inmediato percibo haces de luz y un caleidoscopio de formas geométricas y colores muy intensos y luminosos. Ya había vivido experiencias de este tipo en el Instituto Monroe o gracias a otros estados de expansión de conciencia, pero jamás con tal riqueza visual. Esas impresiones coloreadas caían como en ráfagas: rojos muy intensos, verdes pastel, túneles, cuadrados... Parece ser que ese tipo de manifestaciones son relativamente frecuentes, sobre todo la primera vez.

Veo mujeres magníficas y pido a la planta que se muestre tal cual es. Se me aparece una gárgola y yo le digo mentalmente:

—¡No, ésa no eres tú!

De pronto, se dibuja un paisaje maravilloso. Un bosque en el que caminan animales que no conozco. La planta me ofrece la visión de un mundo antediluviano. Los himnos cantados por el grupo me molestan bastante. Siento ganas de pedirles que callen para poder sumergirme en el silencio y la experiencia directa. Respetamos sin embargo el ritual y a las personas presentes, cuya profunda sinceridad percibimos.

—Cuando volví a sentarme —me diría después Liliane—, noté que mis percepciones auditivas y la gama de los sonidos se habían amplificado, en especial cuando Sonia se levantó para abandonar la terraza. *Sentí* el crujido de la tela de su falda, el roce de sus pasos en el suelo, ruidos a los que habitualmente no prestamos ninguna atención. Oía el canto de cada pieza de la ropa, el desplazamiento de los pies y de los brazos y hasta los movimientos de la cabeza. El sonido parecía deformado. La agudeza auditiva era de extremada fineza. Mi cerebro izquierdo, razonable, me decía que los sonidos nos llegaban de manera holográfica. En otras palabras, no era el oído el que oía sino el cerebro.

Por regla general, los sonidos son transmitidos al cerebro por el nervio auditivo, pero en una perspectiva holográfica oímos lo que el cerebro oye, según un espectro de frecuencias netamente ampliado. No es un crecimiento horizontal del espectro sonoro, sino vertical. Yo me había interesado, hace unos diez años, en los trabajos del ingeniero argentino Zurachelli que produjo sonidos holográficos audibles con ayuda de un casco de alta fidelidad. El registro holográfico del raspado de una cerilla hace percibir el olor del azufre. El cerebro es engañado. Se precipita en una realidad virtual. Eso es exactamente lo que se producía en el marco de nuestro experimento.

Cuando las informaciones visuales y sonoras son transmitidas al cerebro en el estado normal de vigilia, se nota una pérdida frecuencial. Mientras que aquí todo es puro, sin el filtro del órgano intermediario. La *ayahuasca* suscita una doble percepción: la del medio ambiente exterior y la de las cuatro dimensiones ocultas detrás de las cuatro dimensiones ordinarias. Lo que equivale a ver, a la manera lakota, *el mundo oculto detrás del mundo*.

Esas reflexiones me llevan a los universos octodimensionales del matemático inglés Roger Penrose. Estos universos poseen cuatro dimensiones reales —alto, ancho, largo, tiempo—, y cuatro dimensiones imaginarias yuxtapuestas las unas a las otras y revelan la visión chamánica de un universo de ocho dimensiones.

La experiencia favorece poco a poco el acceso a un conocimiento olvidado. No solamente me aparecen las propiedades de ese brebaje chamánico, sino también las posibilidades holográficas del cerebro. Tengo la impresión indescriptible de entrar en el holograma espiritual que decodifica ese otro holograma que llamamos mundo físico. El interrogante que se plantea es saber si ese conocimiento psicoactivo proviene del interior del cerebro humano, como lo pretenden los científicos, o del mundo vegetal, como lo afirman los pueblos amazónicos. Es evidente, sin embargo, que yo sentía la influencia de una enseñanza exterior a mi ser.

Al cabo de una hora, siento la necesidad de vomitar. La *ayahuasca* es tanto un purgante como un depurativo; me doy cuenta de que la planta me limpia y me prepara para franquear otro paso de la experiencia. En la terraza, los cánticos y los himnos se vuelven más y más insistentes; de pronto me acomete la angustia ante la idea de que ya no tengo el control de mi ser, de que me encuentro sometido a una influencia exterior que no controlo. Súbitamente me doy cuenta de qué fácil es dejarse adoctrinar y siento un fugaz temor de caer en algo que no me concierne. Al mismo tiempo comprendo que ese temor a perder mi libertad individual, a no recuperar un estado normal, es lo que me permite reaccionar. Utilizadas con fines perversos, las plantas psicoactivas constituirían un terrible instrumento de adoctrinamiento.

Liliane y yo nos incorporamos una vez más y descendemos de nuevo la escalera para intercambiar impresiones. Estamos conscientes de que nos es posible caminar, pensar y reaccionar. Nuestra facultad de razonamiento parece seguir intacta, pero como en vigilia. Es otra facultad la que analiza toda una serie de influjos desconocidos hasta ahora por nosotros.

—Yo utilizo —me dice Liliane— mi conocimiento chamánico del vínculo que nos une a la tierra y a la energía del bosque para ayudarme a vivir esta experiencia de manera plena y entera.

Caminamos. Todo es movimiento y colores. Los árboles están vivos, un vuelo de papagayos azules pasa sobre nuestras cabezas y me parece verlos en relieve. Es como si saliésemos de una película estática en blanco y negro para entrar en una vida animada, dinámica, en Cinemascope, en colores y en tres dimensiones.

—Ánclate en la tierra —me dice mi compañera—. Ella te dará la Fuerza.

Comprendo que la belleza de los himnos y de los cánticos enmascara un temor difuso, probablemente vinculado con un pasado anterior a esta vida.

Miro a Liliane, y es mi ser espiritual quien la ve. Comprendo que el filtro de mi pensamiento y de mis percepciones normales casi ha desaparecido. Percibo alrededor de ella como una danza de colores y de energías vibratorias. Distingo claramente su doble sutil, luego algo se desliza en mi cabeza, ligero como una pluma. Su presencia entra en mí, en mi esencia misma. Capto el menor de sus pensamientos, idénticos a ideogramas sensoriales. Bajo la influencia de la planta reveladora, se cumple el fenómeno telepático y lo vivimos simultáneamente. Yo soy ella, ella es yo. Ya no hay nada que ocultar. Ella sabe lo que yo sé y lo mismo ocurre conmigo. Recibimos las preguntas planteadas en nuestras cabezas y respondemos a ellas enseguida sin cambiar palabra.

Dos investigadores, Zerda Bayon y G. Fischer Cárdenas, se han interesado en la relación existente entre *ayahuasca* y telepatía. Lograron así aislar un alcaloide, que bautizaron telepatina y que luego se comprobaría que se trataba de la harmina. Aclaremos que las reacciones telepáticas no son el propósito de las experiencias practicadas con ayuda de la *ayahuasca*. En efecto, están asociadas con otras tradiciones chamánicas, en especial al chamanismo siberiano de la *amanita muscaria*[11] y a los rituales centroamericanos del peyote. Esos estados estáticos permitirían a los seres humanos acceder a una suerte de conciencia transpersonal que favorece la telepatía y la premonición.

La utilización de la *ayahuasca* no provoca sistemáticamente experiencias telepáticas, sobre todo en las primeras sesiones.

Dos horas después de la ingestión, la experiencia decrece y una sed imperiosa se apodera de mí. Siento la sensación de tener algodón en la boca. Al cabo de tres horas, el ritual cesa y hablamos con nuestros anfitriones de nuestras diversas impresiones.

—He regresado más o menos en un ochenta por ciento —aclara Liliane—. Todavía hay... oleadas esporádicas, pero el proceso se agota.

Los efectos psicoactivos ganan en intensidad durante los cuarenta a sesenta primeros minutos. Luego se produce una meseta de alrededor de una hora, a continuación de la cual el efecto disminuye progresivamente. Toda la experiencia dura de cuatro a cinco horas.

Dejamos a nuestros anfitriones y dedicamos la tarde a un paseo por la selva, a través de senderos señalizados donde no corremos el riesgo de perdernos. Cuatro horas más tarde, sólo hemos recuperado nuestro estado normal en un noventa y cinco por ciento. En efecto, cuando cerramos los ojos, observamos todavía como una danza de colores. Pasamos una tarde tranquila, aunque sin lograr liberarnos de un temor difuso. Ya de noche, me cuesta conciliar el sueño, pero a la mañana siguiente estamos descansados, dispuestos, tranquilos.

Liliane y yo nos reunimos con Alex y Sonia, que nos reciben con un poco de arroz condimentado con salsa de soja. Esta primera experiencia ha sido para nosotros como un trabajo de limpieza y acercamiento. Nuestros amigos nos prestan mucha atención, a lo que somos muy sensibles.

—Los efectos varían de una persona a la otra, pero a menudo se relacionan con el nivel de aprendizaje —nos explican Alex y Sonia—. Es frecuente que los iniciados tengan visiones de animales, serpientes, leopardos... comparables a las experimentadas en las tradiciones psicotrópicas indígenas. Ciertas visiones se refieren a amigos o a miembros de la familia; otras, a vidas anteriores. Para nosotros, las *daime mirações*[12] son guías más auténticas que las sugeridas por la perspectiva material o científica. De hecho, las *mirações* provocadas por el trabajo ritual son notablemente similares a las visiones y a los estados extáticos descritos por los santos y los místicos de tantas religiones.

La selva se extiende ante nosotros mientras Alex prosigue su reflexión:

—Las plantas psicoactivas abren las puertas de la comunicación entre el espíritu y lo astral, una dimensión paralela inherente al hombre y al cosmos. Cuando tomamos conciencia de la realidad de nuestro universo interior, comprendemos que somos a la vez el conjunto del universo y cada una de sus partes. El universo entero se comunica pues con nuestro cuerpo y nuestra mente, una noción que encontramos también en las tradiciones esotéricas desde hace miles de años.

"Las plantas reveladoras son esencialmente un atajo. Antes de tomar tal camino, conviene sin embargo dar pruebas de una gran prudencia. No es un camino para aventureros o exploradores. Es una vía precisa, que ha sido cuidadosamente cartografiada por el mundo chamánico amazónico. No obstante, ese atajo sólo nos llevará a la verdad si seguimos los pasos de los maestros que nos precedieron. Nuestras ceremonias duran por lo general una noche entera y la mayor parte de ellas siguen el calendario de la Iglesia católica.

"La conmemoración de un día santo comienza desde la víspera y prosigue a la mañana siguiente. La ceremonia se inicia al ponerse el sol. La primera dosis de brebaje se distribuye después de que los participantes han recitado un rosario. Durante la primera parte del ritual, los himnos son acompañados por el ritmo de maracas y matracas. Todos bailan y cantan. Tres filas de hombres y tres de mujeres se colocan de manera de formar una estrella de David alrededor de la mesa, en el centro de la iglesia. Los participantes se sitúan según su estatura. Durante los himnos, los bailarines se desplazan respetando un esquema rítmico y sencillas marchas sincronizadas.

—¿Cuáles son las funciones curativas de este ritual y qué papel desempeñan los himnos? —pregunté.

—El *daime* favorece la creación de una energía extática. Por eso estos rituales son denominados "trabajos". Los iniciados saben que cuando entran en el trabajo, tienen la responsabilidad de convertirse en seres perfectos y de fundirse con Dios.

—Durante la experiencia de ayer, tuve náuseas y los himnos me molestaban. ¿Por qué? —seguí preguntando, mirando a Alex de reojo.

Nuestro anfitrión rió un poco:

—En la comunidad, decimos que algunos atraviesan pasos difíciles durante la ceremonia. Son náuseas, vómitos, diarreas, sentimientos negativos, momentos de depresión o de ansiedad intensa. Esos pasos son momentos clave del proceso de aprendizaje. Los himnos desempeñan entonces un papel importante de curación.

Eso es lo que Agustín, un chamán peruano que utiliza otra planta psicoactiva, el *San Pedro*, me había explicado durante el congreso de Canela. Los *ícaros*, cánticos chamánicos, desempeñan un papel terapéutico importante en las ceremonias peruanas. Tienen fundamental importancia porque estimulan y provocan las visiones. En otras palabras, los cánticos y los rituales trabajan unidos para crear un campo morfogenético que sostiene y amplifica la experiencia extática.

Según los chamanes del mundo entero, la comunicación con los espíritus se establece gracias a la música. Por esa razón los cantos ceremoniales amerindios, maoríes, siberianos, sufíes, cristianos y amazónicos son tan valiosos. Para los *ayahuasqueros*, es inconcebible entrar en el mundo de los espíritus permaneciendo silencioso. Imágenes tridimensionales se transforman en sonidos que el chamán imita entonando las melodías correspondientes.

Los *ícaros* sirven para invocar el espíritu de las plantas o para provocar experiencias de índole chamánica. También permiten viajar hacia otros niveles de realidad para entrar en contacto con los seres que residen en ellos. Los ícaros pueden modificar las visiones y hacerlas más claras. Los cazadores y los sanadores escuchan pues con mucha atención los sonidos producidos por los chamanes para ayudarlos en su búsqueda. Los cantos de los chamanes iniciados suscitan una ampliación del campo visual, así como visiones de figuras geométricas. El sonido es un catalizador de visiones. Las plantas reveladoras son utilizadas para explorar tanto nuestro mundo como los universos paralelos que trascienden nuestra percepción normal. Ingiriéndolas, el *ayahuasquero* se libera de las trabas espaciotemporales de nuestra dimensión; con entrenamiento, logrará pasar de un mundo al otro. Ése es el viaje chamánico tal como ha sido importado al continente americano por los cazadores siberianos, hace varios milenios.

En nuestra etapa en la granja amazónica, a orillas del río Mapia, habíamos observado que los huertos indígenas son obras de arte de policultivo. Mezclan decenas de plantas diferentes de manera aparentemente desordenada. Expresamos nuestro asombro a Alex y a Sonia.

—*Ayahuasca* es quien nos enseña la manera de utilizar las plantas —respondió Sonia—. *Ayahuasca* es en cierto modo la televisión de la selva. Produce imágenes, sonidos, y todo ello en tres dimensiones.

Eso correspondía perfectamente a nuestra experiencia holográfica de la víspera.

Satisfecha nuestra curiosidad, nos separamos de Alex y Sonia. La jornada pasa apaciblemente. Liliane y yo paseamos por la aldea e intercambiamos impresiones. Experiencias ulteriores con la *ayahuasca* nos enseñarán que es esencial presentarse a la planta de manera chamánica y pedirle que nos dispense su enseñanza. De lo contrario ella suscita rayos de colores, efectos caleidoscópicos, ensoñaciones, arquetipos que el no iniciado creerá reales. La planta nos lleva adonde ella quiere, si no siente la fuerza de nuestra voluntad.

—La planta se ha mostrado a mí de una manera muy bella —dice Liliane—: una mujer verde que salía de la selva y era al mismo tiempo la selva.

La planta, una de las más viejas reveladoras de la Creación, puede mostrarnos la historia de la tierra en los tiempos en que los vegetales dialogaban con la conciencia del hombre.

Preparación de la Ayahuasca

A la mañana siguiente, Alex Polari y Gilles Dupin nos llevan a visitar el lugar donde se prepara el brebaje. Nos rodea la más maravillosa, la más exuberante selva tropical del mundo. Verdadero jardín del Edén. Laboratorio secreto donde, hace miles de años, los antiguos chamanes estudiaron los secretos de las plantas que hablan a la conciencia humana.

En esta comunidad, la preparación de la *ayahuasca* sigue un ritual bien preciso llamado *feitio*. Transcurren veinticuatro horas entre el momento en que la expedición parte en busca de las plantas y el momento en que se completa la preparación. Antes de eso, han sido necesarios varios días para explorar la selva virgen y descubrir los sitios donde viven la liana y la hoja utilizadas en la preparación del brebaje. A veces, para hacerlo, el grupo se guía por ciertos tipos de suelos o de vegetación. Pero es frecuente que se efectúe una expedición bajo los efectos de la *ayahuasca*, que conduce entonces a sus miembros hacia lianas muy antiguas o hacia lugares donde las hojas crecen en abundancia.

Feitio es un ritual impregnado de un rico simbolismo espiritual para la comunidad de los Mapia. Es la mayor prueba de capacidad y de pureza. Hace eco al de los indios que siguen poblando la Amazonia occidental. En ese rito iniciático, el conocimiento se revela progresivamente, según la capacidad de asimilación de cada participante. El ritual se desarrolla en varias etapas: búsqueda sobre el terreno, recolección, transporte, limpieza de las lianas y de las hojas, cocción y refinado. Cada una de esas etapas requiere conocimientos específicos de los que dependen la calidad y la cantidad del brebaje.

Para los *daimistas*, el *feitio* es una alquimia espiritual de primer orden. En ese rito, cada uno es el creador de un vehículo sacramental que favorece la manifestación de los seres de la naturaleza y de la fuerza cósmica que expresa el amor de Dios. Mientras nos hace visitar "la casa de *feitio*", donde se desarrolla el ritual, Alex Polari nos explica que el trabajo debe realizarse en el mayor silencio y la mayor concentración, pues cada gesto y cada movimiento deben ser ejecutados con total conciencia. Cuando se elevan las vibraciones, el rito se organiza como un ballet.

Caminamos en la casa de *feitio* mientras Alex prosigue su explicación:

—Existen varias etapas en la preparación. La primera se desarrolla en las profundidades de la selva tropical, donde se cortan las lianas según un ritual de agradecimiento, bajo la atenta mirada de los guardianes invisibles de la selva. Atadas en haces, las lianas son transportadas largas distancias, luego cortadas en trozos de un palmo y medio de largo. Las hojas, por su parte, son recolectadas en un espacio ventilado de la selva, antes de ser limpiadas una a una por las mujeres, que les quitan las impurezas: insectos, larvas, etcétera. Luego las lavan cuidadosamente en grandes tinajas. Los trozos de liana, en cambio, son limpiados por los hombres. Es lo que se denomina el *raspacão*.[13] Cada liana es raspada con ayuda de un cuchillo o de un trozo de madera, hasta que quede perfectamente limpia. Hay que tener mucho cuidado de no dañar la corteza, que contiene la mayor concentración de principio activo. Por otra parte, ciertos indios amazónicos sólo utilizan la corteza y desechan el resto.

De madrugada, los trozos de liana limpios son llevados a la *casa de batecão*,[14] en el interior de la casa de *feitio*. Doce hombres se sientan delante de tres trozos de liana con mazos de madera que pesan cerca de dos kilos. Hacen macerar la liana en un proceso que puede llevar varias horas, según el número de cocciones previstas ese día.

Cada etapa, como las otras, requiere superar sus propios límites, sobre todo para los principiantes. La fuerza física desplegada es importante, aun para las personas experimentadas. El martilleo debe realizarse a un ritmo y una cadencia fijados por el *puxador*. Los mazos de madera se levantan y se bajan rítmicamente, para producir un sonido único. Resta realizar una última inspección meticulosa de las hojas y del polvo obtenido con la trituración de la liana. Al salir el sol, la materia prima está lista para la transmutación. Como lo dice poéticamente Alex Polari, las cenizas llenarán las tinajas y por su ebullición cada uno renacerá purificado.

Las grandes tinajas de terracota, con capacidad de cuarenta a cincuenta litros, se llenan alternando capas de lianas y de hojas. Lianas, hojas, agua y fuego son los agentes físicos de la fusión molecular que producirá el vehículo sagrado, la *ayahuasca*. Como en toda preparación ritual, el estado de conciencia del grupo es esencial; impregna el líquido que ya contiene las vibraciones de los seres espirituales que residen en las lianas y las hojas de la selva tropical. Es la alquimia sagrada cumplida durante la mezcla de ese brebaje psicoactivo. Luego el grupo de trabajo descansará mientras los responsables del fuego traen los leños y permanecen solos en el lugar con los responsables del filtrado. Utilizan anchos tridentes de madera, llamados *gambitos*, e imparten sus instrucciones al "guardián del fuego", que agrega los leños uno a uno en el horno y vigila la cocción.

Las tinajas van y vienen en un ballet sincronizado, sin gestos ni palabras inútiles. Es total la atención para evitar los riesgos de confusión o error. El contenido de las tinajas es mezclado y remezclado, cocido y recocido. El brebaje es filtrado varias veces para preservar al máximo los recursos sagrados de la naturaleza.

Al caer la noche, el encargado de remover el líquido mide el nivel en la tinaja con el tridente. El líquido cobrizo hierve suavemente. Ahora todos están envueltos en el humo, en un clima de misterio y de magia. Después de un momento —un segundo o una eternidad según el *miração*—,[15] el responsable de las tinajas da tres golpes de tridente en el costado del recipiente, mientras invoca al sol, la luna y las estrellas. Dos hombres se acercan en silencio —uno de cada lado del horno— y colocan un lienzo de protección sobre cada asa, luego levantan la tinaja y proclaman:

—¡Todo el misterio está dentro de la vasija!

Así se efectúa el *feitio*, la preparación de la *ayahuasca*, en la comunidad del *santo daime*.

La experiencia chamánica

La víspera de nuestro regreso a París, vía Brasilia y Río, vamos por última vez a la selva para una nueva experiencia con la *ayahuasca*. Acompañados por Alex Polari y Gilles Dupin, tomamos otro camino, siempre en medio de la exuberancia de la selva amazónica. El lugar elegido favorece la elevación de la conciencia. La Selva nos envuelve con sus alas verdes.

Nos sentamos en círculo y conversamos un momento. Se nos trae una pequeña botella. Esta vez el brebaje es más oscuro, siendo la dilución más concentrada y, por lo tanto, más potente. Elegimos un árbol al pie del cual extendemos un lienzo blanco sobre el que colocamos la botella y un cristal. Alex explica que, si llegáramos a perdernos en la selva durante nuestro "viaje", no tendríamos más que concentrarnos en ese árbol, que nos traería nuevamente al claro, pues él representa el punto de partida y de regreso.

Antes de llevar a mis labios el vaso conteniendo la *ayahuasca*, me concentro para pedir ayuda y protección a la planta. Un cuarto de hora más tarde, se dejan sentir los primeros efectos, mucho más rápidos e intensos que la primera vez. La selva se anima nuevamente y lo viviente, invisible a los ojos ordinarios, vuelve a desplegarse. Me siento a la vez participante y observador. Analizo uno a uno los cambios sensoriales que se operan en mí. Ese estado disociativo me permite funcionar en dos niveles de conciencia diferentes, que se entrelazan y se completan para favorecer la aparición de una percepción única. Es la que permite a los chamanes amazónicos cumplir sus ritos religiosos.

Han pasado treinta minutos. Contemplo a Liliane. Sus ojos sondean la lejanía, como alguien que mira un objeto sin verlo en realidad. Comprendo que mi compañera percibe *el mundo oculto detrás del mundo*. Hemos vuelto a ser vivientes entre lo viviente y una alegría indefinible se insinúa suavemente en el trasfondo de nuestro ser. Sin proponérnoslo y simultáneamente, nuestros ojos son atraídos hacia el suelo donde descubrimos un reino que nunca habíamos considerado antes. Lo infinitamente pequeño se despliega ante nuestra mirada maravillada.

—Mira —me dice la planta sagrada—, todo está inscrito ante ti. Observa la vida en todos sus aspectos y aprende a respetarla aun bajo esta forma.

Mi percepción se decuplica; percibo arreglos geométricos en el suelo a los cuales nunca había prestado atención. Cada guijarro, por minúsculo que sea, se convierte en una montaña que se puede escalar; cada brizna de hierba, en una selva exuberante; el mundo de lo infinitamente pequeño, en una llanura inmensa bordeada de valles cubiertos de vegetación y montañas que esperan ser conquistadas. Observamos la construcción de ciudades y aldeas de insectos; bajo nuestros ojos de gigantes, el mundo liliputiense se organiza en un ballet dirigido por un maestro invisible.

Atrae mi mirada una colonia de hormigas que camina en una vasta pradera verde. Una de ellas se lava metódicamente; segrega una saliva blanca con la que se unta las mandíbulas, las patas, las antenas, para terminar en la coraza. Es un ceremonial inmutable. Mi percepción visual se hace idéntica a la suya, como si mis ojos tuviesen miles de facetas; no veo imágenes repetidas por millares, sino más bien una imagen como a través de una cuadrícula. Además, percibo los movimientos más sutiles como lo haría una hormiga. En ese estado de total apertura, todos mis sentidos están exacerbados y comprendo que podría establecer un puente de comunicación con esos insectos. Tengo la impresión de que ellos me dirigen un mensaje olfativo que no estoy en condiciones de captar.

Mis ojos se vuelven de nuevo hacia Liliane, luego al suelo. Un choque idéntico a una descarga eléctrica me sacude entero.

—Mira —digo a mi compañera—, la tierra respira.

Mi mente racional me sugiere de inmediato que se trata de una alucinación. No obstante, veo muy claramente a la Madre Tierra respirando lentamente, como animada por pulmones invisibles. Río, feliz como un niño. Todo lo que nos enseñan las tradiciones es increíblemente verdad: ¡la tierra vive! Ahora tenemos la certeza absoluta. Mis manos tocan religiosamente el suelo; suben y bajan alternativamente por efecto de la inspiración y de la espiración de nuestra Madre Tierra.

Movidos por un impulso súbito, nos levantamos y caminamos unos metros en el claro. Siento el medio ambiente con una agudeza inhabitual, como si capas vegetales se apilaran en espesores sucesivos para formar un majestuoso tapiz. Me detengo cerca de un árbol y rozo suavemente la corteza del tronco. Otra sensación indefinible me invade. La planta reveladora tiende un puente de comunicación entre el árbol y yo. Se inicia una conversación entre un vegetal y un humano, dos especies tan diferentes una de otra. Percibo su carácter, orgulloso y dominante; es el amo del lugar. Él me muestra su dominio y yo comprendo que el pueblo de pie —los árboles— posee características y funciones idénticas a los humanos. Los hay encantadores, gruñones, guerreros, etcétera. Espíritus vegetales vestidos de matices verdes flotan entre las ramas y parecen darnos la bienvenida.

Sin embargo, la experiencia no tiene nada de un *trip* psicodélico, de un *satori* químico. Es una enseñanza sagrada que se nos ofrece y de la que somos recipiendarios. La noción de tiempo se vuelve vaga; ya no es lineal sino en espiral, como en las ceremonias chamánicas.

Liliane se ha sentado al pie de un árbol. "De *mi* árbol", dirá ella luego:

—Él me enseña que es el vínculo entre el cielo, la tierra y el mundo subterráneo. Puede ser utilizado como un ascensor hacia planos o niveles diferentes. Siento una sensación de seguridad. Es un protector. Aunque sentada, tengo la impresión de estar de pie. Percibo la selva y sus múltiples reinos a través de dos aspectos de mi ser: el físico, con sus captadores sensoriales exacerbados, y mi doble espiritual, dotado de otros órganos de percepción. Se establece un puente entre dos partes fundamentales de mi ser. Mi doble de pie observa la selva y ve un felino blanco dirigiéndose hacia él. Yo razono en dos niveles. En el físico, analizo la situación. Se imponen dos posibilidades: huir o hacer frente. Mi doble espiritual elige enfrentar al animal, que salta ágilmente hacia mí para incorporarse a mi cuerpo etérico. La fusión es total. Es la experiencia última de la unión de un ser humano y de su animal tótem. Es la experiencia chamánica por excelencia, vivida y narrada por las más antiguas tradiciones de la humanidad.

—Otra visión aparece —continúa Liliane—. La planta me muestra la imagen de un sarcófago de piedra de color turquesa. Es inmenso y descansa sobre la arena en el fondo del agua, aquí, en alguna parte de la Amazonia. Viene del espacio, construido por una civilización de otro mundo. Fue depositado cuando la Amazonia era todavía un mar primitivo, en tiempos inmemoriales.

Dos años más tarde, en ocasión de otro viaje a Río, entramos a un comercio a comprar algunos cristales y minerales. Liliane se siente irresistiblemente atraída por un bloque de piedra de color turquesa y me dice:

—¡Es ésta! Es la piedra de la que está hecho el sarcófago que duerme en la Selva.

Preguntamos a la vendedora, y nos enteramos de que se trata de la amazonita. Unos días más tarde, en Belo Horizonte, nos encontramos con amigos apasionados por las piedras. Durante la cena, Liliane interroga a Lourenço:

—¿Para qué sirve la amazonita?

Nuestro amigo, ingeniero, le responde:

—Es una de las piedras más duras después del diamante. Los norteamericanos la utilizan para construir las placas refractarias que protegen a las naves Challenger en su entrada a la atmósfera terrestre.

Nos embarga la emoción: la enseñanza de la planta era exacta. Un sarcófago de amazonita pura duerme en la Reina Selva, la mayor selva tropical del mundo. ¿Dónde se encuentra y qué contiene? Tal vez un día la *ayahuasca* lo revele.

Volvamos a nuestra experiencia. Aunque no tengamos conciencia de ello, han transcurrido varias horas y los efectos comienzan a decrecer. Liliane y yo agradecemos a la planta, también al claro del bosque que nos acogió y ha velado por nosotros. Hoy todavía prosigue la enseñanza. Cuando caminamos por la selva, ahora sabemos reconocer el árbol maestro, el guardián del lugar, y el carácter de los que lo rodean. El verde vegetal nos sigue mostrando sus ricos matices y sentimos la presencia de los espíritus de la selva.

Las plantas psicoactivas de la cuenca del Amazonas

El etnobotánico Richard Evans Schultes, una autoridad mundial en materia de plantas medicinales alucinógenas y tóxicas, fue uno de los primeros en estudiar la utilización de la *ayahuasca* por los chamanes de la Amazonia colombiana. Organizó varias expediciones a la región entre 1941 y 1961.

Una de las experiencias humanas más antiguas es sin duda el descubrimiento de que ciertas plantas son comestibles, alivian el dolor, curan la enfermedad o hacen la vida más tolerable. Es probable que el conocimiento de las propiedades de esas plantas fuera propio de ciertos miembros específicos de la comunidad; chamanes o médicos brujos. En una época en que el hombre creía que los espíritus controlaban su destino, no es asombroso que ciertas plantas de cualidades psicoactivas extraordinarias fuesen consideradas sagradas.

Gracias a ellas, el chamán accedía a estados particulares que le permitían visitar ese famoso mundo de los espíritus.

Necesitaríamos varias décadas de observaciones minuciosas para reencontrar el saber adquirido por los chamanes al cabo de los siglos. Esos "expertos" son tesoros vivientes para la humanidad. A juzgar por los vestigios arqueológicos, la utilización de esos vegetales se remonta a épocas muy remotas. El poder de un chamán reside en su conocimiento de la utilización de las plantas, que parece ser mucho más grande en América del Sur que en cualquier otra parte del hemisferio occidental.

El noroeste de la Amazonia poseía la visión de la vida mágico-religiosa más rica de toda la cuenca amazónica. El término de médico brujo para designar a esos hombres de grandes conocimientos es insuficiente. Los antropólogos hablan más bien de chamanes o de *pajé*. Si bien todos los *pajé* no son médicos brujos, la mayoría de ellos posee sin embargo un conocimiento muy rico de las propiedades de las plantas y de su utilización en el diagnóstico y el tratamiento.

Cuando quieren comunicarse con el mundo sobrenatural, los chamanes recurren casi siempre a ciertos tipos de plantas, ya sea que las aspiren, ya sea que hagan píldoras con ellas. Gracias a una planta de visión, *Banisteriopsis caapi*, el chamán-*pajé* diagnostica y trata la enfermedad o pronuncia profecías. Los sionas, un pueblo indio que vive cerca del río Putumayo, en el sur de Colombia, han llevado la utilización de las plantas psicotrópicas a su grado más alto. Ese pueblo es famoso en el noroeste de la cuenca del Amazonas por su capacidad chamánica.

El chamanismo siona está íntimamente ligado con la utilización de la *ayahuasca* y otras plantas psicotrópicas. Los aprendices desarrollan sus capacidades chamánicas y sus conocimientos con ayuda del brebaje. Aprenden así a entrar en contacto con las fuerzas sobrenaturales para influir en los acontecimientos de la realidad ordinaria. Los chamanes sionas no reconocen más que tres clases de hombres en la escala del conocimiento: "apenas un hombre", "el que ha partido" y el "adivino". "Apenas un hombre" es el que no tiene, o tiene poca experiencia de la planta; "el que ha partido" ha vivido la experiencia de salir de su cuerpo y percibe ciertas visiones del otro mundo. También se lo llama el "cantante". El "adivino", llamado igualmente el "profeta" o "el que ve", es el maestro chamán.

La ciencia occidental comienza apenas a admitir que los pueblos que no disponen de una ciencia propia han desarrollado sin embargo un conocimiento auténtico.

Esto es más exacto todavía en la selva tropical, aunque allí sea donde el choque entre el Occidente y la sabiduría tradicional es más violento. La selva tropical de América del Sur se hace literalmente humo, destruida para dar lugar a la ganadería. La Amazonia muere porque nos negamos a considerarla un crisol de conocimientos, como nuestras grandes bibliotecas occidentales.

Para los chamanes, es una verdadera biblioteca sagrada, concepto compartido por los etnobotánicos. No sabemos exactamente cómo descubrieron los indios amazónicos las propiedades químicas de las plantas, pero su conocimiento es el fruto de un profundo estudio de su medio ambiente, que los ha llevado a una clasificación exacta de las plantas estudiadas. Los chamanes químicos amazónicos descubrieron innumerables variedades de venenos derivados de plantas tóxicas. El más conocido, el curare, se prepara a partir de la corteza y de la raíz de plantas que deben estar aisladas en la jungla. Cada pueblo tiene su propia manera de prepararlo. El principio activo del curare, la tubocurarina, se utiliza corrientemente como relajante muscular en las operaciones quirúrgicas. No es el único descubrimiento que, teniendo su origen en "los remedios de la abuela" de los pueblos aborígenes, ha sido integrado a la farmacopea de la medicina moderna. A ellos les debemos varios de nuestros antibióticos, tranquilizantes, sedantes, anestésicos, laxantes, en especial la morfina y la salicilamida.

Poco antes de nuestra partida, conocimos a María Lucía, la herborista de la comunidad. Nos mostró sus plantas y nos explicó cómo ella "herborizaba" bajo los efectos de la *ayahuasca*.

—Cuando me encuentro en expansión de conciencia —nos dijo—, las plantas me hablan y las que no conozco me explican su utilidad.

Entrando en confianza, nosotros le hablamos de nuestras investigaciones sobre las vidas anteriores.

—¡Ah, las vidas anteriores! —exclamó ella—. ¡Sí, seguramente!

Nos sorprendió que, en ese rincón perdido de la Selva, pudiera conocerse el concepto de reencarnación y la posibilidad de traer a la conciencia memorias anteriores. Nos miró con una sonrisa extraña y dijo:

—Yo he descubierto una planta que hace viajar en el pasado. Nosotros poseemos una farmacología tribal muy importante. La selva tropical es el hábitat del setenta por ciento del millón de especies de plantas superiores que viven en la tierra. La *ayahuasca* nos ayuda a comprender la utilidad de las plantas. Nuestro saber en materia de botánica es el resultado de las enseñanzas transmitidas por ciertas plantas.

Esta afirmación, que no ha cesado de intrigar a los etnobotánicos, parece estar confirmada por la composición de la *ayahuasca*. En efecto, ese brebaje conocido desde hace milenios es la combinación de dos plantas. La primera contiene una hormona segregada naturalmente por el cerebro, la dimetiltriptamina, inactiva si es ingerida por vía oral porque es inhibida por una enzima del aparato digestivo, la monoaminooxidasa. Ahora bien, la segunda planta contiene precisamente diversas sustancias que protegen a la hormona contra los ataques de esta enzima. Richard Evans Schultes se preguntaba cómo pueblos llamados primitivos, que no poseían ningún conocimiento en materia de química o de fisiología, lograron activar un alcaloide inhibido por la monoaminooxidasa.

¿Cómo podían conocer las propiedades moleculares de esas plantas y el arte de combinarlas? Tal vez haya que buscar la respuesta en las palabras de María Lucía, cuando pretende que sus conocimientos en materia de botánica son el resultado de la enseñanza de las mismas plantas y más precisamente de la *ayahuasca*.

La comunidad científica ha dado nombre apenas a doscientas cincuenta mil de esas especies, que probablemente desaparecerán antes de que hayamos podido bautizarlas a todas. Como lo indicaba María Lucía, sólo una ínfima parte de las plantas a las que se les dio nombre han sido objeto de estudios científicos.

—Nosotros utilizamos —decía ella— centenares, si no millares, de especies de plantas superiores en nuestra práctica médica. Muchas ni siquiera tienen nombre todavía.

De este modo, comenzamos apenas a comprender dónde han adquirido los pueblos amazónicos sus conocimientos de las plantas y de sus propiedades. La preocupación de los residentes de Mapia es grande, pues la destrucción de la selva tropical amenaza no solamente a un número incalculable de especies vegetales, sino también a su cultivo y a los hombres que conocen sus propiedades y las utilizan en su vida cotidiana.

El antropólogo David Maybury-Lewis[16] no vacila en afirmar que el incendio de la biblioteca de Alejandría es insignificante en comparación con la destrucción de la más prodigiosa biblioteca médica del mundo: la selva amazónica. Se quema mientras nosotros no hemos terminado todavía de hacer el inventario de las obras que contiene.

3

EL TRIÁNGULO
POLINESIO

Pora pora i te hoe mamu

Pora pora, motu purotu
Aià fanauraa no tou mau tupuna.
"Oro" te atua rahi e te mau tahuà,
Teihea atura to oe puai omoèmoè?

Ua haere mai te ratere
e ua hohora ia oe.
To oe moana e to oe tahatai,
ua î te ino.
I roto i te mau motu, ua vavahihia
te mau marae.
Tae noa'tu i te mau tupapau ua
mahau anaè.

"Vavau" o to'u mau tupuna! e
"Vavau" iti e!
Te imi nei au ia oe tei oere noa i
raro ae i te mau purau.
Teie ra, ua unu te tau.
"Ta'aroa", "Oro", ua aramoina
anaè.

Bora Bora, la silenciosa

Bora Bora, isla maravillosa
Tierra natal de mis antepasados,
Oro, el gran dios, y todos sus sacerdotes
¿Dónde está tu poder misterioso?

El extranjero ha venido
a despojarte.
Tus lagunas, tus playas están contaminadas.
En los *motu*, tus *marae*
están destruidos,
Hasta tus *tupapau* se han perdido.

Vavau de mis antepasados
Oh *Vavau*,
Te busco errando bajo los *purau*.
Pero ¡ay! los tiempos se han cumplido.
Ta'aroa, Oro, todo se ha perdido.[1]

Profecías anteriores al contacto

Ese 5 de enero, el sueño de Carlos, llamado el Temerario, duque de Borgoña, se termina. En medio de un frío glacial —hace 20 °C bajo cero—, su cuerpo a medias devorado por los lobos es encontrado a unos kilómetros de los muros de la ciudadela de Nancy. Las tropas de René II de Lorena, reforzadas por el ejército de Luis XI, rey de Francia, han reducido a la nada la visión del Temerario: un gran ducado de Borgoña unificado desde Flandes a Borgoña que hiciera contrapeso al reino de Francia y al Sacro Imperio Romano Germánico. Los borgoñeses retroceden en desorden mientras el cuerpo de su jefe es depositado, con los honores debidos a su rango, en una casucha a las puertas de la capital lorenesa.

Casi cinco siglos más tarde, me vería obligado a contemplar todos los días el mosaico que recuerda el lugar y el año de la batalla: 1477. Mi habitación de estudiante estaba enfrente.

Quince años después de la muerte del duque, un marino genovés y tres carabelas —tres piraguas sin balancín— echaban el ancla en alguna parte del mar Caribe. Uno de los más grandes genocidios de la Historia podía comenzar.

En la misma época, a veinte mil kilómetros del Viejo Mundo, en medio del Pacífico Sur, tierras pobladas por los nómadas del mar eran alimentadas por el soplo —el *maná*— de Ta'aroa. El Inca estaba en la cumbre de su poder, el Azteca exploraba los misterios del cosmos. Muy lejos, al norte, el pueblo dineh culminaba su larga migración hacia el punto de emergencia, el futuro sudoeste norteamericano.

Azotadas por las lluvias, acariciadas por el sol, esas islas paradisíacas, ajenas a todo peligro, aguardaban a otros navegantes, otros conquistadores.

¡Oh, islas mías, tan armoniosas y apacibles, cuán bellas sois! Vuestras montañas boscosas, vuestras cascadas por millares, vuestros acantilados de bases esculpidas por el mar y de cimas perdidas entre las nubes son mi alegría. Las grietas de vuestros peñascos dan albergue a las aves. Las aguas de vuestros ríos, alimento a los peces. Vuestras playas de arena tan blanca, un abra para las olas que vienen a romper con un soplo cristalino. Por la noche, vuestras estrellas parecen tan cercanas, brillan con mil destellos y forman una avenida majestuosa para Oro, dios del sol, e Hina, diosa de la luna.

Así soñaba la semidiosa, a la que el pueblo llamaba Pelé, con la mirada perdida hacia Mu, la tierra original, la Antártida ahora sumergida bajo los hielos eternos. Esa mañana, los alisios soplaban del noreste y empujaban ante ellos a las nubes bajas cargadas de agua dulce. La lluvia caía a lo largo de las paredes rocosas hacia las llanuras donde el pueblo la recogía. Era *Fenua*, la tierra de los antepasados, la que los dioses habían confiado a la Primera Familia. Así esas tierras espléndidas se habían poblado de una raza de hombres valientes y decididos. Esas islas aisladas, separadas del torrente principal de la vida, pequeño y perdido rincón de tierra, eran un auténtico paraíso natural donde todo lo que crecía podía desarrollarse libremente, siguiendo su ritmo, según sus imperativos y sus límites propios.

La que era la *Diosa en un cuerpo de mujer* rememoró un sueño sepultado en un oscuro repliegue de su memoria ancestral. Se trataba de un pájaro temerario, el primero en depositar una semilla en las entrañas de *Fenua*. Era la de una hierba que creció y se multiplicó en su isla, como la familia humana desde millones de generaciones. Pero en esas islas nuevas, la hierba, ofrecida en su belleza al sol y a la lluvia, se convirtió en una planta diferente, única, adaptada a ese medio ambiente particular. Cuando el Primer Hombre y la Primera Mujer la examinaron, comprobaron que era una hierba con propiedades, una vitalidad y una promesa nuevas.

La semidiosa recordó también al Primer Insecto, con sus patas más largas y sus antenas mejor adaptadas a las islas, al Primer Pájaro, la Primera Flor, el Primer Pez, toda la Creación que se había desarrollado en esas islas bajo formas y características únicas. No existía entonces, como tampoco ahora, un lugar en el mundo capaz de rivalizar con la Creación Original o de alentar a la vida a desarrollarse tan libremente, en sus mejores posibilidades. Más del noventa por ciento de las plantas que crecían allí no se encontraban en ningún otro lugar de la tierra.

¿Por qué? Es un misterio. Tal vez gracias a una afortunada combinación de elementos climáticos y de una calidad específica de la tierra. Quizá gracias al respeto que la Primera Familia testimonió a *Fenua* durante milenios. O porque una hierba, depositada allí por un ave o un soplo de viento, debía encontrar el medio de crecer y de reproducirse sola, sin ser fecundada por hierbas de la misma cepa. Tal vez una mezcla de todos esos elementos fue el origen del milagro. Sea como sea, los hechos son evidentes: en esas islas, se desarrollaron y prosperaron nuevas especies, se volvieron vigorosas y se multiplicaron.

Pelé recordó también que su linaje se remontaba sin interrupción al Primer Volcán, cuyo chorro de vapor ardiente es semejante a la mujer que da la vida. Cuando niña, había tenido esa revelación en un sueño, durante el cual los volcanes, faros en el cielo, permitían que los navegantes se orientaran gracias al resplandor incandescente que coloreaba la base de una nube lejana. Ella era sacerdotisa de la diosa del fuego y había caminado sobre la lava en fusión del volcán Kilauea para cumplir sus ritos sagrados. Mientras las gaviotas y las golondrinas de mar rozaban la espuma de las olas para ir a posarse en la playa, Pelé, la bien nombrada, sintió que una vibración le recorría el cuerpo.

—Llegarán extranjeros, algunos generosos, otros ávidos. Vienen con sus dioses, sus flores, sus frutos y sus creencias. Algunos tienen los brazos cargados de buenos productos alimentarios y de ideas mejores todavía, ¡pero tan diferentes! Vienen a este admirable crisol donde los elementos de la naturaleza tienen la libertad de desarrollarse al antojo de sus deseos y de sus capacidades.

A varias decenas de miles de kilómetros, el Viejo Mundo se debatía en sus guerras y sus hambrunas organizaba su futuro, ignorando todavía la existencia de islas que eran un verdadero paraíso. Habían emergido del océano, en alguna parte al noroeste de Tahití, y estaban habitadas por un pueblo poderoso y civilizado. Era Hawai, cuyos rocosos acantilados desafiaban a las olas, Hawai, de profundas lagunas y playas de deslumbrante arena. El archipiélago era tan hermoso que parecía imposible que hubiese sido creado por azar. Pelé, la diosa Volcán, la del origen de todas las cosas, lo había cincelado con amor. Luego había protegido su obra maestra rodeándola de un collar de arrecifes de coral, al que venían a romper las olas bravías del océano que no podían de ese modo turbar la serenidad de la laguna de aguas transparentes, donde abundaban los peces.

Una esbelta piragua con balancín se deslizaba sobre las olas y penetró en la laguna, bajo la mirada del vigía.

—Un último esfuerzo más. Mi mujer me aguarda con los brazos abiertos para ofrecerme su cuerpo tibio y su consuelo. *Mana*, has cumplido una vez más tu obra —exclamó Horo Fana'e.

En su forma marítima, *mana* es también la conciencia del navegante; eso es algo que todos lo saben. El patrón arrió la vela mientras los marineros, obedientes a sus órdenes, viraban de bordo diestramente en un mar embravecido, que intentaba estrellar la piragua contra los arrecifes. Pero con envidiable habilidad, el piloto puso la embarcación sobre la cresta de una ola y la dirigió hacia la angosta brecha en la barrera de coral.

—¡Vamos! —gritó.

Y los remeros se afanaron para evitar los arrecifes. Se produjo entonces un ataque de las aguas, una sucesión de olas rompientes, y la piragua pareció levantar vuelo para franquear el paso en medio del brillo de los remos.

Feliz con su victoria, el hombre puso los pies en el agua y se acercó lentamente a la mujer santa, perdida en la contemplación de una visión que trascendía al género humano. Miró al vigía, que corría ahora por los abruptos senderos hacia los *fare*.[2] Las mujeres, los hombres y hasta los niños se dirigían lentamente hacia la mujer poseída de nuevo por Pelé, la diosa Volcán. Un séquito impresionante de guerreros bronceados, desnudos hasta la cintura, encabezados por el *aito*,[3] marchaban hacia la playa.

—¡De prisa! No debemos retrasarnos.

El vigía corrió hacia una cabaña más grande que las otras, la del *Arii Nui,* a quien los extranjeros llamaron erróneamente el rey, y se prosternó sobre la estera que cubría el suelo de tierra apisonada, anunciando con voz apremiante:

—La diosa está poseída por el soplo de su madre.

El *Arii Nui* se puso una túnica de *tapa* leonada y se cruzó sobre el hombro izquierdo una capa de plumas amarillas, símbolo de su autoridad. Luego se colocó el casco de plumas y conchillas y se puso un collar de dientes de tiburón. En ese preciso momento, los *pahu*[4] redoblaron de nuevo el ritmo del universo.

Una multitud de hombres fuertes y de mujeres encantadoras estaba ahora reunida alrededor de la profetisa, cuya vacía mirada escrutaba los repliegues del tiempo y del espacio. Todos contenían el aliento mientras el suave viento mecía las palmeras y estremecía las hojas de los árboles del pan. Las moscas atacaban las espaldas desnudas, pero nadie se movió. Por último, la diosa hecha mujer murmuró:

—Vendrán unos extranjeros. Son diferentes a nosotros. Su raza tiene la piel blanca. Llegan en inmensas piraguas que no vuelcan, aunque no tienen balancín. Ellos poseen objetos afilados capaces de derribar el árbol de hierro.[5] Adoran a un dios único, idéntico a Ta'aroa, que ha sacrificado a su hijo para que sus descendientes conozcan el amor verdadero.

En la laguna salpicada de sol, el *Arii Nui* se aproximó a la mujer vidente y murmuró:

—Este país es el mío; este pueblo es mi hijo. Mi linaje es antiguo. Yo he conocido a mi padre y a mi abuelo y, antes de ellos, a los abuelos de mi abuelo. Y todavía antes de ellos, a sus abuelos y a las mujeres que amaron y a todos los hijos que tuvieron. Son ellos quienes me permitieron crecer en la alegría. Siempre he caminado a la sombra de estos acantilados, a la orilla de esta laguna. He visto otras islas, otras montañas. He navegado hasta Havaiki Ra'aitea, la sagrada. Nuestra isla es el paraíso terrenal. Si mi desaparición debe permitirle vivir en armonía con los nuevos dioses, entonces no será inútil. Pero, ¿amaremos a los nuevos dioses? Cuando los pueblos asisten a numerosos sacrificios, dicen que los dioses los escuchan y se sienten protegidos. ¿Pero podemos aceptar nosotros a ese nuevo dios? Yo he nacido con la bendición de *Tane*. Mi padre murió defendiendo a *Tane*, y su padre antes que él. Yo jamás adoraré a otro dios.

—¡Oh, mi amado hermano! —dijo la mujer hermana, de pie en medio del pueblo—, lo que yo veo anuncia la desaparición de nuestras costumbres. Las mujeres comerán el animal sagrado,[6] Ta'aroa desaparecerá, otro dios nos protegerá.

Luego trazó unos signos sobre la arena de la playa.

—Éstos son sus pies.

El jefe de guerra se inclinó sobre su hombro y descubrió una marca vagamente oval: los extranjeros que vendrían no tenían dedos en los pies.

En efecto: Pelé, hecha mujer, había dibujado en la arena la huella de un casco de caballo.

La isla se adormecía en la paz y la belleza.

—Que los sacerdotes vengan a bendecir nuestra piragua —ordenó el *Arii Nui*—. Ta'aroa, dios del oscuro y vasto mar, Ta'aroa, amo de las tempestades y de la calma deliciosa, Ta'aroa, protector de los hombres en los arrecifes...

De pronto, una mujer exclamó:

—¡*Aoué*! ¡*Aoué*!

Era el grito de angustia secular. El grito de peligro de las islas y de un pueblo que iba a morir.

Todos experimentaban una misma emoción en ese final de jornada. El pueblo unido vio sumergirse el sol en el oeste iluminando la magnífica isla con sus rayos de oro; cada uno pensó, olvidando la profecía:

"Es la isla de la belleza. La tierra a la cual los dioses han concedido todos sus dones".

La caverna de los antepasados

La caverna estaba bañada en colores ocre, amarillo y rojo, igual que el *bush*. La respiración en los mayores es un concepto, no una necesidad. Todo es vertical. Pero ese concepto, ¿conviene a una civilización? Padre Serpiente, que ha difundido todas las formas de vida horizontal, estiró sus largos anillos: una historia no escrita durante milenios, que concierne a pueblos de diversidad considerable, que hablan más de doscientas lenguas y dialectos. Todo es sagrado, pues una revelación cuenta que en el origen todo estaba vinculado. El mito sagrado es una suerte de encantamiento en la época original.

Un sentimiento, a falta de otra palabra, se insertó en las fibras luminosas de los antepasados. Algo frío, como si la energía se hiciese más lenta, *como si el color perdiera su forma*. Allí, abajo, todo continuaba su ciclo inmutable, el corazón del pueblo se fundía en el canto de la Creación; sin embargo... Los seres que piensan en dos dimensiones se perfilaban en el horizonte.

En la caverna, una pintura tan diferente del dualismo occidental desplegó sus alas, presentando en su cosmogonía un mundo de metamorfosis y de correspondencias en el que todo está ligado: una comprensión de la comunidad humana percibida como una exteriorización de las fuerzas divinas encarnadas por los héroes ancestrales. Esa comunidad totémica obedece a leyes naturales fundadas en el orden cósmico y en la pertenencia fundamental a la Gran Madre Tierra. En esta "vida única" de la Madre Tierra, todo es intercambio, circulación de una energía única. Otro aspecto esencial de estas pinturas cambiantes es el papel fundamental de la fertilidad; por eso mismo, el reconocimiento de la sacralidad femenina y del poder de las diosas ligadas con la fuente ancestral de la Madre Tierra. Así, el misterio representado por las mujeres desempeña un papel importante en el juego incesante al que se entregan los dioses.

Abajo, el clan camina en el desierto australiano, tan animado y viviente. Nadie se ha perdido nunca en él. Eso sería imposible pues las partículas proyectadas en el Primer Sueño (el *bougari*, el *dreamtime*) de los antepasados de la Gran Caverna les muestra el camino. Según los mitos, a las diosas mujeres los hombres les han robado los misterios y los objetos rituales. Padre Serpiente asocia los elementos de fertilidad a los misterios de muerte y de renacimiento. Como en las culturas paleolíticas del lejano Norte, este culto de fertilidad está asociado al de la Tierra: danza circular en torno del fuego que simboliza el vínculo entre la Tierra y lo Humano.

En una explosión de colores, el antepasado vio que el Creador era un animal mitad acuático, mitad terrestre, que extrajo los elementos de su Creación del fondo de las tierras y de las aguas para producir seres sobrehumanos, quienes lo asistieron en la formación del mundo. Entre esos seres sobrehumanos, había elementos naturales como montañas y ríos. Un sueño de abajo, denominado *Djauan*, cuenta la aparición del ser ancestral *Eingana*: la Madre Tierra que encarna la fertilidad por excelencia. Ella es quien da nacimiento a los seres vivientes vomitándolos de la tierra. De ese modo, el gran mugido del toro, producido por el sonido grave del *didgeridoo*,[7] crea un vínculo entre los hijos proyectados en la materia y los antepasados que nunca han partido.

Eingana expresa el flujo cíclico continuo de nacimiento y de muerte; es la Serpiente Arco Iris. Ella está en medio del agua y teje el caparazón que une todas las formas. Ella es *Moitjinka*, la "anciana" que posee los objetos rituales más sagrados, la que traga y regurgita a los hombres jóvenes después de su iniciación en los ritos subterráneos de las cavernas. La Serpiente Arco Iris es un elemento andrógino que presenta atributos femeninos vinculados con el agua. Sus hijas son sirenas ligadas con la fertilidad. Habitan en los ríos, como la propia Serpiente, y poseen un temible poder.

Esa serpiente ha difundido todas las formas de vida; es un símbolo de regeneración. El espíritu se reencarna permanentemente en nuevas formas. En su aspecto fundador, ella creó también los sitios totémicos soplando en su bambú, del que hizo brotar los espíritus totémicos. En los mitos de la tribu *leagulawulmiree*, la Gran Madre emerge del mar —en realidad, de la desembocadura del río Roper. Ella tiene dos hijas, las hermanas *Wangeluk*, que viajan con sus rituales y sus poderes de creación y de fertilidad. A otras familias, las *Wittee*, la Serpiente Arco Iris las devora, pero continúan dispensando sus poderes y el conocimiento sagrado a través de ella. Entre los *Untabinnee*, las antepasadas abandonan los sitios totémicos, y el agua viaja con ellas.

En el campamento de abajo, esas divinidades crean extensiones de agua, manantiales y estanques. Simbólicamente, la Mujer Pez es perseguida y traspasada con una lanza por un anciano que se apropia de su rito. El cuerpo del antepasado es el propio cuerpo de cada ser. Así, en los misterios aranda, el padre dice a su hijo, después de la iniciación que le confiere el derecho de ver la piedra:

—Éste es tu cuerpo, del cual saliste por un nuevo nacimiento. Es tu cuerpo, el antepasado que tú eras cuando peregrinabas en tus existencias anteriores. Después descendiste a la gruta sagrada para descansar en ella.

La presencia del Creador es un todo, y el antepasado existe simultáneamente en su cuerpo místico, en la *tjurunga*, y en el hombre en el cual se ha reencarnado. Así se explica la solidaridad total de todo lo que vive en esta visión de la caza ritual, que evoca la simbiosis hombre-animal.

En la caverna, los antepasados-hologramas sabían que esa posesión estaba ilustrada a menudo por el tema de tragar.

Tane fue obligada a erguirse sobre sus pies y a empujar a su padre con todas sus fuerzas. Así nació la *luz Tane*, que más tarde dio origen al conjunto de la Creación uniéndose al elemento femenino, *Hine ahu one*. Ellos engendraron únicamente hijas. *Tane* se unirá después a *Hine ti tama*, la hija de la Aurora, que huirá al mundo subterráneo y se convertirá en la diosa de la muerte, *Hine hui te po*. Los antepasados sabían. *Tangaroa*, la ballena, dios del mar, eclipsó a todos los otros. Se presentó como el dios creador que se genera a sí mismo en el espacio infinito representado por una inmensa concha. Con él vendría la creación de la luz, del sonido y de la forma.

En su sabiduría, el clan veneraba al sol, a la luna, a las estrellas y a *Makara*, las pléyades.

—La formación de los seres humanos es la obra —dijo el Abuelo— de seres venidos del oeste, los hermanos blancos. Vivimos en un sueño en perpetua transformación, modelados por los antepasados, formados en la arcilla de su pensamiento. Los elementos son su sueño, pero el agua es uno de los más sagrados. Todo está impregnado del *mana* y todo está vinculado. Si movemos una piedra, desorganizamos la armonía y el poder del lugar. Los espíritus están presentes en toda la naturaleza. A veces se manifiestan bajo la forma del canguro negro, *Kuperee*, o de *Kulpunya*, el poderoso espíritu dingo. Así todas las cosas pueden estar encantadas y cargadas de poder.

En el amanecer, momento de la jornada soportable para las partículas físicas, la Familia estaba reunida y escuchaba al Abuelo:

—Los ritos son un recuerdo de nuestros orígenes míticos. Los ritos ascensionales evocan el vuelo mágico; la danza con alas y plumas de aves cuenta cómo Karan, que guió al clan de los hombres-pájaros a una colina para escapar del diluvio, se ha convertido en una estrella en el firmamento, al lado de la luna. Yo sé que el sacrificio me acecha y a vosotros os daré la bóveda celeste, de la que cada uno es una parte.

En la caverna multicolor, bañada por los sonidos del *didgeridoo*, la montaña de los cielos, el *tohunga ahurema* pensó:

"Un segundo nacimiento espiritual fuera de la Madre Tierra nos espera. El gran tiempo del origen, el *dreamtime*, es el instante de la Creación que no supone comienzo, pues no hay pasado, ni presente, ni futuro. No es un tiempo lineal, como lo conciben los extranjeros. El *djalou*,[8] lo regenera todo. El *bougari*[9] está ligado con el origen mismo de la vida y coincide con la llegada de gigantes andróginos semihumanos y su periplo en el país donde ellos crearon la Primera Familia y su costumbre. Antes de proceder a una curación, nosotros cantamos el nacimiento del universo, recurrimos a la energía creadora de vida que no puede ser interrumpida y que restaura permanentemente el orden humano. Nosotros sabemos, antes de ver los encantamientos, y poseemos los medios de "ver". Nosotros, los grandes Antepasados, legamos a nuestros hijos de abajo el *dreaming*, un vínculo físico y espiritual con la Madre Tierra ininterrumpido desde el origen, un espacio cualitativo de resonancia, en el cual todo actúa sobre todo y donde la responsabilidad humana adquiere un sentido más sutil".

En la mañana clara, el aborigen australiano se levanta. Sabe que el tiempo no cuenta y que ha llegado el momento, para él, de devolver la fuerza al mundo agonizante. El *bougari* lo ha instruido; él cuidará al niño enfermo: la civilización occidental que ha de venir.

Profecías anteriores al contacto en las Islas de la Sociedad

Muchos pueblos y civilizaciones tradicionales han considerado a los primeros europeos como enviados de una dimensión sobrehumana. Esta concepción era favorecida por la existencia de leyendas, de mitos o de tradiciones relativas al regreso de los dioses o de los antepasados fundadores. Visiones y profecías anteriores al primer contacto anunciaban la inminente llegada de seres sobrenaturales.

Recordemos la estrepitosa llegada de Cortés y de Pizarro a los imperios azteca e inca.

En 1823, el misionero J. M. Orsmond recogió, durante una permanencia de tres años en Bora Bora, una de las tradiciones proféticas más antiguas. Otro misionero, William Ellis, que residió en Huahine entre 1817 y 1823, publicó en 1829 una obra dedicada a una tradición profética más elaborada.

Según la tradición oral, la jefa de Opoa, *Toa Te Manava*, fundó la escuela de Haapape en momentos en que el culto del dios de la guerra Oro llegaba a Tahití proveniente de la antigua Havaiki Ra'aitea, la isla sagrada. La representación de ese centro religioso sucedió inmediatamente a Opoa en el *marae*[10] Taputapuateae, en la isla de Ra'aitea.

Todos los miembros de la Sociedad de las Misiones de Londres (de la que las islas tomaron el nombre) consideraban al reverendo Orsmond como el mejor etnógrafo de su tiempo. Todavía hoy sus trabajos, recopilados por su nieta Teuira Henry en la impresionante obra *Tahiti aux temps anciens*,[11] siguen siendo documentos de referencia para numerosos universitarios y personas interesadas en la antigua cultura tahitiana. Sin embargo, a medida que se leen sus numerosos escritos, poco a poco se impone la evidencia de que la visión espiritual de los antiguos polinesios resultaba hermética para una mente occidental del siglo XIX. Poco después de su llegada a las islas, el misionero se esforzó, no obstante, en aprender el idioma tahitiano y en recoger los antiguos relatos de la tradición oral, alentado por varios jefes locales.

Orsmond había observado que los habitantes de las islas utilizaban un lenguaje muy colorido, característica del funcionamiento del cerebro derecho. Para los primeros navegantes, que sólo tenían conocimientos superficiales de ese idioma, lo que decían los *tahua*[12] era un misterio, la mayor parte del tiempo, incomprensible. Esto es verdad, en particular, para los *pehe tama'i*,[13] en los cuales fenómenos naturales como el trueno, el rayo, las tempestades son metáforas, arquetipos, que designan una batalla y destrucciones. Un guerrero valiente que rehúsa rendirse era comparado con un *fau*.[14] La isla de Huahine, que había rechazado denodadamente las invasiones de los guerreros de Bora Bora, fue apodada *purao*, nombre de un árbol que crece en una colina y resiste todas las tormentas. Antes de ir al combate, se animaba a los guerreros a que se mostraran tan feroces como el *puahiohio*, el torbellino que destruye todo a su paso.[15] Reducir un árbol sagrado a un tronco sin ramas, o *tumu*, reviste un profundo significado. Podar un árbol, quitarle las ramas secas o inútiles y no dejar en pie más que el tronco, significaba la muerte de los guerreros, los consejeros y la familia de un *Arii Nui*.[16] De ese modo, el relato tradicional de un torbellino que arrancaba las ramas de un árbol sagrado, en Opoa, significaba que guerreros enemigos habían matado y expulsado a los partidarios de un jefe sagrado, dejándolo semejante a un tronco desnudo. Tal era el lenguaje simbólico utilizado en los tiempos remotos. Encontramos las mismas estructuras de expresión oral entre los amerindios. Su significado profundo no podía ser comprendido por un occidental, salvo que procediera a una lectura simbólica.

En Opoa, en una de las últimas reuniones del *hau pahu nui*[17] antes de la llegada de las naves europeas, se produjo un extraño fenómeno. Apenas había terminado la ceremonia del *pa'i atua*,[18] cuando una borrasca se llevó la copa de un árbol tamanu, no dejando más que el tronco desnudo. Aquello era algo asombroso, ya que la madera del tamanu es muy dura. El pueblo fue presa de la angustia. Los representantes de cada familia intercambiaron miradas en silencio. Entonces un sacerdote de Opoa llamado Vaita[19] exclamó:

—Amigos, ¿en qué pensáis?

—Nos preguntamos qué representa la destrucción de este árbol. Desde los tiempos más remotos, nada semejante había ocurrido a nuestros árboles.

Vaita, el *hio hio*,[20] tuvo una inspiración.

—Veo ante mí el sentido de este acontecimiento extraño. Van a llegar los gloriosos hijos del Tronco y verán estos árboles aquí. Serán diferentes a nosotros y sin embargo son nuestros semejantes, ellos también surgidos del Tronco. Tomarán nuestra tierra. Será el fin de nuestras costumbres; las aves sagradas del mar y de la tierra se lamentarán por el drama que este árbol decapitado nos anuncia.

Esta inesperada declaración sorprendió a los sacerdotes, que preguntaron dónde se encontraban esos hombres extraños. Y él les respondió:

—Vienen en una embarcación sin balancín.

—Nosotros hemos visto los barcos que los hombres aprendieron a construir gracias al dios Hiro —murmuró el pueblo—, pero éstos siempre tienen balancines; sin ellos zozobrarían. ¿Cómo es posible semejante prodigio?

Incrédulos, los dignatarios se dispersaron. El *Arii Nui* Tamatoa se enteró del asunto e hizo llamar a Vaita para pedirle explicaciones. Éste, que se presentó gustoso ante el rey, encontró allí a los otros sacerdotes, así como a una multitud considerable reunida para escucharlo. Tamatoa lo recibió con cordialidad, pero no concedió mucho crédito a sus palabras. Para ilustrar su declaración, Vaita tomó un gran *umete*[21] y colocó en él algunas piedras. Luego pidió al rey que enviara a algunos hombres a depositarlo en el mar. Cuando el *umete* flotó tranquilamente sobre las olas, los asistentes aplaudieron. Otro sacerdote de Ra'aitea declaró a Tamatoa que llegaría el día en que ya no habría alimentos prohibidos para las mujeres; que ellas tendrían total libertad de comer tortuga y otros alimentos sagrados para los dioses y los hombres. Esta predicción fue recibida igualmente con incredulidad, pero se vio confirmada cuando el cristianismo hizo su aparición.

Por último, en las tradiciones orales tahitianas transmitidas de generación en generación, se encuentra información sobre el primer hombre que descubrió su isla. Éste es el relato:

"Un viejo *hio hio*, llamado Pau'e,[22] muy conocido en Tahití, dijo un día:

—Los hijos de la gloriosa princesa llegarán en una piragua sin balancín y estarán cubiertos de los pies a la cabeza.

"Para probarlo, Pau'e tomó un *umete* y lo hizo flotar en un pequeño charco después de haberlo equilibrado gracias a algunas piedras. Luego, volviéndose hacia las personas reunidas, dijo:

—¿Qué puede hacer zozobrar a este recipiente sin balancín? Está equilibrado por su anchura; así será la piragua que va a venir.

"Tres días más tarde murió Pau'e y pronto atracó el *Dolphin* con el comandante Wallis a bordo. La gente exclamó:

—Ésta es la piragua sin balancín de Pau'e y éstos son los hijos de la gloriosa princesa.

"El *Dolphin* estaba fondeado en la bahía de Matavai, frente al promontorio de Taharaa, bautizado Colina del Árbol por Wallis y Cook. La popa del *Dolphin* fue comparada con el peñasco que coronaba el promontorio. Con esa imagen los tahitianos evocarían durante generaciones el navío de Wallis.

"Pau'e había dicho también:

—Vendrá un nuevo rey para gobernarnos e impondrá nuevas costumbres al país. El *tapa* y el mazo para machacar la fibra no se usarán más en Tahití, y las personas llevarán vestidos diferentes, extranjeros."

Los tahitianos cuentan siempre estas profecías. No deja de sorprender esta impresionante descripción del futuro.

Estas predicciones hacen una clara referencia al surgimiento de la dinastía de los Pomaré, a la adopción de nuevas costumbres con la implantación del cristianismo y a la desaparición progresiva de la confección del *tapa*, a medida que los barcos traían los textiles europeos. Al comparar al navío de Wallis con una isla flotante, los tahitianos demostraban que no tenían manera de comprender, expresar ni clasificar ese fenómeno. El colorido lenguaje de las profecías se inscribe en la visión mitológica de *Tane*, el dios artesano, con sus "hijos gloriosos de Te Tumu", que anticipan la venida de los "artesanos divinos", los misioneros, cuyas enseñanzas presentarán ciertos paralelos con la religión local. *Tane* es quien modeló todas las formas sensibles de la vida, una concepción que hace pensar en Geb, el dios alfarero del antiguo Egipto.

Los primeros navegantes a Tahití - El olvido de las antiguas tradiciones

El 19 de junio de 1767, Wallis, que comandaba el *Dolphin*, se acercaba a Tahití. Cook, futuro descubridor de las islas Hawai, era el contramaestre. Pronto la nave fue rodeada por miles de tahitianos en piraguas. La noticia de la llegada de una "piragua sin balancín" corrió como reguero de pólvora. Después de celebrar consejo,[23] algunos hombres avanzaron hacia los recién llegados. Uno de ellos llevaba un retoño de plátano, representando su propia efigie. Habló durante un cuarto de hora; luego arrojó el retoño al mar, queriendo testimoniar de ese modo sus intenciones amistosas y hacer comprender a los recién llegados que el mar era sagrado para todos. En efecto, los polinesios lo consideraban un sitio ceremonial, un *marae*, un templo movedizo. Por su parte, los blancos expresaron mediante signos que la amistad era recíproca e invitaron a los embajadores a subir a bordo de su nave. Mientras tanto, numerosos indígenas ocultos en los bosques observaban lo que acontecía.

Durante los días siguientes, los jefes celebraron consejo, reunieron a la población del lugar y formaron una gran procesión con antorchas, tambores y *pu*,[24] para ir a sacar el pabellón que los ingleses habían plantado en la playa. Con frecuencia, los indígenas solían enarbolar pabellones, tanto en sus piraguas como en tierra, para afirmar su prestigio, y habían comprendido perfectamente el sentido de la ceremonia realizada por los ingleses. Esto explica la hostilidad que les manifestaron en los días siguientes. Sin embargo, sin quererlo, hicieron un gran honor al pabellón inglés atándolo al cinturón real de plumas rojas y amarillas, atributo del gran jefe Amo[25] de Papara. Amo, cuya mujer, Purea, era jefa de Papara, ejercía su influencia en Hatapape, el teatro de los acontecimientos. Durante muchos años, esa reliquia extranjera permaneció atada a ese antiguo emblema real que descendía directamente de los dioses.

Al día siguiente, el viento acercó al *Dolphin* a la costa. Los indígenas estimaron que los recién llegados se extralimitaban y pidieron a sus dioses que los expulsaran. Trescientas piraguas de guerra y cerca de dos mil hombres rodearon el navío. Un sacerdote sentado en una piragua debajo de un dosel, subió a bordo del barco inglés. Llevaba en la mano un amuleto compuesto por una pluma amarilla y una roja, llamado *ura tatae* y consagrado por los dioses. Era considerado un medio poderoso para obtener su ayuda contra los invasores.

Los ingleses lo aceptaron cortésmente, viendo en ello una nueva manifestación de amistad. El sacerdote abandonó de inmediato el navío y ganó nuevamente la costa, donde arrojó una rama de cocotero al suelo en señal de éxito. Enseguida el aire resonó con alegres gritos, y numerosas piraguas fueron a reunirse con las que ya rodeaban al barco. Para su gran sorpresa, los ingleses recibieron una lluvia de piedras lanzadas con hondas, algunas de las cuales pesaban más de un kilo. Varios hombres de la tripulación fueron gravemente heridos, a pesar de la protección de los toldos y el aparejo.

Entonces los ingleses hicieron tronar sus cañones y los indígenas terminaron por dispersarse, aterrorizados por esos seres que dominaban el trueno y los relámpagos. Pronto la playa estuvo sembrada de cadáveres de guerreros. A pesar de su primer fracaso, los indígenas enviaron nuevas piraguas de guerra hacia el navío inglés, cargadas de bolsas de piedras, para un segundo ataque. Desde las colinas cercanas, las mujeres y los niños asistían al combate, del mismo modo que las mujeres y los niños de los indios de América del Norte asistían, trepados a los peñascos, a los combates de sus hombres contra el ejército norteamericano en el siglo XIX.

La lluvia de piedras comenzó de nuevo. Una piragua, que se había acercado demasiado al *Dolphin*, fue partida en dos por una bala de cañón. Otra salva bastó para dispersar a los atacantes. Cuando renació la calma, los ingleses enviaron a tierra un destacamento punitivo que destruyó numerosas piraguas, algunas de las cuales medían veinte metros de largo por uno de ancho. Así terminó la batalla.

Mientras tanto, el jefe Amo, cansado de la hostilidad de esos extranjeros, se retiró a su distrito de Papara. Purea, su mujer, se quedó en el lugar y recibió amablemente a Wallis y a su gente. Ella se ocupó de los heridos, a los que hizo transportar a su casa de recepción,[26] cuyo techo era de *fara* y el suelo estaba cubierto de tierna hierba, de esteras y de varios espesores de *tapa*. Allí los blancos fueron instalados confortablemente. Recibieron cuidados y masajes con aceite de coco. Al cabo de unos días se restablecieron y estuvieron en condiciones de regresar a bordo. Durante una conversación con Wallis, Purea puso su distrito a su disposición. El hecho de que tuviera en sus manos una hoja de plátano hizo creer al comandante inglés que Purea era la reina de la isla y que le presentaba su sumisión. La actitud de la población demuestra claramente que Purea no habría podido realizar ese gesto por propia iniciativa. En realidad, estaba aconsejada por personas influyentes, entre ellas Tupaia de Ra'aitea, su gran sacerdote, un hombre de notable inteligencia.

La dinastía de los Teva

En mayo de 1998, Liliane y yo organizamos un primer viaje cultural dedicado a las antiguas tradiciones polinesias. Un grupo de unas veinte personas nos acompañaba a Tahití, Huahine, Ra'aitea y a las islas vecinas. Con gran placer nos encontramos en esa ocasión con Ueva Salmon, descendiente directo de la gran familia de los Teva, que reinó durante mil años en Tahití. No era nuestro primer encuentro. En un viaje precedente, nuestro amigo nos había impresionado por el conocimiento de su genealogía. Nos había recitado el nombre de sus antepasados remontándose a dieciséis generaciones. Ueva es de la estirpe de Amo, el último jefe de guerra maohi, el mismo que atacó al navío de Wallis.

En esas latitudes, mayo es el otoño austral y la humedad de los meses estivales ha desaparecido. Sentado en el jardín de su casa de Papeete, Ueva habla de su orgullo de pertenecer a una familia que asentó su poder en la isla en el siglo XI. A su lado, su hija mayor escucha en silencio. Moetia lleva un nombre ilustre, el de una de las hijas de Arii Taimai.

Arii Taimai pertenecía a la familia más noble del clan más antiguo y más prestigioso, el de los Teva, que ocupaba la costa sur de Tahití y toda la península. El hermano de su bisabuelo fue el célebre Amo, y su abuelo no fue otro que el famoso jefe de Papara, Taura Atua, más conocido por el nombre de Tati, que desempeñó un papel muy importante durante el agitado período que siguió a la llegada de los europeos, a comienzos del siglo XIX.

Tati es también el nombre del hijo menor de Ueva. A pesar de su juventud, ya posee la fuerza y la corpulencia de su antepasado. Nuestras tradiciones y un hemisferio nos separan, pero un vínculo extraño nos une. Nuestros anfitriones conocen el sentido de nuestra búsqueda: penetrar profundamente en la antigua tradición polinesia para comprender su manera de pensar. Liliane y yo no tardamos en darnos cuenta del valor que tiene nuestra búsqueda interior para comprender la estructura del pensamiento espiritual de los tahitianos antes de la llegada de los blancos. Cuando Ueva habla, la fuerza de su estirpe se expresa por su boca. De Moetia, aunque silenciosa, se desprende el mismo poder; su actitud y su dignidad reflejan la energía sin desmayo de las sucesivas generaciones de princesas que la precedieron.

—Nuestras genealogías —dice Ueva— revisten gran importancia para nosotros, porque sirven de base a la Historia en su carácter de memoria de los antepasados. Como sabéis, somos un pueblo de tradición oral; la escritura no existía aquí. Por eso, recurrimos a quienes poseían la memoria ancestral. Las genealogías sirven no sólo para situar a los seres, sino también los acontecimientos de un pasado a veces muy lejano.

Ninguna memoria humana es capaz de registrar los nombres de todos los miembros de un mismo linaje. Raymond

Graf, a quien encontramos en 1997 con Ueva Salmon, es un *tahua* poseedor de la antigua tradición, que sabe recitar su genealogía a través de veinte generaciones. Durante ese encuentro, escuchamos a ambos hombres intercambiar, en un desfile ininterrumpido, los nombres de sus antepasados. Así es como se reconocen los tahitianos de gran familia. Los dos lanzaron un grito cuando se dieron cuenta de que descendían del mismo Tati el Grande, sobrino del célebre Amo. Fue un momento de intensa emoción.

En épocas remotas, tres o cuatro oradores, entre los más dotados de una familia, se dedicaban a este ejercicio de memoria. En la velada de casi todas las tardes, cada uno recitaba por turno, como un poema, los nombres de sus antepasados, así como su *marae*, su lugar de nacimiento y a veces los acontecimientos importantes de su época. En las islas de la Sociedad,[27] el primer orador comenzaba por el antepasado común, *Taaroa nui tahi tumu*, y se remontaba aproximadamente hasta la décima generación; el segundo lo reemplazaba y así sucesivamente. De ese modo se han podido conservar en su integridad las genealogías de los *Arii Nui*, así como algunos trozos de historia antigua, cuya mayor parte lamentablemente fue borrada por el tiempo.

Cada familia principesca mantenía su genealogía para en secreto protegerse de los impostores. No solamente no se divulgaban las genealogías, sino que estaban protegidas por ciertos procedimientos criptográficos, por ejemplo juegos de palabras. Gracias a las antiguas costumbres, que permitían a los *Arii* tener varios nombres, un mismo personaje podía aparecer a voluntad bajo otro nombre en genealogías colaterales. Los vínculos de parentesco se afirmaron y algunas veces fueron cuestionados tan seriamente como títulos legales y a menudo fueron objeto de luchas mortales, decía Arii Taimai.[28]

—El linaje de los antepasados reviste para nosotros una importancia fundamental —aclaró Ueva Salmon; le dedicamos un *marae* particular, el *marae tupuna*, cuyo dios es un secreto de familia. El sitio ceremonial se construye en un terreno perteneciente a la familia, cuyos nombres hereditarios se fijan al *marae*. Es el único medio, para nosotros, de probar nuestro título de propiedad. Por eso en nuestros días, el recuerdo del *marae* ancestral sigue siendo muy vivo. Las genealogías completas se han transmitido oralmente y, a partir de comienzos del siglo XIX, por escrito. Se las ocultaba celosamente de quienes podían cuestionar nuestros derechos. De ese modo se confunde a los impostores que no pueden apoyar sus pretensiones en títulos regulares.

Algunos, cuyas familias se han vuelto importantes aunque sus antepasados hayan desempeñado apenas un papel secundario en la jerarquía, han aprovechado para aportar modificaciones a su genealogía. De ese modo, un hombre inescrupuloso no vacila en eliminar a antepasados famosos de otras familias, para incorporar la suya a una estirpe real. Esos fraudes genealógicos sólo fueron posibles después de los cambios del orden social causados por la llegada de los europeos. Por último, consideradas desde un punto de vista práctico y ya no histórico, las genealogías son comparables a títulos de propiedad. Cuando se aplicaron las leyes francesas en Tahití en el siglo XIX, los propietarios de tierras no podían referirse más que a sus genealogías para probar sus derechos de propiedad. Así, hacia 1888, comisiones compuestas por cinco a siete jueces exigían a toda persona que reivindicaba una tierra el recitado de su genealogía, el nombre del *marae* de sus antepasados y el testimonio de los ancianos.

Amo, nacido alrededor de 1720, había sido consagrado *Arii Nui* de Tahití —gran rey, según la terminología europea— y revestido del cinturón real de plumas rojas, heredado legítimamente de sus antepasados, los cuales, de padres a hijos, habían sido consagrados soberanos del país y ceñidos con ese mismo emblema real, símbolo de su filiación directa de los dioses. Al llegar el capitán Wallis a Matavai, en 1767, Tevahitua i Patea, llamado Amo, se hallaba en el apogeo de su grandeza. Residía habitualmente en Papara, capital de sus Estados, muy lejos por consiguiente de Haapape, donde acababa de fondear Wallis. Se puso en camino con su ejército y una flota de varios centenares de piraguas de guerra, decidido a defender a su país contra los invasores de una clase nueva. Llegado a Haapape, Amo dio órdenes para organizar el ataque a la nave extranjera.

Wallis observaba los preparativos. Al adivinar las intenciones hostiles de los indígenas, hizo disparar algunos cañonazos que sembraron el pánico entre los insulares. Esa derrota de Amo marca el comienzo de la decadencia de la dinastía más antigua del país, la de los Teva, que provocó una sucesión de guerras, masacres, ruinas, desorden social, de los que los tahitianos nunca se repusieron por completo. Un *Arii* de la isla, Pomaré I, se convirtió en un rival temible de Amo, con la ayuda de los pastores protestantes enviados por la London Missionary Society.

En 1807, Pomaré II y su ejército atacaron Punaauia, Paea y luego Papara, sin declaración de guerra en un claro desprecio por la tradición. Incendiaron todo a su paso y masacraron a quienes se cruzaban en su camino. Los niños reales de Papara fueron exterminados sin piedad en esa guerra llevada a cabo con miras a establecer la hegemonía de los Pomaré. El fin trágico de los jóvenes príncipes marcó la extinción de la rama del rey Amo Tevahitua i Patea, lo que permitió que la rama segundona reinara en Papara. Tati, el regente, y su hermano menor, Opuhara, salvaron la vida gracias a la abnegación de sus fieles servidores. Tras muchas dificultades, Tati logró llegar a la costa, donde lo esperaba una gran piragua lista para zarpar hacia Bora Bora, donde se encontraba su mujer. En cuanto a Opuhara, notable guerrero, logró alcanzar las montañas de Mataiea con algunos combatientes y servidores.

En 1808, después de la masacre y de todas las desventuras causadas por sus mercenarios, la mayor parte de los *Arii* del país se sublevaron contra Pomaré II, encabezados por *Aito* Opuhara, jefe de guerra de Papara. Atacado por todos los frentes, Pomaré debió huir a Moorea con el resto de su ejército. Opuhara sometió a todo el territorio y reinó en Tahití desde 1808 hasta 1815. Unos diez meses después de su exilio, Pomaré II intentó reconquistar Tahití, pero fue nuevamente derrotado y varios de sus jefes guerreros fueron muertos. Unos años más tarde, hacia finales de 1815, Pomaré II, convertido al cristianismo pero no bautizado todavía, desembarcó en Tahití con un ejército considerable dotado de armas de fuego y dirigido por marinos desertores de barcos europeos.

Al enterarse Opuhara del desembarco de Pomaré II y de su avance hacia Paea, marchó con su ejército al encuentro del enemigo sin aguardar a sus aliados de la península. Pese a toda su bravura, el último *Arii Nui* de la dinastía de los Teva fue muerto de un balazo en esa trágica batalla, llamada más tarde "batalla de Fe'i pi". El enfrentamiento tuvo lugar en los alrededores del *marae* Outu aimahu rau, rebautizado luego como *marae* Naarii en recuerdo de esa lucha a muerte entre dos *Arii*: por una parte Opuhara, último defensor de la civilización ancestral, de la religión y de la cultura tradicionales del país y, por la otra, Pomaré II, partidario de una civilización y de una religión venidas de afuera.

Después de la derrota de Fe'i pi, Pomaré II fue el amo indiscutido de Tahití. "*Aoué, aoué;* los *marae* y los dioses que habitaban en ellos nos han abandonado. Han regresado al mundo de origen, un lugar donde el ser ordinario ya no tiene acceso." Un ser investido, el *tahua*, el chamán polinesio, no debe ser situado entre los seres ordinarios.

Las horas habían transcurrido silenciosas como un rumor de alas en la noche mágica de Tahití. Pensativos, contemplábamos a nuestros amigos, de los que nos sentíamos tan próximos. ¿En verdad había desaparecido todo? ¿Podíamos todavía remontarnos hacia el origen, hacia Aquellos que proyectaron abajo el damero ceremonial de las islas del Pacífico Sur?

El mito de la Creación

En los tiempos de Antes, los seres humanos eran semejantes a niños. Jamás olvidaban elevar a los dioses plegarias de agradecimiento por los frutos, las plantas, los peces que necesitaban. Unidos a su Creador, vivían en paz los unos y los otros, formando una sola y gran familia. Presentaban una particularidad: sus fontanelas permanecían blandas toda la vida y de ese orificio espiritual se elevaba una fibra luminosa que se unía a la de todos los elementos vivientes de la Creación: seres humanos, animales, plantas y hasta minerales. En los tiempos Anteriores a la catástrofe, los mayas cósmicos conocían la existencia de esa fibra, a la que llamaban *kuxan suum*. El conjunto de esas fibras vibratorias formaba una columna conectada a una entidad luminosa denominada Sol de Noche, en la cual vivían los hologramas de los Grandes Antepasados.

Un alimento, en forma de energía espiritual, ascendía a lo largo de ese eje central, que ulteriores tradiciones llamarán eje del mundo. El tiempo no existía; era el tiempo universal, el de antes de la ruptura. Esta situación se modificó cuando el ser humano permitió que el mal entrara en él. Olvidó recitar las plegarias de agradecimiento y comenzó a cazar y a pescar sin necesidad, e incluso a hacer la guerra a otros seres humanos. La fontanela se endureció, y poco a poco desapareció la conexión espiritual, el vínculo con el Sol de Noche. Los seres de abajo olvidaron su origen y, con un largo gemido, fueron sumergidos con su mundo en la noche de la inconsciencia. El huevo del mundo desapareció a su vez y la energía de los Grandes Antepasados se debilitó, se agotó y desapareció en los repliegues ocultos del tiempo.

Esa noche oscura, el *P'o* de los polinesios, fue la piedra angular de una nueva partida. El canto de la Creación hawaiana, el *Kumulipo*, habla de la Noche de la Espesa Oscuridad. En las tradiciones humanas, la duración del *P'o* es de tres días y tres noches, pero ese período debe ser comprendido en tiempo universal, pues, en tiempo humano del Después, esa frialdad duró eones. El Sol de Noche, idéntico a un caparazón de tortuga, se endureció, aprisionando en una ganga de olvido la energía de los fundadores. Luego el tiempo se dilató y se contrajo, se detuvo y comenzó de nuevo.

En el huevo del mundo, cuya cáscara se había vuelto dura como el caparazón de la Madre Tortuga, la frecuencia inteligente se movía silenciosamente entre dos capas dimensionales. Si una garganta humana hubiese sido capaz de transformarla en ondas sonoras, se habría oído decir: "*Ta'aroa, Ta'aroa*". La vibración tomaba conciencia de sí misma, pero todo se había vuelto frío y vacío. El fluido nutricio que circulaba de arriba abajo y de abajo arriba ya no existía. Tal vez fuera el hambre debida a esa ausencia lo que provocó en Ta'aroa la necesidad de recrear lo desaparecido. Pero esta vez, ya no lo hará en su forma visible, sino en una forma velada, oculta. Los futuros seres humanos debían encontrar por sí mismos el camino del Edén, el paraíso perdido, los territorios de cacerías eternas, allí donde vive el bisonte blanco, el canguro negro y la serpiente arco iris. Solos debían encontrar el camino que lleva al *Purutu*, el paraíso, lugar de belleza, de dicha y perfección, un estado de conciencia que en los otros tiempos había sido feliz.

Los seres humanos erraban por los mares, los bosques, las selvas, se apiñaban en las cavernas, las grutas y en toda clase de refugios naturales. Se habían convertido en Ahasverus, el judío errante de una tradición religiosa mayor, todavía por venir. Ciertos miembros de la comunidad pintarán sus sueños en las paredes de sus cavernas o en la arena del desierto. Esos jefes y esos oradores rezaban para hacer acabar los millones de noches vergonzantes, para expulsar la oscuridad que se demora, la que representa la fractura en relación con la conciencia de Antes.

Los que sentían la desaparición más cruelmente que los otros emitieron de nuevo un tímido hilo de luz, muy pálido en comparación con la maravillosa cuerda arco iris que existía en el tiempo de Antes. Fue el llamado, muy frágil al principio, de los primeros seres investidos, de los chamanes futuros; esto permitió que Ta'aroa recreara el inmenso teatro cósmico que terminará con el errar original. Los niños perdidos dicen que el Único se mantuvo en su envoltura y en las tinieblas durante millones de años. ¿Acaso Osiris, el egipcio, no era llamado el Señor de los Millones de Años?

El que vive por Él y en Él se deslizó hacia la superficie de Rumia, el huevo del mundo de cáscara endurecida. De pie sobre la vieja cáscara, densificó las vibraciones y ésa se convirtió en su casa, la bóveda del cielo de los dioses, un firmamento confinado y oscuro. Luego su pensamiento-holograma creador generó a los dioses, los arquetipos perfectos de todas las formas de vida de la Creación futura. Si los hombres hubiesen estado todavía dotados de la visión vibratoria, se habrían dado cuenta de que Ta'aroa estaba envuelto en filamentos de luz multicolor; en vez de eso, creyeron que él y todos sus arquetipos estaban cubiertos de plumas amarillas y rojas. Cuando el Único se sacudió, sus plumas se convirtieron en árboles, bosquecillos de bananos, matorrales y el verdor de la tierra: el manto de *Fenua*, Gran Madre Tierra.

En consecuencia, toda creación física no es más que la luz densificada, fría, que encierra la energía del Creador, del Antepasado fundador. Aquellas personas de las familias de abajo que no habían perdido por completo la conexión con arriba, aquellas que tenían todavía un poco de visión, compararon esa espiral creadora con un ser inmenso, el Ser cósmico.

Cuando las vibraciones se densificaron suficientemente, la Tierra se hizo firme y cuatro vibraciones se propagaron en las cuatro direcciones. De un modo metafórico, colorido, se habló de los cuatro tentáculos del gran pulpo *Tumura ra'i Fenua*[29] destinados a mantener el cielo unido a la tierra. Ta'aroa, el Ser cósmico, tomó su columna vertebral, su energía central, para crear las cadenas de montañas; sus vísceras, su energía externa, para crear las laderas de las montañas; sus intestinos para crear los bancos de nubes. Ésa es la razón por la cual, cuando se mira el cielo polinesio en una noche de plenilunio, se ven claramente rostros, manos, señales particulares o grupos de seres que se deslizan silenciosamente en el firmamento blanquecino de la claridad de Hina, la diosa Luna. Ta'aroa utilizó igualmente sus intestinos para crear las langostas de mar, los camarones y las anguilas que pueblan las aguas dulces y las saladas.

Mientras tanto, la duración del *P'o* disminuía. Aparecieron las dimensiones: longitud, ancho y profundidad. El Antepasado fundador se sacudió y su cuerpo-energía salpicó miles de millones de finas partículas amarillo doradas que se densificaron a su vez para formar la arena: arena de las llanuras, del lecho de los ríos, de las selvas salvajes, para arrodillarse o descansar. En una suerte de mugido vibratorio, de encantamiento, Ta'aroa creó la sustancia de la tierra. *Havai'i* —el espacio invocado que colma— se convirtió en tierra por su invocación. Luego una vibración sonora, su palabra, dijo:

—¡Oh, *Tu*,[30] conviértete en uno de mis artesanos!

Y *Tu* se convirtió en su gran artesano y todo comenzó a crecer. La vida se desarrolló en el mar, en los ríos y en la tierra. Los seres humanos se multiplicaron de nuevo en toda Su creación. Como una risa, la energía luminosa de Ta'aroa se iluminó al ver lo que le era revelado. *Fenua*, la Tierra, estaba llena de criaturas vivientes: seres humanos y hasta las más humildes de las rocas. El agua dulce corría por el territorio y el mar desplegaba su fluido azul. Una y otra estaban llenas de criaturas vivientes. Eso era *Havai'i* —no confundir con Hawai, las bellas islas soleadas— *Hawai'i,* el lugar de nacimiento de los dioses, de los reyes y de los seres humanos: *Ra'aitea* la Sagrada.

Cada parte del Holograma Viviente encerraba la sustancia entera de todo. Así, cada parte se convirtió en un dios, y el conjunto en una multitud de dioses. Pero quizá la que vibraba con una frecuencia ligeramente superior fue la del Niño Dios, *Tane,* el que se volvió consciente. Éste se levantó y dijo:

—Así soy yo, el gran *Tane*, dios de todas las cosas bellas, dotado de ojos para medir las extensiones celestiales. Soy el amigo de los ejércitos, el de largo aliento y de las regiones lejanas, el proclamador, *Tane* del décimo cielo, allí donde se derrama la vía láctea, el agua para la boca de los dioses.

Y los que tallaban las piraguas, los que construían las casas, los que levantaban los sitios sagrados, los *marae*, dijeron:

—Trabaja con ojos despiertos y hachas expeditivas.

Era el gran *Tane* quien hacía decir eso.

En el agua de la nueva Tierra vivía un hermoso tiburón salvado por *Tu,* el Artesano, que se lo obsequió al Niño Dios, con una pequeña golondrina de mar que se posó cerca de su cuello, y grandes y elegantes aves rojas que vivían en el agua sagrada de *Tane*.

Cuando los navegantes veían a esas aves volando sobre sus piraguas, sabían que estaban protegidos por el gran *Tane*. Nadie se habría permitido maltratar a esos volátiles sagrados, por temor a ser castigados por la tempestad. Esta última, otra vibración lunar, apareció y fue la compañera de *Tane,* igual en todo al Niño Dios. *Araru* era una diosa maravillosa que reunía las cosas bellas de *Tane* en los lugares donde prosperaban sus energías confundidas. Luego apareció *Ro'o*, el gran mensajero de *Tane*, después los Artesanos celestiales de funciones y nombres numerosos; así se restableció el orden armonioso.

Para dar gracias a las bellas energías fecundantes, los seres humanos, guiados por la visión de sus sacerdotes, construyeron sitios de recogimiento, los *marae*, en los cuales se encuentra la primera Casa del Dios, el cuerpo vacío del propio *Ta'aroa*, que se convirtió en un modelo para todas las otras casas de dioses, semejante al naos, el sanctasantórum de los antiguos templos egipcios. El poste central era su columna vertebral, los soportes de la casa sus costillas, las maderas del techo su esternón, y los ornamentos en torno de la casa, los huesos de su pelvis.

Maui era gran sacerdote, el *tahua* fundador de los ritos religiosos. Este término, que significa invocación, designaba igualmente a las plegarias en el *marae*. Maui era también *hio hio*, el que anunció al pueblo que vería llegar un *vaa ama ore*, una piragua sin balancín, luego un *vaa taura ore*, una piragua sin aparejo. Esas predicciones fueron retransmitidas fielmente por los chamanes y los *tahua* oradores desde los tiempos prehistóricos hasta la llegada del capitán Wallis en un *vaa ama ore*. Otros *hio hio* habían descrito a los extranjeros que venían a bordo de esa nave. Más tarde, el pueblo, estupefacto, vería llegar también unos *vaa taura ore*, es decir los barcos de vapor.

En la Polinesia de hoy, el *P'o* que siguió a la ruptura original y *Purutu*, el estado de conciencia de Antes, ya no son más que mitos. Pero, bajo la influencia del cristianismo, *P'o* se convirtió en el infierno y *Purutu* en el paraíso.

Los sitios ceremoniales polinesios - Los *marae* Ra'aitea, agosto de 1997

En este atardecer, estamos solos, Liliane, nuestro guía y yo, en el gran *marae* de Taputapuatea, muy cerca de la aldea de Opoa, en Ra'aitea, la isla sagrada, de donde partió toda la cultura maohi que se dispersó por el Pacífico Sur: el famoso triángulo polinesio delimitado al norte por las islas Hawai, al oeste por Rapa Nui —la isla de Pascua— y al este por Nueva Zelanda. Una extensión marítima inmensa de más de veinte millones de kilómetros cuadrados, en cuyo centro se encuentran las islas de la Sociedad con lugares de ensueño: Tahití, Moorea, Bora Bora, Huahine y Ra'aitea. Nos conmueve la belleza salvaje del lugar. A pesar de la época del año —la estación turística está en su apogeo—, vamos a recogernos en soledad a ese lugar que albergó a innumerables generaciones de *Arii,* jefes, de *Aito,* jefes guerreros y de *tahua*, chamanes polinesios.

Habíamos explicado a Robert Cazenave, gerente del hotel Havaiki Nui, el objetivo de nuestra estancia en la isla; él nos aconsejó los servicios de un joven guía apasionado por las antiguas tradiciones. Los tres admirábamos la laguna y el paso a través del cual llegaban antaño las piraguas cada cuatro años para la gran ceremonia de ese *marae*. Mi mente se evadía, tratando de encontrar la memoria de ese acontecimiento excepcional en las piedras sagradas, que han debido de guardar el recuerdo. Teva, nuestro guía, nos explica:

—Las piraguas venían de todas partes y el pueblo maohi se reunía aquí. Llegaban de las islas vecinas, Tahití, Bora Bora, Moorea, pero también de Rangiroa, Fakarava, Raro Tonga, Nueva Zelanda, Hawai y Rapa Nui. Algunas recorrían cuatro mil ochocientos kilómetros en el océano. Los polinesios son marinos excepcionales; ninguno se perdió jamás en esta inmensidad. El océano era su santuario, su tierra, su *Fenua*.

—¿Pero cómo hacían para no perderse? —pregunté—. No poseían instrumentos de navegación.

—Se han elaborado muchas teorías —respondió Teva—. Grandes navegantes como Eric de Bisschop y Thor Eyerdal adquirieron fama mundial recorriendo nuestros océanos en veleros de tipo chino o polinesio. Pero hay algo de lo que nadie habla: el *mana*. Cada piragua guía llevaba a bordo un sacerdote, el *tahua* de las piraguas, que poseía el *mana* de las piraguas. El *mana* es una fuerza vital obtenida de los dioses. Utilizada por esta categoría de *tahua*, permite la proyección de la mente a la distancia. Más exactamente, el *tahua* de las piraguas es capaz de proyectar su mente hacia el lugar de destino y visualizarlo. Además, para ellos el mar es una entidad viviente con la cual saben dialogar.

—¿Sólo había ceremonias cada cuatro años? —seguí preguntando.

—No —respondió Teva—, la estación de la abundancia comienza a finales de noviembre, cuando las Pléyades, los siete pequeños ojos, aparecen en el cielo. La época de la pesca del bonito era ocasión de una celebración del *marae*, justo antes de la primera salida al mar. Otros ritos se cumplían en tiempos del gran reposo, cuando la tierra prodigaba sus frutos. Aquí, en junio, las Pléyades desaparecen en el horizonte y las hojas comienzan a amarillear; antaño, los dioses se iban y se celebraba su partida, ansiando ya su regreso. Éste era festejado en octubre, a las primeras señales precursoras de la primavera.

No podía dejar de pensar en las tradiciones de los hopis de Arizona, que en agosto celebran la partida y en diciembre el regreso de los *kachina*, considerados erróneamente como dioses hopis, siendo que representan todas las formas sensibles de la vida.

Una sensación extraña nos iba envolviendo poco a poco. ¿Los dioses habían desaparecido en realidad? Ese sitio, como tantos otros, ¿estaba "desactivado" como lo afirman los eruditos polinesios y los *Popaa*?[31]

Las piedras tienen memoria; ellas comenzaban a cantar de nuevo para nosotros. Considerábamos a ese *marae* como una catedral, un lugar sagrado como todos aquellos donde el alma puede elevarse. A los polinesios repartidos en el Pacífico jamás se les habría ocurrido la idea de encerrar a sus dioses entre paredes o cubrir de construcciones sus lugares sagrados. El *marae* era un santuario al aire libre, un espacio, cerrado o no, destinado a las reuniones y a las ceremonias religiosas. Allí invocaban a sus antepasados y a sus dioses. Allí intentaban ganarse las fuerzas secretas de la naturaleza. Su vida, sus bienes personales, su fuerza en el combate y la eficacia de sus tareas domésticas dependían de poderes invisibles pero soberanos, cuyos favores importaba atraerse. El *marae* era un lugar de encuentro oficial entre el polinesio y las realidades del otro mundo.

El *marae* es un símbolo de la organización familiar. Indica la importancia social de su propietario. El de Taputapuatea tenía una importancia capital. Los antiguos polinesios formaban una sociedad estrictamente aristocrática.

—La posición social de un hombre —nos había dicho Ueva Salmon— dependía de que poseyera o no una piedra sobre la cual pudiera sentarse en el recinto de un *marae*. El lugar de cada uno, tanto en la sociedad como en el *marae,* estaba determinado en función de su posición en las genealogías.

El capitán Cook quedó muy confundido cuando, al partir de Ra'aitea en 1774, el jefe Oro le preguntó el nombre de su *marae*. Un hombre que no poseía un *marae* no podía ser un jefe, y Cook era considerado un muy gran jefe. Salió del paso dando el nombre de su parroquia londinense, Stepney, que pronunciado a la manera tahitiana se convirtió en Tapinu. En su tercer viaje, en 1779, Cook fue... comido por los hawaianos. Procedieron al sacrificio de manera ritual porque era un jefe poderoso que poseía, por añadidura, un *marae*. ¡Homenaje más que peligroso!

Ese gran *marae*, Taputapuatea, es el más antiguo del archipiélago de la Sociedad. La tradición oral cuenta que fue construido bajo la égida de los grandes *Arii Nui* en la época más remota de la historia de la isla. Su fama llegaba muy lejos; la mayoría de los pueblos de la Polinesia oriental lo consideraban la sede del conocimiento, de la espiritualidad y de la elevación hacia el mundo de los dioses, siempre presentes en las piedras. El *marae* se extiende de este a oeste en un ancho cabo, con la bahía de Toahiva[32] al norte y la de Hotopu'u[33] al sur. En el interior se encuentran verdeantes valles y el monte Temehani, de importancia capital para las tradiciones polinesias. El *marae* está rodeado por un espeso bosque, donde predomina el *aito*.[34] Ante nosotros, se abre Te avamoa, el paso sagrado, utilizado en otros tiempos por los grandes catamaranes decorados con largas oriflamas con los colores de los jefes. Cada piragua poseía uno o dos tambores de sonido grave y una gran caracola que permitía a los viajeros mantenerse en contacto durante la noche, hacerse señales y también anunciarse cuando se acercaban triunfalmente a su destino.

Los guerreros muertos o heridos en el campo de batalla eran decapitados y sus cabezas llevadas a ese lugar. Limpiadas y ordenadas en los huecos y cuevas del *marae*, le conferían un aspecto aterrador. Blanqueados por el tiempo, esos cráneos sagrados se mantuvieron inviolados por los indígenas y los blancos hasta el día en que los turistas, sin vacilar en profanar el *marae*, se llevaron muchos de ellos. A partir de entonces, los indígenas se apresuraron a ocultar los que quedaban bajo las piedras del lugar. Nosotros caminábamos con respeto a lo largo del muro circundante.

—Demasiados visitantes pisotean las piedras sagradas que cubren los huesos de nuestros antepasados —dijo Teva—. Estamos intentando crear una asociación de preservación del lugar para que el recinto no sea mancillado por pies profanos.

En realidad, a nosotros no se nos ocurriría la idea de pisar la tumba de nuestros parientes en nuestros cementerios.

Nos detenemos ante una plataforma empedrada, rodeada de un muro bajo, el *ahu*. Hablando con propiedad, no se trata de un altar. Allí no se deposita ninguna ofrenda. El lugar es "el espacio" reservado a los dioses y a los antepasados durante sus episódicas manifestaciones terrenales. Nadie tenía derecho a subir al *ahu*, salvo los servidores oficiales del *marae* que venían a traer las imágenes de los dioses. El *tahua*, cuando se convertía en intérprete, se expresaba en nombre del dios.

—En los cuatro rincones del *ahu* —siguió diciéndonos nuestro guía— están enterrados de pie cuatro guerreros con sus armas, sus cinturones de guerra y sus plumas. Aceptaron ser enterrados vivos para servir de guardianes de la eternidad del lugar. La medida con la que se los midió se conserva en el recinto ceremonial. Todos medían más de dos metros.

Visitamos las ruinas de la cabaña oval del dios Oro. Una víctima humana sirve de cimiento a su poste central y asegura su fuerza. Allí, en esa especie de sacristía, se conservan las vestimentas de los sacerdotes, los atributos reales, entre ellos el famoso cinturón *maro* de plumas amarillas y rojas, los dioses secundarios, los tambores, todos los accesorios ceremoniales y también la imagen del dios del *marae*. Un cobertizo alberga la piragua del dios así como la de los *tahua*, pues unos y otros serán llamados a desplazarse en el transcurso de viajes en el más allá, viajes pacíficos o guerreros.

—¿Pero qué ha sido de las antiguas tradiciones? —pregunté a Teva.

—Tratamos de recoger, de labios de los ancianos de la isla, las historias y las enseñanzas antiguas, pero es difícil hacerlos hablar. Desean que las tradiciones mueran con ellos. Organizamos veladas aquí, en Taputapuatea. Nos instalamos debajo de un árbol y, para hacerlos venir, les ofrecemos comida y bebida. Pero son muy reticentes.

En su obra, Bob Putigny[35] recuerda el encuentro de un etnólogo y un tahitiano que se expresaba de manera tradicional:

— Tú, europeo, haces un oficio de nuestro pasado; tú vives de él, mientras que nosotros morimos por él. Ya no sabemos nada de nuestro pasado, y lo poco que sabemos todavía, no te lo diremos. Tú estudias las piedras, pero nosotros somos algo que no puedes comprender. No queremos buscar el pasado para que un europeo lo enseñe a nuestros niños que ya no hablan tahitiano. Para ellos, prefiero todavía las explicaciones de los ancianos que ya no existen. Sabrán lo que los ancianos han sabido y conservarán la nostalgia de su ser.

Yo no podía dejar de pensar que los polinesios se encontraban en la misma situación de los amerindios de los años treinta y cuarenta, cuando la joven generación perdía interés en su cultura. La situación comenzó a modificarse en los años sesenta, cuando el amerindio deseó recuperar su herencia ancestral y su identidad cultural. Lo mismo ocurre hoy en la Polinesia, donde hay personas sinceras que recogen y transcriben las antiguas tradiciones de los pueblos del Pacífico Sur, no ya con el cerebro izquierdo, racional, analítico, sino con el cerebro derecho, necesario para comprender y vivir una de las tradiciones fundamentales de la humanidad.

Los chamanes polinesios - Los *tahua*

Al año siguiente, en mayo de 1998, organizamos un viaje de estudio dedicado a las antiguas tradiciones polinesias. Llevamos a unas veinte personas a conocer a Johnny Brotherson cerca del *marae* Manunu, en la isla de Huahine, y de la playa donde, según la leyenda, llegó la princesa Maeva. Amigos de Francia, de Suiza, de Bélgica y de Canadá escuchan las enseñanzas de Johnny, descendiente de una vieja familia tahitiana. A pesar de su apellido, legado por un antepasado sueco, Johnny nació en Ra'aitea y vive en Moorea. Nuestro amigo ha dedicado más de cuarenta años al estudio de las tradiciones de su pueblo.

—Para los polinesios, sólo la palabra es verdad, *parau mau* es la realidad y no un cuento, incluso si este concepto es difícil de comprender para un occidental —comenzó nuestro mentor—. Voy a explicar las cuatro etapas que hay que atravesar para convertirse en sacerdote o *tahua*. Yo me detuve en la segunda. El primer sueño se desarrolla así: hacia la medianoche, un ser vestido de blanco se adelanta hacia el aprendiz con un libro y le pregunta: "¿Quieres ser un *tahua*?". Luego la aparición desaparece. Es el secretario general de la sacerdotisa tahitiana. Hay que responderle sí o no, pues los espíritus leen en nosotros. Es importante no despertarse jamás durante esos cuatro sueños. Si su respuesta es afirmativa, sobreviene el sueño siguiente. La misma aparición se presenta y dice: "Puesto que quieres ser *tahua*, es decir trabajar con los espíritus, tienes que atravesar el valle de las pruebas". Ésa es la más terrible de las pesadillas: uno se codea con toda clase de criaturas; nuestros cinco sentidos son puestos a prueba en ella y percibimos cosas insoportables que nos hacen lanzar gritos como para despertar a los muertos; a veces a nosotros mismos. Yo me desperté cuando en mi sueño mi manjar favorito, el mújol, fue reemplazado por ratas blancas y sanguinolentas, de grasa amarilla y pelos grises... Me desperté; no debía haberlo hecho.

"Si uno no se despierta, se descubre, más allá del valle de las pruebas, una llanura que provoca el tercer sueño.

"Allí, el aprendiz encuentra a un gran sacerdote-espíritu —el secretario general de la sacerdotisa, en la terminología de Johnny— que le hace señas para que se acerque. Pese a todos sus esfuerzos por alcanzarla, la aparición le parecerá estar siempre a la misma distancia. En esa etapa se tiene sed, tanta sed que nuevamente se corre el riesgo de despertar. Pero no hay que hacerlo. Por último, el soñador, agotado, llega a los pies del gran sacerdote-espíritu, que le da a elegir, entre las diez especialidades propuestas, las que él desea adquirir. Para facilitar su elección, las hace desfilar ante su conciencia, pero el aprendiz sólo puede retener cuatro de ellas. Debe continuar sin despertarse.

"Luego viene el cuarto sueño. El gran sacerdote-espíritu tiene su libro abierto frente a él. Está sentado al lado del soñador, que ha hecho su elección. Resta realizar la unión con los espíritus elegidos, pues cada uno posee un poder definido, una función precisa. Pero conviene observar algunas leyes fundamentales: la primera, jamás hacerse pagar; la segunda, pagar. Una vez por año, el hechicero deberá dar un alma a cada espíritu elegido. Si acepta, pone su marca en el libro del gran sacerdote-espíritu, que desaparece enseguida.

En la tibia mañana escucho a Johnny y no puedo dejar de pensar que algunas influencias cristianas han venido a incorporarse a un sustrato original, a una verdad olvidada. El mito de lo bueno y de lo malo, del ángel y del demonio, de la sombra y de la luz, del paraíso y del infierno. Exactamente lo que el cristianismo ha enseñado para erradicar las tradiciones.

La cosmogonía lakota comprende siete categorías de chamanes; la de los polinesios, diez:

EL *TAHUA* DE LA PESCA: *TAHU'A TAUTAI.*
El que guía la pesca.

EL *TAHUA* DE LA AGRICULTURA: *TAHU'AFA'A'APU.*
El que crea el calendario de las noches y de las estaciones.

EL *TAHUA* DE LAS PIEDRAS: *TAHU'A TARAI OFA'I.*
El que inscribe los signos sagrados, los petroglifos, y desplaza los *tiki* por la fuerza de su *mana*.

Estas estatuas de piedra tienen diferentes nombres según los lugares: *tiki* en las islas Marquesas, *ti'i* en Tahití y *moaï* en la isla de Pascua. Durante nuestra estancia en Huahine, en 1997, Liliane y yo alquilamos una Vespa para explorar la isla a nuestro antojo. A unos kilómetros de la salida del pueblo de Fare, nos sentimos irresistiblemente atraídos por una roca de unos tres metros de altura, que se erguía en un campo protegido por alambres de espino. La energía que de ella emanaba nos atraía irresistiblemente, como si el ser de piedra deseara comunicarnos un mensaje preservado desde tiempos inmemoriales. Pero, vallada como estaba, la piedra era inaccesible. Días después de ese encuentro, nuestro amigo Jacques, que organiza giras por la isla en su vehículo todo terreno, nos contó la historia de "la piedra del legionario".

En los años sesenta, en tiempo del general De Gaulle y de los ensayos nucleares franceses, los legionarios destinados a la guarnición de Mururoa eran también empleados para construir carreteras en las islas bajo el viento. Una gran cantidad de *marae* costeros fue destruida así por los avances de la civilización. Ahora bien, a la salida de Fare, se levantaba el guardián silencioso que tanto nos había intrigado. Los legionarios quisieron quitarlo con una grúa, pero todo fue trabajo en vano. Un anciano los observaba riendo socarronamente. Cuando decidieron dinamitar la piedra, él se acercó lentamente y les dijo:

—Vosotros no habéis pedido a la piedra que se mueva. Pero yo conozco un *tahua* que podrá desplazar a este antepasado.

Incrédulos, esos veteranos de África pidieron ver cómo lo hacía. Poco después, llegó al lugar un hombre muy viejo, se inclinó y se comunicó con el espíritu que habitaba la roca. La historia cuenta que la piedra se desplazó sola, dejando libre el sitio para que pasara la carretera.

Esta anécdota no es confirmada por Raymond Graf, el gran sacerdote poseedor actual de la tradición polinesia. Él nos explicó que si la piedra hubiera querido desplazarse, ¡lo habría hecho sola! Las leyendas son así; la verdad se oculta a menudo detrás de velos de humo.

EL *TAHUA* DEL CULTO DE LOS *MARAE*: *TAHUÁ HA'AMORINA'A*.

El que rige las relaciones entre los hombres y los dioses, primero Ta'aroa, luego, Oro.

EL *TAHUA* DE LAS PIRAGUAS: *TAHU'A TARAI VA*.

El que envía su espíritu más allá del horizonte para identificar la isla por descubrir.

Por la noche, él indica la dirección guiándose por una estrella, de día, por el sol. Contrariamente a lo que se cree, no posee ningún conocimiento astronómico y es guiado por su espíritu que ha partido en exploración. Sabe también guiar al timonel por el sonido de un coco *a'amoa*[36] fijado al mástil y que silba con el viento. Basta entonces conservar la misma sonoridad, así el hombre no corre el riesgo de extraviarse en el vasto océano, ni la piragua de romperse, y el "Pez de familia" siempre puede llevarlos nuevamente a tierra. Las tradiciones de la India cuentan que los cinco sentidos funcionan gracias a campos de energía llamados *indriya*. De ese modo se puede enviar lejos los propios ojos y los oídos, y ver u oír a la distancia. En Francia, tuvimos ocasión de utilizar, dentro de grupos experimentales, esta antigua sabiduría de la que habla Baird Spaulding en ocasión de su encuentro con los mahatmas, amos del Himalaya.

EL *TAHUA* DEL EXORCISMO: *TAHU'A RAVE MA'I TAPIRI*.

Todos hemos oído hablar de hechizos y de exorcismos. La tradición chamánica posee también sus seres, buenos o malos, capaces de producir o de suprimir una vibración parásita. En la Polinesia actual, se llama a eso el boucan. *Boucaner*, nos ha explicado Setra, el hijo de Papa UraOra, un *hio hio* de Papeete, es poder enviar a un mal espíritu a un punto determinado. Sólo el *hio hio* que ve más allá del cuerpo físico sabe dialogar con el espíritu y hacerlo partir.

EL *TAHUA* DEL HERBORISMO: *TAHU'A RA'AU*.

Este sanador guardaba el secreto de las plantas. Una enfermedad desconocida se debía a un sortilegio lanzado por un enemigo. En ese caso, había que consultar al *tahua*, quien, gracias a los poderes de las plantas, expulsaba al mal espíritu y lo enviaba de vuelta a quien lo había liberado. Todo problema era tratado por las plantas. La antigua medicina tahitiana, unida a las terapias modernas, resulta de extraordinaria eficacia. Como se ha comprobado recientemente, la hierba de San Juan o corazoncillo de nuestros jardines ¡posee las mismas propiedades que el antidepresivo Prozac![37]

EL *TAHUA* DEL FUEGO: *TAHU'A UMU TI*.

Camina sobre las piedras calentadas al blanco y sabe bajar la temperatura del horno tahitiano para que puedan circular los que traen las tres raíces eternas de la tierra polinesia, el *ape,* el *tarua* y el *ti*. Éstas se disponen en capas, y se cocinan entre veinticuatro y treinta y seis horas. Se hunden verticalmente cuatro tallos de *ti* en el compuesto para verificar su grado de cocción. El *tahua* del fuego los retirará para determinar el momento de abrir el horno. El *ti*, colocado encima, ha azucarado al *ape* y al *tarua*. Estas reales frutas confitadas constituyen verdaderas reservas alimentarias.

EL VIDENTE: *HIO HIO*.

No es solamente exorcista. En la tradición, es el verdadero capitán de las piraguas polinesias, semejante a Tupaia, que guió a Cook con ayuda de un mapa que había confeccionado para él y que permitió al inglés convertirse en el gran descubridor del Pacífico. El *hio hio* corresponde al wayonta sioux. Él es quien ve *el mundo oculto detrás del mundo*, y más precisamente los cuerpos sutiles.

EL *TAHUA* ORADOR: *TAHU'A ARA PO, ORI PO,* O TAMBIÉN *NERE PO*.

Éste no sabe nada, no enseña nada, pero entra en trance para conectarse con el "narrador de historias", o memoria colectiva, y es así como adquiere su saber.

—La mayor parte de mis conocimientos —dice Johnny Brotherson— proviene de un *tahua* orador, que ha visitado la memoria colectiva del pueblo.

En 1997, conocimos a uno de estos chamanes en Moorea. Papa Matarau nos explicó que él elevaba su conciencia hacia la memoria original y, con su firme voz, nos hizo sentir el soplo del "Antes".

Los tatuajes polinesios

Georges presenta un espectáculo notable con el fuego a los turistas del Sofitel Heiva de Huahine. Más de la mitad de su cuerpo está tatuado de arriba a abajo. Durante nuestras largas conversaciones, nos explicó lo que esos tatuajes representaban para él.

—¡Cuatro mil horas de trabajo y mucho sufrimiento! Lo que está inscrito en mi cuerpo representa la historia de mi familia, de mi pueblo, allá en los altos valles de las Marquesas.

Viví con un anciano en un valle durante ocho meses, sin ver un solo ser humano. Nos alimentábamos de plantas y de cerdos salvajes y fabricábamos *copra* para procurarnos un poco de dinero.

El arte del tatuaje,[38] llamado *tatau*[39] o *nonno*,[40] estaba muy difundido en una época. Después de haber casi desaparecido, tiende a recuperar el favor de la joven generación, que ve en él un signo de identidad cultural. En los tiempos remotos, este arte estaba particularmente desarrollado. Los tatuajes expresan la posición social de la persona y la historia de su familia. Algunos investigadores europeos han creído incluso ver en ellos los orígenes del sistema jeroglífico.

Según el folclore tahitiano, la práctica del tatuaje habría comenzado entre los dioses durante la noche del P'o: su aspecto decorativo les agradaba mucho. Fue inventado por *Matamata arahu*,[41] ayudado por *Tu ra'i po*[42] o *Tititi'i po*,[43] dos dioses pertenecientes al grupo de los artesanos de Tatere, dios de habilidad suprema, y por *Hina 'ere'ere manu'a*,[44] hija mayor del primer hombre y de la primera mujer, Ti'i e Hina.

El *tatatau*[45] trabajaba siempre invocando a los dioses. Les pedía que tuvieran a bien cicatrizar las perforaciones. Su comercio era floreciente, pues, en esa época, los indígenas estaban persuadidos de que esos adornos realzaban su belleza y su ropa. El procedimiento era extremadamente penoso: comenzaba a la edad de diez o doce años y terminaba hacia los veinte.

Hoy, la perforación se hace con ayuda de una pequeña máquina eléctrica.

—Hay que permanecer inmóvil durante varias horas —explica Georges, que tiene la mitad del cuerpo tatuada.

El instrumento de tatuaje utilizado por los antiguos tahitianos estaba hecho de huesos de aves aguzados o de dientes de pescados sujetos a un pequeño mango con un hilo fino. El colorante se obtenía quemando *tutui* o nuez de luz; cuando se lo introducía debajo de la piel, producía un color azul. Los modelos se establecían sobre bambúes y cada uno elegía el que le gustaba. Para el tatuaje propiamente dicho, el trazado del dibujo solía ser esbozado en el sitio que se iba a tatuar con un carbón de madera, pero la mayor parte de las veces el tatuador no hacía un trazado previo. Después de mojar la punta de su instrumento en el colorante, la colocaba sobre la piel en el lugar deseado; luego daba pequeños golpes sobre el mango, haciendo penetrar la punta en la carne. El colorante se depositaba entonces en la incisión practicada de ese modo.

Algunos hombres se tatuaban casi todo el cuerpo, desde los pies hasta la nuca y las orejas. En el pecho, los dibujos eran extremadamente variados: cocoteros, árboles del pan, lianas enroscadas artísticamente alrededor de troncos, guerreros huyendo o triunfando sobre un adversario, hombre llevando un sacrificio humano al *marae*, pájaros, cuadrúpedos, peces, armas, etcétera. En la cara interior del brazo, los tatuajes, más pequeños, representaban insectos, estrellas o simplemente rombos, círculos o rayas.

Los tahitianos rara vez se hacían tatuar el rostro o la garganta. Excepcionalmente, algunos guerreros o sacerdotes llevaban un dibujo en la frente.

Las mujeres tenían en las manos dibujos semejantes a mitones y círculos alrededor de las muñecas y de los dedos para imitar pulseras y anillos. En los pies, un tatuaje se terminaba en un círculo que rodeaba el tobillo.

Raymond Graf, poseedor de la antigua tradición, está tatuado en todo el cuerpo, "a la antigua", indica él. Hemos hablado del concepto del *mana*, el principio que permite a los *tahua* cumplir sus hazañas. Existen diferentes tipos de *mana*: *mana* del fuego, *mana* de las piedras, *mana* de las piraguas, etcétera. Cada chamán polinesio posee un *mana* particular que corresponde a su arte. Esa energía se asemeja bastante al *prana* de los yoguis, también al *ki* y al *ch'i* de los taoístas. *Mana* puede traducirse por "la fuerza". Es un poder espiritual propio de los dioses y de los antepasados. El chamán que posee el *mana* afirma su personalidad. Todavía hoy, cuando se habla de un *tahua* en Tahití, se dice: "Tiene el *mana*" o, por el contrario, "Su *mana* ha disminuido". Esa fuerza afirma una personalidad, caracteriza a un conductor, a un jefe. No se aplica solamente a los chamanes, sino también a los *Arii* y a los *Aito*, los jefes de guerra. En las grandes familias polinesias, cuya genealogía se confunde con la mitología, el mayor era depositario del *mana* más grande, pues se hallaba más próximo a la ascendencia divina.

—¿Pero cómo se obtiene el *mana*? —pregunté a Raymond.

Me miró directamente a los ojos y dijo:

—Tú tomas la fuerza de la estirpe de los antepasados, la elevas hacia los dioses y ellos te la devuelven, allí en tu vientre. Es una fuerza triangular que puedes proyectar hacia el mundo exterior para cumplir la vocación.

A comienzos del siglo XIX, los misioneros se dedicaron no solamente a evangelizar a los hawaianos, sino también a erradicar su religión y su cultura, basadas en los ritos chamánicos huna y vehiculizadas por los chamanes *kahuna (Ka,* los guardianes, *Huna,* el secreto). Cuando comenzaba el siglo XX, prácticamente no quedaba ninguno, habiéndose refugiado los últimos en lo más profundo de las selvas tropicales de Hawai, Kauai o Molokai.

Esta enseñanza milenaria conoció la misma suerte que la de los druidas a la llegada de los invasores romanos y luego cristianos, y que la de los amerindios durante la conquista del Oeste en el siglo XIX.

Los *kahuna* fueron puestos fuera de la ley en los primeros días por los misioneros cristianos, y se vieron obligados a dispensar sus enseñanzas y a practicar sus ritos de manera clandestina. Utilizaban el *mana* con fines de curación y conocían tanto las técnicas de la telepatía como los rituales basados en la plegaria que permiten ver el futuro, caminar sobre el fuego y levantar los *tiki,* las estatuas de piedra.

¿Existe todavía en nuestros días un chamanismo polinesio? Gran número de obras serias y documentadas han sido dedicadas a las antiguas tradiciones. Pero los rituales, las ceremonias y las plegarias de los *marae* han desaparecido. Como si la *sweat lodge*, la Búsqueda de Visión o la Danza del Sol de los amerindios no existieran más que en los libros de los antropólogos, de los etnólogos y de los lingüistas. Falta la experiencia de lo vivido. Interrogada al respecto, Linda, la directora de la librería "Les Archipels" de Papeete, nos respondió:

—Es un libro que aún está por escribirse.

4

LOS ESTADOS DE CONCIENCIA
CHAMÁNICA

El resurgimiento del chamanismo

A mediados de los años sesenta, el chamanismo interesaba esencialmente a los especialistas de la psicología transpersonal, disciplina de vanguardia dedicada al estudio de los estados de conciencia mística vehiculizados por todas las tradiciones de la humanidad. Para los antropólogos, etnólogos e historiadores de las religiones, el chamanismo era una forma primitiva de religión suplantada y superada por las modernas culturas jerarquizadas.

Desde hace unos veinte años, los libros de Michael Harner y Carlos Castaneda (especialmente) han abierto la conciencia de individuos preocupados por un desarrollo personal y espiritual a las ideas, creencias, inspiraciones y experiencias directas de los chamanes.

Rindamos igualmente homenaje a los trabajos de pioneros como Claude Lévi-Strauss, Mircea Eliade y Joseph Campbell, así como a los relatos de médicos brujos como Fools Crow, Black Elk (Impulso Negro) y al maravilloso libro de Frank Waters sobre la espiritualidad hopi. Esta evocación no es exhaustiva. Muchos otros han contribuido a hacernos conocer la sabiduría de las tradiciones chamánicas amerindias.

Escritos más recientes, como los de la psiquiatra rusa Olga Kharitidi sobre el chamanismo siberiano, del médico norteamericano Marlo Morgan sobre los aborígenes australianos, o también de Lynn Andrews, llamaron la atención del público occidental sobre la medicina tradicional de las almas. Wilma Mankiller, jefa espiritual de la nación cherokee, publicó su autobiografía y la historia compleja de ese pueblo, mientras que Carolyn Niethammer cuenta en *Daughters of the Earth* la vida y las leyendas de las indias norteamericanas.

En Europa, Mario Mercier sensibiliza al público francés acerca de la experiencia del chamanismo siberiano a partir de finales de los años setenta. Una década más tarde, Brian Bates nos sumerge en la Inglaterra del siglo VII con el ensueño inmanente, la magia omnipresente y la epopeya chamánica anglosajonas.[1]

Con el deseo de restablecer la tradición chamánica y ayudarla a volver a ser un auténtico camino de transformación, cada vez más personas exploran sus estados de conciencia para acceder al conocimiento y a la sabiduría del *mundo oculto detrás del mundo*. Desde finales de los años ochenta, este "neochamanismo" se enraizó en la sociedad occidental, en especial en América del Norte, donde muchos investigan sus raíces tradicionales. Recurrir a cánticos sagrados acompañados de percusiones, matracas y tambores, o a los "animales tótem" descubiertos a través de viajes a niveles de conciencia diferentes, vuelven a ser prácticas casi corrientes.

Todas las culturas han tenido, probablemente, en uno u otro momento de su historia, un enfoque chamánico de la existencia. Algunas lo tienen todavía. Las numerosas publicaciones actuales nos ayudan a restaurar las tradiciones de sabiduría del mundo entero. Las enseñanzas así actualizadas son la herencia común de quienes entienden la vía chamánica como un camino hacia la sabiduría interior y la armonía entre pueblos y naciones.

En el mundo occidental moderno, han desaparecido las raíces chamánicas tradicionales. ¿Nuestro mantillo cultural nos permite todavía reimplantarlas con una posibilidad de verlas desarrollarse y fructificar? En la actualidad, cada vez más individuos, conscientes de las realidades ecológicas, sociológicas, religiosas y espirituales, comprenden que el chamanismo fue el primer juego de llaves que permitió al ser humano comprender su medio ambiente y vivir en armonía con él.

Hasta finales de los años sesenta,[2] obstinados partidarios de la vieja escuela siguieron afirmando que el chamanismo era una enfermedad mental. A partir de los años setenta, un nuevo discurso presenta al chamán no sólo como un creador de orden, sino también como un especialista en "oficios" tan diversos como los de médico, farmacólogo, botánico, sociólogo, abogado, astrólogo, sacerdote. Cuando la antropología estructural accedió a la categoría de ciencia, los antropólogos se esforzaron por encontrar orden en el desorden, y el chamán se convirtió en un creador de orden. En 1951, en la época en que Claude Lévi-Strauss transformaba al chamán loco en psicoanalista creador de orden, Mircea Eliade, una de las principales autoridades en materia de historia de las religiones, publicó su ahora clásico libro *Le Chaman et les techniques archaïques de l'extase*.

En la actualidad, esta obra sigue siendo el único intento de síntesis mundial sobre el tema. Eliade descubrió similitudes asombrosas en las prácticas y los pensamientos de los chamanes del mundo entero, tal como hizo Joseph Campbell,[3] el célebre mitólogo fallecido a finales de los años ochenta. Los técnicos del éxtasis se especializan, de hecho, en un trance durante el cual los sentidos y el alma abandonan supuestamente el cuerpo para emprender ascensiones celestiales o descensos infernales. Todos recuerdan una escala, una liana, una cuerda, una escalera en espiral, una escala de cuerda que une el cielo y la tierra, y que ellos usan para acceder al mundo de los espíritus. Todos consideran que esos espíritus han venido del cielo y han creado la vida sobre la tierra.

¿Por qué asistimos hoy a semejante renovación del interés por la más antigua vía de descubrimiento espiritual de la humanidad que es el chamanismo? Creo poder arriesgar que es por culpa de las religiones que se han jerarquizado, siendo que todas ellas habían comenzado como una experiencia espiritual. El chamanismo, en su forma más primitiva como en la más moderna, recuerda el aspecto democrático de la vida espiritual: las fuerzas sutiles de la naturaleza se manifiestan por niveles de experiencias espirituales. Cada dimensión de la realidad está disponible para quien hace el esfuerzo de aprender la práctica del viaje y los diferentes medios de lograrlo. De esa manera, la vía chamánica permite al individuo vivir una experiencia directa sin la intermediación de las estructuras impuestas por una Iglesia o una doctrina.

Las diferentes imágenes relativas a ese eje central forman un tema común que Eliade ha bautizado *axis mundi* o eje del mundo. Según él, ese eje permite acceder al más allá y al saber chamánico, pues existe un pasaje reservado normalmente a los muertos, al que sin embargo los chamanes logran acceder estando vivos. Con frecuencia, ese acceso está guardado por una serpiente, un dragón o un animal mítico. Para Eliade, el chamanismo es el conjunto de las técnicas que permiten negociar el acceso a ese pasaje, alcanzar el eje, adquirir el conocimiento asociado a él y traerlo de vuelta para practicar profecías o curaciones.

¡Qué viaje! Para el chamán, el mundo entero es viviente, personal, sensible; está destinado a ser tan conocido como utilizado. Extrae de esa vía de exploración los principales potenciales que lo ayudarán a sanar y a reanimar o a dar al mundo profano los poderes transformadores del tiempo y del espacio sagrados. Además, la facultad de administrar sus estados de conciencia le permite servir de puente entre la realidad ordinaria y los planos transpersonales. No obstante, es necesario distinguir estos estados alterados de conciencia (inducidos por el tambor, los cánticos, el aislamiento en la naturaleza, la ingestión de plantas),[4] de los estados alterados de conciencia estudiados en psicología. En efecto, la vía chamánica exige tanto incursionar en la disolución del ser como penetrar en el caos de manera consciente.

En el transcurso del viaje chamánico, psiquis y cosmos se reúnen. Entonces el chamán se convierte en la vía de acceso a las fuerzas de la Creación o a las fuerzas intrapsíquicas. El talento y la disciplina requeridos para asumir relaciones tan especiales deben ser inmensos, lo que explica el respeto en que se ha tenido al chamán durante milenios. Así, desafiando al tiempo y a las fronteras culturales, la verdadera tradición chamánica hoy sigue viviente y preserva tanto su método como su imagen.

Las tradiciones chamánicas[5] no han sido tomadas realmente en serio por las naciones occidentales industrializadas, aunque los chamanes hayan desarrollado, durante siglos, modelos sofisticados de comportamiento humano. Además, muchos han demostrado cierta aptitud para adaptarse a la tecnología y a la medicina occidentales, aunque éstas jamás hayan incorporado la menor práctica chamánica. Esta situación está cambiando. En Brasil, establecimientos de curas alternativas proponen una mezcla de prácticas médicas occidentales y chamánicas tradicionales. Pero no es menos cierto que el desconocimiento de las tradiciones y los prejuicios hacia los pueblos tribales han privado a la mayor parte de los universitarios y de los establecimientos médicos y científicos occidentales de las riquezas chamánicas.

Ya no recordamos que esos hombres y esas mujeres fueron los primeros médicos del mundo, los primeros en establecer diagnósticos, los primeros psicoterapeutas, los primeros funcionarios religiosos, los primeros magos, los primeros artistas y los primeros narradores. Ahora bien, ellos constituyen una comunidad de profesionales mágico-religiosos, que alteran deliberadamente su conciencia para obtener informaciones del "mundo de los espíritus". Utilizan ese conocimiento y ese poder para ayudar o curar a miembros de su comunidad, incluso a la comunidad en su conjunto.

Los chamanes vivían antaño en el seno de tribus de cazadores, de sociedades de pescadores, de comunidades agrícolas. En la actualidad se los encuentra en centros urbanos (¡Wallace Black Elk vive en Los Ángeles!). Los universitarios, antropólogos, etnólogos que se han interesado en estos seres particulares han comprobado que ellos comenzaban su actividad de maneras muy diversas según sus tradiciones tribales. Algunos heredan su rango por tradición familiar, otros lo ganan o lo compran. Algunos tienen una señal de nacimiento: un sexto dedo en la mano o en el pie, un comportamiento particular (de índole epiléptica), que determina su rol social. Otros son *llamados* por espíritus o animales de poder gracias a sueños o a ensoñaciones en vigilia. Algunos sobreviven a una enfermedad grave y ven en su propia curación un llamado para curar a otros. Suele ocurrir que varios de estos factores se combinen para llamar al futuro iniciado al camino.

Entre los esquimales, hay que soñar con espíritus para ser llamado al chamanismo. Cuando uno de ellos se manifiesta en sueños, el soñador escupe sangre, se enferma y se retira de la sociedad. Una vez que está solo, encuentra a un *tunerak*, que se asemeja a un ser humano pero que en realidad es un espíritu. De inmediato, el *tunerak* toma posesión del individuo y le pide, por ejemplo, que se pasee desnudo. Pero, poco a poco, el chamán elegido se asegura el control del espíritu. Entonces fabrica un tambor y comienza a asumir el papel que se le ha asignado.

En ciertas sociedades, no hay período de aprendizaje específico, mientras que en otras el proceso dura varios años. Los "maestros" pueden ser chamanes de mayor edad y hasta espíritus guías (animales de poder, almas de difuntos, espíritus de la naturaleza). Éstos dispensan sus instrucciones a través de los sueños del aprendiz. Enseñan, en especial, el contacto con las almas de los difuntos, el arte del diagnóstico, el tratamiento de las enfermedades, la interpretación de los sueños, la práctica de la fitoterapia, los métodos para rechazar a los enemigos del clan o de la tribu, el dominio de las técnicas de alteración de la conciencia, el arte de profetizar, la supervisión de los rituales chamánicos y el dominio del clima. No todas las tribus asignan el total de estas funciones al chamán, pero existen notables similitudes entre las diferentes sociedades chamánicas.

El papel principal del chamán es servir de mediador, de intercesor entre lo sagrado y lo profano, entre nuestro plano físico y el más allá.

En este período de resurgimiento del chamanismo, aclaremos que los técnicos del éxtasis no pertenecen solamente al pasado. Ellos han sobrevivido en diversas tradiciones más o menos protegidas. Ahora casi no se encuentran chamanes tribales, y tampoco sociedades que vivan exclusivamente de la caza o del nomadismo. El sueño de una edad de oro futura atrae a muchas personas hacia el chamanismo, principalmente a occidentales. Los mitos chamánicos hablan de una época en que el hombre y la naturaleza vivían en perfecta armonía. Las condiciones de vida actuales explicarían esa necesidad de un regreso a las fuentes olvidadas de las antiguas tradiciones de la humanidad.

Mircea Eliade, al referirse a las manifestaciones de lo sagrado, hablaba de una realidad que no pertenece a nuestro mundo y que sin embargo se manifiesta en objetos que forman parte de nuestro mundo natural profano.

Fue necesario esperar hasta la segunda mitad del siglo XIX para que el chamanismo se convirtiera en un tema de estudio académico. Antes, nuestro conocimiento se limitaba a los relatos parciales y subjetivos de viajeros y misioneros que así transmitían su propio sistema de pensamiento. Pero, sobre todo, adolecíamos de una carencia de estudios experimentales.

Estos últimos años, sin embargo, los chamanes comienzan a hablar de sus tradiciones, de sus ritos y de la manera como perciben el mundo. A decir verdad, la cooperación de investigadores y de chamanes[6] ha demostrado que los servicios de estos últimos son necesarios cuando la relación entre el hombre y el universo está relajada, o incluso rota. Esos seres investidos, más cercanos a la *fuente*, son llamados una vez más a servir de mediadores entre lo sagrado y lo secular.

Para comprender la naturaleza del chamanismo, debemos incluir otras dimensiones en nuestros modelos espacio-temporales clásicos de tres dimensiones. Cesemos de extraviarnos limitando nuestro campo de percepción y nuestro conocimiento. Nuestro modelo de pensamiento actual no permite aceptar, y menos aún explicar, los fenómenos sobrenaturales. Niega, por ejemplo, la existencia de lo sobrenatural porque lo sobrenatural no corresponde a la visión dinámica de la naturaleza.

Ahora bien, el reciente acercamiento entre la ciencia y la tradición ha demostrado que el fenómeno chamánico no tiene nada de sobrenatural. Aparece solamente como tal, porque la ciencia material trata de integrarlo a su marco de investigación. Hoy, cuando ésa ha elaborado estructuras más abiertas, los físicos perciben que el universo tiene más de tres dimensiones y que el chamán, mediador entre lo sagrado y lo profano, trabaja sobre otras dimensiones desde hace ya varios miles de años.

Mantengamos una mente abierta y evitemos proyectar ideas preconcebidas a todo lo concerniente al chamanismo. Si deseamos comprender este camino y enriquecer el conocimiento de nuestro yo y del mundo, debemos poner a prueba nuevas ideas y actividades por nosotros mismos.

Nuestro interés actual por el chamanismo parece estar vinculado con una toma de conciencia de la necesidad de ampliar la visión del mundo occidental, cuyas limitaciones son particularmente sensibles en el campo de la medicina y de la psicoterapia. En física, el principio de incertidumbre de Heisenberg ha demostrado que, si bien es posible medir la característica de un objeto en movimiento, es imposible medir simultáneamente sus otras características. Sobre esa base, vemos que numerosas revistas universitarias académicas dedican artículos a enfoques pluridisci-plinarios y multidimensionales.

Lo sagrado es un elemento inherente a la estructura de la conciencia; no es un estado de conciencia ni una parte del contenido de la conciencia humana. Un desafío mayor de nuestra época consiste en descubrir nuevas vías para reactivar este elemento en nuestra cultura, que ha ocultado durante largo tiempo todo lo que se refiere al espíritu, a lo sagrado o a la mística.

La dificultad esencial reside en la obligación implícita que se le impone al chamán de hablar en nuestro "idioma". Ahora bien, a él le resulta casi imposible traducir lo sagrado a términos comprensibles para el profano. Los iakutes de Siberia utilizan un lenguaje poético de por lo menos doce mil palabras, mientras que el occidental medio posee un vocabulario de unas tres mil palabras. Además, muchos profetas han sido incomprendidos por sus contemporáneos y a veces hacen falta varios siglos para descifrar un mensaje sagrado. Tal es el caso, en especial, del calendario maya y de las tabletas Rongo Rongo de la isla de Pascua, que no han sido decodificados todavía. Los chamanes, en cambio, deben resolver problemas pragmáticos corrientes y encontrar, por lo tanto, la manera de hacerse comprender por sus clientes contemporáneos.

Nosotros, por nuestra parte, debemos encontrar nuevos ejemplos para reestructurar nuestras vidas. El vuelco de una interpretación mitológica de la realidad hacia una concepción racional es considerado como la consumación principal de la herencia intelectual griega. A partir del siglo V a.C., filósofos jónicos establecieron una distinción entre conocimiento y creencia. "Ningún hombre ha tenido ni tendrá jamás un conocimiento seguro de los dioses. Aunque tenga una posibilidad de alcanzar la verdad exacta, no puede saber que la ha alcanzado." El filósofo Parménides aconsejaba al hombre no confiar en sus sentidos sino someter todo a la razón.

Hace dos mil años el Verbo entró en escena e hizo desaparecer el mito.

La ciencia y la razón se basan en la objetividad, mientras que para la mística la realidad es unidad, una unidad de la que el ser humano es parte integrante. El enfoque místico es por naturaleza subjetivo y representa por lo tanto un desafío a la objetividad. Por eso nos es difícil comprender que cada individuo es a la vez único y está íntimamente conectado a cada uno de sus semejantes. Científicos y teólogos tratan de resolver este dilema desde que se consumó el divorcio entre ciencia y religión. Por otra parte, el cristianismo afirma que Dios está separado del hombre y que lo seguirá estando siempre. Se nos ha enseñado que podíamos considerar a Dios como una fuente de salvación, pero que en ningún caso podíamos convertirnos en Dios.

La mecánica cuántica aparece en un momento en que el Logos, el Verbo, ha comenzado a desacreditar el conocimiento conceptual. Los chamanes nunca perdieron la confianza en su vinculación con lo sagrado; siempre lograron sobrevivir en un mundo increíblemente escéptico. El mayor problema es que los "espíritus objetivos" jamás han sentido, y mucho menos expresado, las limitaciones inherentes a las conclusiones intelectuales. El enriquecimiento del saber ha enmascarado las grandes zonas de vacío que, sin embargo, revelaba en el individuo. No somos conscientes de que las pequeñas luces que brillan en nuestro interior pueden mostrarnos la inmensidad del universo. Si las terapias transpersonales y el recurso a los estados de expansión de conciencia han obtenido un éxito tan grande, es porque recurrían a enfoques espirituales similares a los utilizados por los chamanes. Abraham Maslow, uno de los padres de la psicología transpersonal, decía hace ya varias décadas, que el equilibrio entre espontaneidad y control varía en función del estado de salud de la psiquis y del mundo.

La espontaneidad pura es difícil porque vivimos en un mundo regido por sus propias leyes materiales. El control puro es imposible de mantener permanentemente, a riesgo de provocar la muerte de la psiquis. En consecuencia, la educación debe estar dirigida tanto hacia el control como hacia la espontaneidad y la expresión. En nuestra cultura, en esta etapa de la Historia, es necesario restablecer el equilibrio en favor de la espontaneidad, la expresividad, la pasividad, la capacidad de ceder, la confianza en otros procesos que la voluntad, el control y la creación premeditada. El paso del concepto de una conciencia sana a una irracionalidad igualmente sana conduce a la comprensión de los límites del pensamiento puramente abstracto, verbal y analítico. Si queremos poder un día describir al mundo en su conjunto, debemos prever un lugar para los procesos primarios arquetípicos, metafóricos, inefables, incluso para la expresión intuitiva. Esto vale incluso en la investigación científica.

En 1986, un maestro sufí marroquí, Jabrane, con quien yo había estudiado, pretendía que los sufíes establecen, desde hace siglos, la distinción entre la realidad observable y el mundo invisible. Si nos dejamos seducir por el mundo de múltiples imágenes, dejamos de lado el objetivo esencial de la vida.

Podemos pedir a los chamanes que nos enseñen estilos de vida alternativos o, al menos, que nos faciliten liberaciones emocionales y físicas con rituales apropiados.

El modelo holográfico de Bohm sugiere que todos los elementos están íntimamente ligados en el universo. Ello implica una pluralidad dimensional. Nuestros sistemas culturales afirman que existe una diferencia fundamental entre el espíritu y la materia. El orden explícito es el dominio material ordinario; la mayoría de las personas que operan a ese nivel no tienen conciencia de la existencia de un orden implícito o de un universo interior. Cuando nuestros pensamientos se vuelcan hacia este último, hacia el orden implícito, ya no observamos la menor separación.

No obstante, conviene notar una diferencia fundamental entre los místicos tradicionales y los chamanes. Los primeros contemplan desde hace siglos la globalidad en todas las cosas; los chamanes han dado un paso suplementario modificando la dinámica de los procesos de vida y proyectando esa modificación al mundo exterior, es decir al orden explícito. Vivimos en una zona crepuscular de realidad no desarrollada, sino "facilitada" por los chamanes de manera creativa. En biofísica, lo viviente es comparado con un láser que resuena a frecuencias particulares, impuestas por el medio ambiente. El estudio del proceso universal de un rayo coherente a frecuencias extremadamente bajas (ELF) nos ayuda a elaborar una guía útil para entrar en resonancia con formas de vida que gobiernan procesos de curación.

Cuando comenzamos a comprender hasta qué punto somos prisioneros de *patterns* científicos, permitimos que nuestra capacidad creativa sea estimulada mucho más allá de las limitaciones que imponíamos a nuestro ser. El físico inglés David Bohm decía, en los últimos años de su vida, que el holomovimiento representa un nuevo orden que comienza, no en los campos de energía o en las partículas elementales, sino más bien en una totalidad indivisa de la realidad. Los chamanes conocen la abundancia continua de todas las cosas dentro de la naturaleza y creen en la existencia de un lienzo invisible de poder, de potencial infinito. Desde el mundo de los espíritus, todas las formas físicas son ayudadas e infundidas por esa energía universal que pasa de una vertiente de la realidad a la otra. El hombre y la mujer de la calle saben más sobre los nuevos modelos de pensamiento que los universitarios o los políticos.[7] Su intuición los conduce a proclamar valores ricos de sentido: actuar a una escala más humana, comulgar con la naturaleza en vez de tratar de dominarla. Asistimos hoy al resurgimiento de un gran conocimiento que siempre ha sido presentado en estado latente. Yo creo que la clave del futuro reside en la experimentación directa.

Ahora las experiencias chamánicas son comparables a las experiencias científicas. Por ello, ésas son las experiencias que harán que los seres humanos puedan comunicarse más allá de las culturas y de los sistemas religiosos. No existe un mundo objetivo "allá afuera", sino simplemente un proceso de conocimiento. Creamos el mundo juntos a través del lenguaje y la conciencia, un término que podría significar conocer juntos. Se trata pues de un esfuerzo colectivo. Si modificamos nuestra visión del mundo, entonces creamos una realidad diferente.

En este orden de ideas, el chamanismo sería una concentración de conceptos y de técnicas psíquicas que, con el correr de los tiempos, han sido desarrollados por un grupo particular, por pueblos de cazadores que se propagaron en cada continente. En una época en que el ser humano se sentía inevitablemente inferior a su medio ambiente, intentó entrar en armonía con él, escuchar los mensajes de los reinos mineral, animal y vegetal y, al hacerlo, enriqueció su fuerza psíquica. Sin embargo, esta aptitud ha terminado por perderse o, más exactamente, por concentrarse en individuos particulares: los chamanes.

Estructura
del universo chamánico

La estructura del universo es percibida siempre de manera muy semejante por la conciencia chamánica, sean cuales fueren el lugar o la época. De este modo, el universo estaría formado por tres niveles: el cielo, la tierra y el mundo subterráneo, unidos entre sí por un eje central. El saber y la técnica del chamán se refieren a las maneras de desplazarse de una región a otra. Su conocimiento le es particularmente útil cuando lo conduce a comprender el misterio de la comunicación entre esos niveles; es decir el pasaje representado en la realidad por una abertura o un orificio (descrito con frecuencia como el pilar de una tienda), a través del cual descienden seres sublimados o animales guardianes y por el que el alma del chamán puede pasar para ir al cielo o al mundo subterráneo.

Ese eje del mundo, que existe localmente pero simboliza el centro mismo de las cosas, representa para el chamán el lugar donde se manifiestan el espacio y el tiempo sagrados. Esa aptitud para viajar entre los niveles es siempre la prerrogativa del chamán en el seno de las culturas tradicionales. Él sabe cómo elevarse por la abertura central, cómo tener una experiencia mística concreta. En otros términos, el pilar central de la casa, o el orificio superior de la tienda, significa para la comunidad que el espacio y el tiempo locales están listos para recibir al espacio y al tiempo sagrados. En consecuencia, los individuos pueden dirigir plegarias y ofrendas a los seres sagrados. No obstante, para el chamán, ese lugar sugiere también un itinerario místico y el punto de partida del gran viaje.

Otro aspecto que se encuentra con frecuencia en las culturas chamánicas es el recuerdo de lo que no se puede llamar de otro modo que como el "mito del mundo". Numerosas culturas han conservado también fragmentos de mito en forma de historias y de escritos, en especial el relato del Diluvio narrado tanto por la Biblia como por los antiguos mitos iroqueses. Pero lo realmente notable en la tradición chamánica es la constancia de los temas narrativos que ha sabido conservar a pesar de la variedad de las razas, las culturas y las regiones geográficas. Como si el mito chamánico transmitiera una gnosis olvidada.

Lo notable de esta visión universal es que describe un mundo arcaico o, más exactamente, una sucesión de mundos muy diferentes de los que han encontrado los historiadores o que reconstituyeron los antropólogos. El *Dineh Bahané*, la Biblia de los navajos, y el libro de los hopis, que relatan la emergencia a través de mundos sucesivos, reconstituyen perfectamente esta epopeya.

Si se considera la fenomenología del mito del mundo, se observa que, en la mayoría de las versiones, la primera manifestación de vida humana tiene en cuenta una edad de oro, de luz, de abundancia, de armonía, de ternura, bañada en un estío perpetuo. El cielo estaba ocupado permanentemente por un gran objeto luminoso, aparentemente estacionario, conocido con el nombre de "huevo cósmico" o de "sol de noche", en el cual se concentraban la devoción y la admiración de los hombres. El planeta estaba unido a esa entidad luminosa por una escala, un árbol, una montaña, una escalera, un pilar, un mástil o una cuerda, considerados como el *axis mundi*, como el eje del mundo. En numerosos mitos, ángeles o seres divinos particulares subían y bajaban a lo largo de ese eje.

Luego, en la mayoría de los relatos, la historia cambia y recuerda el fin catastrófico de esa edad de oro. Este fenómeno provoca la desaparición de la gran luz y un diluvio, un incendio a escala planetaria, violentos terremotos, maremotos, estruendos ensordecedores y una prolongada oscuridad. Entre los diluvios se inscriben largos períodos de calma que forman una sucesión de edades, cada una de las cuales resulta más dura y desagradable que la precedente. Reencontramos aquí la gesta del *Mahābhārata*, involución progresiva de la humanidad a lo largo de cuatro edades llamadas *yuga* en la tradición sánscrita, o también la desaparición de la Atlántida.

Parecería que ciertos aspectos de este mito hubieran encontrado un eco científico en la teoría de las catástrofes expuesta por especialistas como Immanuel Velikovsky[8] para explicar las modificaciones de la tierra y sus efectos sobre la conciencia. Surge de estos indicios proporcionados por la ciencia, por el chamanismo y por los mitos que esos cataclismos tuvieron repercusiones considerables sobre la conciencia, su fragmentación y sobre el hecho de que la vida del individuo se haya encontrado separada de su fuente. Los antiguos gnósticos hacen alusión, amargamente, a un mundo en el cual habríamos sido precipitados sin haberlo deseado jamás. El filósofo alemán Heidegger califica a nuestro estado de *entworfen*, "precipitado" en la existencia.

Los cataclismos habrían quebrado la conciencia colectiva, de modo que la mente del hombre ya no habría tenido acceso, al menos en circunstancias normales, a los pensamientos de sus semejantes. No obstante, conservamos el recuerdo de un traumatismo colectivo responsable de la escisión entre nuestras percepciones física y espiritual. Los antiguos atribuían un espíritu a los cuerpos celestes tanto como a las fuerzas de la naturaleza. Nosotros negamos esa creencia calificándola de superstición, de animismo, incluso de antropomorfismo. En realidad, esa catástrofe nos ha llevado probablemente a aislarnos de una manera enfermiza, haciéndonos perder todo sentimiento de comunicación con la naturaleza, el planeta, los "dioses" y los otros.

La psicología moderna se dedica, de manera general, al tratamiento de las consecuencias de esta identificación demasiado rígida con la experiencia vivida y a sus alienantes estructuras de pensamiento. Lamentablemente, la mayoría de esos métodos psicológicos se limitan a hacer que el individuo se sienta feliz dentro de su prisión, o a crearle otra más agradable dentro de la cual aprenderá al menos a amar al prisionero.

Ese cataclismo engendró también una escisión entre los diferentes niveles del yo y una pérdida de la aptitud para comunicarse, hasta entonces considerada fácil, natural, ordinaria. La comunicación profunda se hizo más y más rara y su búsqueda requirió inmensos esfuerzos. Estas especulaciones sobre el mito del mundo, sus consecuencias y su importancia en la tradición chamánica justifican en parte el don extraordinario del chamán, en la medida en que afirman que el poder de comunicación ha sido retirado a todos los hombres, salvo a los chamanes y a los místicos, pues éstos han elegido realizar un enorme trabajo físico, espiritual y psicológico, consistente en aventurarse más allá de los velos tendidos hace tanto tiempo sobre el cuerpo, la mente y el alma.

El tiempo sigue siendo un enigma. Su percepción surge por entero del cerebro izquierdo y se convierte así en un fantasma lineal. No obstante, en estados de conciencia chamánica, la mente se libera de las trabas de la ilusión y puede regresar al tiempo real, ese tiempo universal de los chamanes que existía antes de la Caída bíblica, antes de la desaparición del huevo del mundo.

Visión chamánica
del medio ambiente

Todos los pueblos tradicionales consideran que su medio ambiente es algo sagrado, inteligente, habitado por un poder místico y dotado de una vitalidad sobrenatural. El concepto nativo de la tierra (el *Fenua* de los polinesios) incluye fenómenos meteorológicos tales como viento, la lluvia, los ciclones, las nubes, los truenos, la nieve, el hielo; particularidades geofísicas, tales como las cadenas de montañas, los ríos, los lagos, las lagunas, las cataratas, los manantiales, los mares, los océanos, los cañones y las formaciones rocosas; entidades no humanas, como los reptiles, las aves, los insectos y los mamíferos. El cielo, el sol, la tierra y ciertas constelaciones (en especial las Pléyades entre los hopis) siempre se han considerado sagrados.

El misticismo entre los amerindios se basa fundamentalmente en el sentido de la propiedad, el respeto activo de las potencias naturales, la comprensión ritual de un orden universal y de un equilibrio armónico, así como en la creencia en el hecho de que la acción de cada individuo, sus pensamientos y su comportamiento contribuyen al bienestar del universo o a su sufrimiento. A los seres humanos se les pide vivir de una manera que proteja y refuerce el equilibrio, pero también que evite el desorden (la enfermedad, en la visión de los navajos). Cada especie tiene que desempeñar un papel fundamental en ese teatro cósmico.

En la visión tradicional, se dice que si cada especie se comportara de acuerdo con su razón de ser, el universo funcionaría de manera global y equilibrada. Si una especie particular no cumple con sus obligaciones hacia Todo Lo Que Es, el Gran Misterio, lo Increado, el Gran Padre del Cielo, el Gran Pájaro Blanco, cada uno sufre: humano, animal, vegetal, mineral; pero también sufren los seres de los reinos sobrenaturales. Los representantes de las diversas tradiciones que hemos tenido ocasión de conocer se esfuerzan, todos ellos, por vivir permanentemente dentro de lo sagrado, pues tienen conciencia de que cada uno de sus actos repercute más allá del nivel personal y psicológico, ya que todas las cosas son sagradas y están infundidas por el espíritu.

En un sentido por completo real, el sueño es lo que vivimos a cada instante a la manera de muchas otras culturas; los amerindios creen que nuestras tareas diarias deben apuntar a hacer esta vida tan buena como sea posible. En general, los seres investidos están bien dispuestos hacia quienes cumplen sus obligaciones ordinarias con la conciencia de la naturaleza extraordinaria de la existencia; lo están mucho menos hacia quienes eligen ser inconscientes e irrespetuosos en su vida cotidiana, aunque suelan meditar y orar con fervor.

Los occidentales que han estudiado los primeros informes sobre las experiencias místicas amerindias dedujeron que eran poco comunes, extraordinarias y que se caracterizaban por estados anormales de inconsciencia. Esta apreciación es errónea. Para los amerindios, los acontecimientos sobrenaturales forman parte integrante de la experiencia normal e incluso son esperados en las ceremonias rituales. Es exacto que son raros los blancos que han tenido ocasión de observar esos hechos, principalmente porque la conciencia occidental no está preparada para aceptarlos.

Para los pueblos tradicionales, la espiritualidad y el misticismo son realidades comunitarias. La comunidad y cada individuo que la compone deben tener conciencia tanto de la obligación del hombre hacia el espíritu, como de la relación existente entre todos los seres para que la naturaleza y los seres vivientes puedan prosperar. El enfermo tiene la obligación de sanar, el débil, de hacerse fuerte, el egoísta, de compartir. Todos los miembros de una comunidad deben vivir en armonía y ser conscientes del poder y del misterio que los rodea.

Si los estados de conciencia despierta son, en Occidente, propios de una minoría, entre los pueblos amerindios se han desarrollado diversas disciplinas y prácticas para permitir que el hombre reciba el poder espiritual. Virtualmente, cada individuo es un investigador o un santo. Entre las disciplinas corrientes y consideradas en general indispensables para la búsqueda espiritual, citemos el sueño, el ayuno, la búsqueda de visión, la purificación, la plegaria, la ofrenda, la danza, el canto, la fabricación y el mantenimiento de objetos sagrados, y el hecho de llevar una vida variada de acuerdo con las leyes de la naturaleza.

El sanador herido - El llamado al camino

El sanador herido es un término genérico que define a toda persona que haya vivido un período de transformación, de muerte-renacimiento en el sentido simbólico del término. Esta definición ha sido popularizada en los años 1980 por Joan Halifax, una antropóloga norteamericana que estudiaba los estados de conciencia chamánica.

Es posible combinar la información producida por dos perspectivas totalmente diferentes. Las culturas chamánicas tradicionales perciben el universo como una entidad viviente; nuestra cultura científica moderna clasifica, analiza y nombra a todos los objetos percibidos en el mundo exterior y los trata como otras tantas entidades separadas. En la visión tradicional, lo invisible constituye un nivel de realidad. Para nosotros, es inexistente.

Aunque el concepto de sanador herido se encuentra en todas las culturas chamánicas, lo hallamos también —en forma velada— en las prácticas médicas o paramédicas modernas. Implica una transformación personal, una crisis existencial. El acontecimiento que la origina provoca en el ser la sensación de estar investido de una misión y de poseer un conocimiento inhabitual del orden oculto de las cosas. La noción de sanador herido ha sido asociada al chamán, pero no necesariamente a la mujer o al médico brujos, al fitoterapeuta o al ensalmador. Los chamanes son individuos que poseen el don de visión interior de la condición humana y que han alcanzado un nivel de sabiduría concerniente al espíritu. En ese estado de conciencia van a cumplir su vocación de curación.

En los tiempos remotos, los chamanes aparecen como sabios capaces de profetizar la dirección que tomará la vida tribal. Hombres y mujeres poseían esas cualidades en la Edad Media y en el Renacimiento; los encontramos todavía hoy en la frontera de terrenos como la medicina, la psicología y la religión.

En las culturas que reconocen el papel fundamental del chamán, el sanador potencial pasa por un período iniciático que agudiza su sensiblidad y su visión interior. Suele ocurrir que ésta se manifieste de manera repentina, como en el caso de Nicolás Black Elk, cuando una grave enfermedad lo llevó a las puertas de la muerte. En otras circunstancias, el aprendiz puede embarcarse en una búsqueda de visión, imponiéndose una privación sensorial, hasta que su mente se libere de la realidad convencional y pueda acceder a lo sobrenatural. En ese momento, le es revelada su misión de sanador, al mismo tiempo que las herramientas para cumplirla.

Tales acontecimientos pueden ocurrir a personas que ejercen una profesión médica o paramédica. Una enfermedad grave, una seria incapacidad han sido el llamado iniciático de algunos profesionales de la salud. Para otros, la herida fue una expresión de su propio sufrimiento físico. La riqueza y la textura de nuestra existencia, así como los vínculos emocionales que anudamos en nuestro trabajo, tejen nuestra fibra moral.

A través de todos estos años de investigación y de experimentación, he comprendido que cada entidad cuerpo-alma-mente parece responder a fluctuaciones ligadas con la vida interior y exterior. Desde hace mucho tiempo tengo la convicción de que existen, al lado de la visión tradicional occidental, otras formas de aprehender la enfermedad que nos permitirían identificar mejor sus causas. La insistencia chamánica que consiste en percibir la enfermedad en términos de falta de armonía, de temor y de pérdida del alma es una de ellas. De ese modo, los chamanes saben desde siempre que la enfermedad es inevitable si la vida ha perdido su sentido para el ser, o si éste ha olvidado su sentimiento de pertenencia y de conexión. Una sensación crónica de temor engendrará una pérdida de amor, de alegría y de confianza, que son los fundamentos de la salud sin los cuales la fuerza misma de la vida parece retirarse poco a poco del cuerpo.

La medicina moderna ha identificado esos trastornos, pero los síntomas que ella percibe tal vez no sean más que el epifenómeno de problemas fundamentales mucho más importantes. La pérdida del alma, considerada como el diagnóstico más grave en la nomenclatura chamánica, es una causa mayor de enfermedad y de muerte. En nuestra conciencia occidental, ni siquiera la imaginamos.

Cuando los chamanes hablan de una pérdida del alma, se refieren a una afección del núcleo inviolado que es la esencia misma del ser humano. Se manifiesta por desesperación, desórdenes inmunológicos, cáncer y un conjunto de trastornos diversos.

El desarrollo espiritual es una capacidad de evolución inherente a todos los seres humanos. Es un movimiento hacia la globalidad, el descubrimiento y la utilización de su propio potencial. Para algunos, el desarrollo espiritual, el proceso de transformación, el viaje del héroe se convierten en una "urgencia espiritual". Durante esas crisis, los cambios internos son tan rápidos que a esos seres se les hace difícil seguir funcionando normalmente en lo cotidiano. Christina y Stanislav Grof [9, 10] juegan con las palabras *emergency*,[11] que sugiere la idea de crisis que acompaña a la transformación, y *emergence*,[12] que subtiende las fantásticas oportunidades que tales experiencias ofrecen en materia de evolución personal, así como la aparición y el desarrollo de nuevos niveles de comprensión.

En la psiquis humana, no existen zonas precisas. El conjunto de su contenido forma un *continuum* de niveles y dimensiones múltiples. Por consiguiente, no hay que esperar que tales urgencias espirituales se presenten bajo formas fácilmente reconocibles. Ciertos tipos de urgencia espiritual poseen suficientes parámetros y características para ser reconocidos. Entre el conjunto de procesos de transformación, seis parámetros han sido identificados.

1. LOS EPISODIOS DE CONCIENCIA UNITIVA (EXPERIENCIAS DE PUNTA)

Se trata de una categoría de experiencias místicas caracterizadas por la disolución de los límites individuales y la sensación de ya no formar más que Uno con el medio ambiente, los otros, la naturaleza, el universo entero, Dios. Es la conciencia del Uno.

2. EL DESPERTAR DE LA KUNDALINI

Me he referido ampliamente, en una obra precedente, al despertar de este fenómeno tan poco conocido en Occidente. Después de la publicación de *Guérison spirituelle et immortalité*, recibí más de trescientas cincuenta cartas narrando los sufrimientos, y hasta la internación en instituciones psiquiátricas, de personas que habían vivido un despertar fracasado de la kundalini. He aquí un ejemplo concreto: es casi la una de la mañana. Colette, una joven de treinta años está agotada por su jornada de trabajo, pero sobre todo por doce años de una labor incesante. Ella y su marido, Jacques, tienen un pequeño restaurante. El negocio marcha bien, pero los beneficios de los primeros años fueron devorados por préstamos importantes. Hace varios años que no toman vacaciones, fuera del día de cierre semanal dedicado a las cuentas, a los pedidos a los proveedores y a pequeños quehaceres.

Jacques, de treinta y cinco años, acaba de bajar a la bodega a buscar una caja de vino para preparar el bar para el día siguiente. Al volver a subir, tropieza en el último escalón y se desploma ante los ojos de su mujer, aterrorizada. Fulminado por un ataque cardiaco masivo, muere en pocos minutos. A partir de ese momento, Colette deberá vivir con dos compañeros que ya no la abandonarán. El sufrimiento, y una pregunta: ¿Por qué?

Transcurren unos meses en la pena y el dolor. Aparecen síntomas extraños: sensaciones de calor, incluso de quemaduras, a lo largo de la columna vertebral, movimientos automáticos y desordenados, zumbidos en los oídos, alucinaciones luminosas. Una noche, Colette se ve flotar por encima de la cama, y observa su cuerpo dormido, semejante a un cadáver. Un domingo, algunos familiares la visitan para darle fuerzas y reconfortarla. Sin que nada lo haga presagiar, Colette es sacudida por risas histéricas. Ella, que ignoraba todo del yoga, adopta espontáneamente posturas relativamente complicadas (asanas). Se consulta al médico de la familia y, con el consentimiento de la joven, éste prescribe su internación en una institución psiquiátrica.

En cuanto llega, los médicos le administran ansiolíticos y antidepresivos que erradicarán esas manifestaciones cuando menos extrañas. Al cabo de unas semanas, Colette cae en una grave depresión nerviosa que durará dieciocho meses.

Yo conocí a Colette una tarde de primavera, unos meses después de este largo período depresivo, y le expliqué la razón de ese tornado que barrió su vida después de la muerte de su marido. En la actualidad, ella se ha recuperado, pero conserva de esa época una sensibilidad de emanaciones energéticas, flashes mediúmnicos y una sensación particular de lo viviente, en su más amplio sentido.

Todas las secuencias del despertar de la kundalini no son tan dramáticas. Suele ocurrir que las personas se sientan envueltas en un aura de amor incondicional y perciban la unidad de la vida en todas las cosas. Es lo que Abraham Maslow llamó, en los años sesenta, un estado de conciencia cósmica o, más exactamente, una conexión directa con las posibilidades de su propia conciencia superior.

3. LAS EXPERIENCIAS DE COMA SUPERADO (*NEAR DEATH EXPERIENCES*)

La muerte es un arquetipo muy antiguo en el ser humano; su cercanía constituye un catalizador extremadamente poderoso de despertar espiritual y de evolución de la conciencia. El simbolismo de la muerte será vivido en una separación, un divorcio o un cambio profesional. La pérdida de un cónyuge o de un hijo puede provocar una fase de muerte simbólica durante la cual son barridas antiguas estructuras psicológicas. En el transcurso de los años, he conocido a muchos padres que han perdido un hijo, a veces pequeño, y he observado con frecuencia que, como consecuencia de ese drama, emprendían un proceso espiritual.

4. El surgimiento de memorias de vidas anteriores

Que estas experiencias representen o no una prueba de la reencarnación, no por ello dejan de constituir un fenómeno psicológico importante, pues encierran grandes poderes de curación asociados a un rico potencial de transformación de sí mismo. Aunque en el sentido clásico del término no se pueda probar el fenómeno de la reencarnación, miles de testimonios y de relatos conmovedores parecen confirmar su realidad. Entre los pueblos tradicionalmente chamánicos, son raros los que expresan una creencia formal en esta posibilidad. De acuerdo con lo que yo conozco, los shoshones del noroeste norteamericano creen en la eventualidad de un regreso del alma bajo una nueva forma física. Los otros pueblos sólo tienen una idea bastante vaga del más allá, pues viven esencialmente en el presente.

A veces ocurre que un material anterior a esta vida "emerja" espontáneamente gracias a ejercicios de meditación (yoga o zen). Un amigo mío que practicaba el zen sentía a menudo picazón en la garganta durante sus meditaciones; esto le molestaba mucho. Habituado a las prácticas de meditación, trataba entonces de entrar en la molestia para disiparla. Pero cada vez era presa de una angustia que le anudaba el plexo solar a la altura del tercer chakra. Vino entonces a pedirme ayuda para identificar la causa de ese malestar. Mi amigo pensaba en algún acontecimiento de una vida anterior, un acontecimiento que él desconocía. Tenía razón, pues trajo a la conciencia una vida en la época de las primeras cruzadas.

En aquel entonces, él formaba parte de una tropa de peregrinos armados que se encontró cercada por los sarracenos. En pleno desierto y bajo un sol de plomo, éstos los obligaron a formar un gran círculo, en medio del cual colocaron un tonel lleno de agua con la prohibición de tocarlo. Luego aguardaron. Al cabo de varias horas, casi enloquecido por el sol y la sed, un primer peregrino se abalanzó hacia el tonel y bebió. De inmediato lo decapitaron. Ello no impidió que un segundo se acercase, luego un tercero. Corrieron la misma suerte, como todos los que optaron por ir a beber antes que morir de sed, pues no había otra alternativa. Ese episodio particularmente siniestro de la historia de las cruzadas es conocido con el nombre de *Aguer sanguinis*, el Campo de la sangre.

Después de esa sesión, la picazón de garganta de mi amigo y su angustia difusa desaparecieron. Se trataba pues de un residuo de una vida anterior que no estaba sepultado muy lejos en la memoria y comenzaba a aflorar durante las sesiones de meditación. Aprovecho para señalar a los principiantes en meditación que es frecuente sentir aflorar así a la frontera de la conciencia acontecimientos de un pasado anterior. Hay muchos que experimentan por ello una viva molestia e interrumpen de inmediato sus sesiones de meditación, creyéndose al borde de una fractura mental. Eso es precisamente lo que no hay que hacer, pues ese valioso material corre el riesgo de hundirse entonces más profundamente en el inconsciente.

El Dr. Morris Netherton de Los Ángeles, que ha practicado durante mucho tiempo la terapia mediante las vidas anteriores, afirma que la mayoría de los problemas físicos serios padecidos por sus pacientes (úlcera, epilepsia, migrañas fuertes y frecuentes, y hasta ciertos tipos de cáncer) estaban vinculados con vidas pasadas. Todos los médicos y terapeutas que trabajan en este terreno confirman sus investigaciones pioneras. Como Netherton, llegan a la conclusión de que la reactivación del recuerdo de acontecimientos del pasado que son el origen de malestares físicos o de la enfermedad, provoca generalmente un alivio sustancial, incluso una curación.

En ocasión de un congreso en 1996, conversé largamente con el Dr. Roger Woolger, un médico junguiano norteamericano. Recordaba los casos más interesantes que debió tratar y que son, a mi entender, una buena muestra de los problemas kármicos habituales. Helos aquí:

> Una joven, que padecía colitis, reencuentra una existencia pasada de niña holandesa de ocho años asesinada por los soldados nazis. La colitis era una expresión del terror residual de la pequeña justo antes de su ejecución.
>
> Un hombre que se quejaba de un dolor crónico en la espalda, revive una muerte en la que él agoniza, con la columna vertebral rota, aplastado entre dos vagones de ferrocarril (la escena ocurre en los años veinte). El dolor disminuye de manera sustancial después de la sesión.
>
> Un asmático que además padece frecuentes problemas de conjuntivitis, trae a la conciencia una vida de monje en la Edad Media. Acusado de haber arrastrado a un pueblo entero a creencias herejes, es condenado a mirar cómo se queman el pueblo y sus habitantes. Le lloran los ojos y sus pulmones se sofocan por el humo.

5. El despertar de percepciones extrasensoriales

El surgimiento de aptitudes paranormales es natural, pero puede resultar peligroso si los nuevos datos no son comprendidos e integrados. He conocido a muchos mediums que ignoraban que lo fueran: su fragilidad psicológica aparente se explicaba por sentir de manera exacerbada a las personas que encontraban o por premoniciones incomprendidas.

6. La crisis chamánica

Esta forma de transformación psicoespiritual reviste una importancia considerable en las crisis iniciáticas de los chamanes sanadores y de los conductores espirituales de numerosos pueblos aborígenes. Sin embargo, esta experiencia no es propia solamente de culturas llamadas primitivas; este tipo de relación directa con la naturaleza (océanos, ríos, montañas, cuerpos celestes) y toda forma de vida ha sido observado en nuestros días entre europeos, americanos y asiáticos.

Si la progresión del proceso de surgimiento no se ve trabada, si la causa interna responsable de la incomodidad es autorizada a expresarse libremente, si la persona tiene el beneficio de consejos apropiados, entonces el ser se conectará de nuevo con lo cotidiano beneficiándose, además, con una mejor comprensión de la razón por la cual esos problemas aparentes eran indispensables para su desarrollo espiritual.

Las cartografías modernas de la conciencia

Liberado así de todo estímulo externo ordinario, el individuo se encuentra en condiciones de experimentar estados de conciencia muy variados, prueba de que el cerebro no está limitado por los cinco sentidos, y de que puede alcanzar la creatividad, la trascendencia y la revelación. El ser comprende que, al disminuir los estímulos externos por la meditación o por cualquier otro medio (la música, en especial), puede proyectar su cerebro o su conciencia a estados de extraordinaria lucidez, de meditación profunda, de concentración y de contemplación.

El estudio de las culturas de todas las épocas revela un interés profundo de los hombres por los estados extraordinarios de conciencia. Todas las corrientes de pensamiento han desarrollado métodos tendentes a teorizarlos y a describir las diferentes etapas del viaje espiritual. Este conocimiento ha sido transmitido de boca en boca, de maestro a discípulo, de generación en generación, enriqueciendo más, día a día, ese saber. Al comienzo de la era moderna, cuando la ciencia occidental se hallaba todavía en sus primeros balbuceos (siglos XV y XVI), se rechazó la sabiduría de los antiguos y se la reemplazó por modelos de la psiquis basados en una filosofía estrictamente materialista. Sin embargo, en los años sesenta, algunos factores sociales permitieron sentar bases en la confusa comprensión psicológica del ser humano.

Uno de los factores clave fue el interés de los jóvenes por las prácticas meditativas orientales y la búsqueda de las raíces perdidas: experimentación de las vías chamánicas, contacto con los indios, regreso hacia el nacimiento, la madre y el padre, desarrollo en laboratorio de técnicas de alteración de la conciencia[13] como el aislamiento sensorial y el *biofeedback*.

En ocasión de un viaje a Estados Unidos en 1996, me encontré con el Dr. Green. Él y su equipo trabajaban en experiencias de superlucidez llamadas púdicamente *The copper wall experiment*.[14] El sujeto está sentado en una suerte de cajón de dos metros por tres. Frente a él, detrás de él y en el suelo, grandes placas de cobre le envían su reflejo. El sujeto se convierte así en una especie de condensador viviente.

El objetivo buscado era provocar la activación de potenciales adormecidos en el ser humano normal, tales como la percepción de los cuerpos sutiles y la telepatía. Experiencia extraña según la visión mecanicista; sin embargo, Elmer Green y su equipo recibieron durante siete años quinientos mil dólares de presupuesto anual de investigación. Los informes de una nueva generación de antropólogos sobre sus experiencias personales en el seno de culturas chamánicas y los estudios científicos de situaciones de coma superado han proporcionado nuevos desafíos a la psiquiatría y a la psicología tradicionales.

Numerosos investigadores se han abocado a una exploración sistemática de estos nuevos campos y han llegado a la conclusión de que la antigua sabiduría merecía ser reexaminada, mientras que los conceptos científicos occidentales, y las ideologías que emanan de ellos, debían ser revisados y ampliados.

Existe un término moderno que engloba a todos los estados llamados espirituales, místicos, religiosos, mágicos, parapsicológicos o chamánicos: la "experiencia transpersonal".

La índole extraordinaria de la experiencia transpersonal se pone en evidencia cuando la comparamos con nuestra percepción cotidiana del mundo, con sus limitaciones consideradas normales e inevitables. En estado de vigilia, nos percibimos como cuerpos materiales sólidos. Es cierto que estamos limitados en nuestra percepción del mundo por la gama de nuestros sentidos y la configuración de nuestro medio ambiente. En los estados transpersonales, se trascienden todas esas limitaciones. Nos percibimos a nosotros mismos como un juego energético o un campo de conciencia conectado a esa entidad viviente, la Gran Madre Tierra.

El mundo de los fenómenos transpersonales, tal como lo describe Stanislav Grof en sus diferentes obras, ofrece otro desafío filosófico e intelectual. Con frecuencia engloba —aclara Grof— niveles y entidades que, en el mundo occidental, son considerados como formando parte de una realidad "subjetiva": deidades, demonios y otros personajes mitológicos. Esas experiencias son tan convincentes y reales como las de la vida ordinaria para quienes las han vivido. Éste es el punto sobre el cual el mundo de los chamanes insiste tanto.

El lector escéptico se preguntará por qué conceder tanta importancia a los fenómenos transpersonales. El hecho de que la psiquis humana induzca tales experiencias percibidas como subjetivamente reales ¡no significa que se trate de conexiones auténticas con el universo! Grof añade que el otro argumento de los escépticos en contra de los fenómenos llamados transpersonales es que son productos arbitrarios y carentes de sentido de cerebros perturbados por una enfermedad desconocida. Ciertamente, el rico contenido de lo vivido proviene de nuestra memoria. Vivimos en una cultura en la que estamos sobreexpuestos a un enorme flujo de informaciones de todo tipo por vía de los periódicos, las revistas, la televisión, los libros. Todo lo que experimentamos es almacenado en nuestro cerebro con muchos detalles. Ésta puede ser una explicación razonable para aquellos que sólo tienen un conocimientos superficial del fenómeno. Sin embargo, un estudio sistemático de las experiencias de niveles no ordinarios de conciencia demuestra que se trata de fenómenos extraordinarios que desafían las concepciones científicas occidentales.

A despecho del avance de ciertas investigaciones en este terreno, es evidente que todavía nos es difícil admitir que el cuerpo y el espíritu puedan estar tan íntimamente ligados e interactuar a tal punto el uno sobre el otro. Nuestra manera de pensar occidental (y toda la filosofía clásica) ha considerado durante mucho tiempo al cuerpo y al espíritu como dos entidades separadas. Ese dualismo es el fundamento mismo del pensamiento cartesiano. Ya he tratado ampliamente este punto en mi primera obra, por consiguiente no volveré a hacerlo. Ello no quita que se vean en todas partes las lamentables consecuencias de esta manera de pensar y muy especialmente en medicina, donde coexisten, sin ninguna comunicación mutua, por un lado los médicos del cuerpo y, por el otro, los psicólogos y psiquiatras, considerados como los encargados del espíritu. Las universidades, las escuelas, los centros de investigación médica y psiquiátrica se encuentran lisa y llanamente separados, o divididos en departamentos estancos. No hay investigación común ni confrontación de los resultados respectivos. Y esto parece satisfacer a todo el mundo.

Este dualismo cuerpo/espíritu está tan arraigado que los mismos psiquiatras, en el espacio de un siglo, se han orientado progresivamente hacia una explicación puramente orgánica, bioquímica de la psiquis humana, en la que todo pensamiento, todo sentimiento, se encuentra reducido a un proceso químico y donde, más generalmente, el propio espíritu aparece como un simple producto de ese órgano que llamamos cerebro.

Desde hace algunos años, se nota un intento de acercamiento de esas dos medias naranjas que son el cuerpo y el espíritu, a través de una nueva concepción: lo psicosomático. Pero, por regla general, la separación sigue siendo total entre los partidarios del tratamiento farmacéutico de las enfermedades y los adeptos a un enfoque que tome en cuenta su aspecto psicológico.

El chamanismo, con sus vías de exploración y sus métodos de experimentación directa de la naturaleza visible e invisible, representa un nuevo avance en la comprensión de los mecanismos que rigen al ser humano y al universo. Para los chamanes, lo real es Uno. La unidad global es total. Muchos dicen que el hombre se ha engañado a sí mismo. Por su cultura sobre todo, que divide la vida en sujetos y objetos, observadores y observados. Así nos convertimos en seres aislados, incapaces de comprender la unidad de la naturaleza y del orden del universo. Ése es el dilema: creamos en nosotros una separación que no existe en realidad. Nuestra concepción del tiempo resulta por ello limitativa y lineal. Percibimos este enigma como una sucesión de momentos: pasado, presente y futuro.

Uno de los caminos particulares que el chamanismo nos ofrece es la búsqueda de visión. Un ritual practicado desde los orígenes y en el cual el ser humano se encuentra frente a sí mismo y a su creador.

La búsqueda de visión

Cualquiera sea el término utilizado para lo que en la actualidad se denomina la búsqueda de visión, se trata de una práctica tradicional muy antigua que encontramos en muchas culturas. En cada sistema religioso, en todos los pueblos de la tierra, existe una práctica consistente en aislarse en la belleza y la soledad de la naturaleza para entrar en contacto profundo con uno mismo y abrirse al Gran Misterio. Ya se trate de un chamán siberiano, un aborigen australiano, un lakota sioux que ayuna sobre la Colina del Oso en Montana, un católico que entra en contacto con el espíritu de Jesús gracias a un retiro espiritual, el espíritu de la búsqueda de visión es idéntico para todos.

Hambleche yapi, la antigua expresión lakota para la búsqueda de visión —sería más justo decir "implorar una visión", *crying for a vision*—, es una tradición espiritual practicada desde hace milenios en un número incalculable de culturas tradicionales de todo el mundo. Ceremonias de búsqueda de visión tradicional han comenzado a instalarse entre la población urbana occidental desde hace unos quince años, tal vez como consecuencia de los relatos de experiencias de alteración de la conciencia descritas en los libros populares de John Neihardt o Lame Deer.[15] Cualquiera sea su fuente de inspiración, algunas personas se sienten atraídas por la búsqueda de visión en la esperanza de que esa vía les permita trascender la realidad ordinaria, les dé acceso a lo sagrado, e incluso les permita contar historias.

La búsqueda del equilibrio espiritual y el recurso al ayuno y al aislamiento sensorial siempre han sido actos intemporales. Pero la experiencia de la búsqueda de visión ya no es vivida por la población occidental moderna como la vivían sus antepasados o los pueblos tradicionales, que la siguen practicando en su forma ceremonial tradicional.

He aquí dos relatos que ilustran dos maneras muy diferentes de vivir una experiencia semejante. El primero se refiere a un retiro que yo hice en el Sinaí; el segundo, a la búsqueda de visión de un lakota tradicional del siglo XIX.

Retiro en el desierto del Sinaí
diciembre de 1995

En diciembre de 1995 fui al desierto del Sinaí, pues deseaba analizar la orientación que debía dar a mi búsqueda personal y espiritual. Partí de El Cairo en un viejo autobús atiborrado de egipcios, salvo una pareja de italianos y dos suecas que los beduinos devoraban con los ojos. Tras siete horas de carretera en un paisaje monótono y una parada más que bienvenida, llegamos al pueblo de Saint Catherine, a unos cientos de metros del monasterio en el que puede verse la zarza ardiente. Fue allí donde Moisés habría encontrado al arcángel Gabriel en su ascenso hacia la cima y su encuentro con el Eterno.

El pueblo comprende algunas casas y hoteles modestos pero confortables que los israelíes construyeron en los años setenta, cuando esa región formaba parte de los territorios ocupados, tomados a Egipto después de la guerra de 1973.

Nos hallamos al pie del monte Sinaí. No es un bello desierto de arena como las dunas del Sahara, sino un conjunto de pedregales, de valles y barrancos. El lugar es propicio para un retiro y debe de favorecer el debate con el propio mundo interior. El cielo es granítico. Hace un frío seco en esta época del año y las montañas se elevan como dedos apuntando a un cielo puro y sin nubes. El Sinaí fue ocupado por los antiguos egipcios; algunos bajorrelieves rupestres recuerdan sus victorias sobre las tribus beduinas, desde la cuarta a la sexta dinastías.

En cuanto llego, trabo conocimiento con Ahmed, un joven beduino listo como un mono, que sería mi guía en los días siguientes. El contacto había sido organizado por amigos de El Cairo a quienes había participado mis intenciones.

Paso la primera noche en un hotel del pueblo a fin de prepararme para la soledad de los próximos días. Decidido a dormir en la montaña, me había equipado en consecuencia: zapatos de marcha, mochila, gorro de montaña y guantes de abrigo. A la mañana siguiente, Ahmed viene a buscarme y damos una vuelta por los alrededores. En primer lugar, visita al monasterio, habitado por monjes. La iglesia es simple pero la energía de la plegaria generada por decenas de generaciones de fieles, poderosa. Me recojo unos instantes ante la zarza ardiente, que más se parece a un arbusto. ¿Será la verdadera zarza como lo pretenden los carteles publicitarios?

Después de la visita al monasterio, tengo mi primer contacto verdadero con la naturaleza. Ante mí se yerguen los montes Moisés y Saint Catherine, que alcanzan cerca de dos mil quinientos metros de altura. Decido hacer un reconocimiento de la región y comienzo a ascender por el camino que lleva a las montañas. A una hora de marcha llego a una bifurcación; un camino va hacia el monte Moisés, el otro hacia el Saint Catherine. Me detengo para una corta ceremonia. A la manera india, hago la ofrenda del tabaco a las siete direcciones, y pido ayuda y protección a los espíritus de la naturaleza allí presentes. Mientras prosigo mi ascenso, siento su presencia y los peñascos muestran sus imágenes grabadas para la eternidad: cabezas de halcón, de ibis, de mono.

Una hora más tarde, descubro un lugar propicio para los próximos días. Limpio el suelo de guijarros y me instalo sobre una cresta rocosa. El paisaje es espectacular. Allí el alma sólo puede elevarse hacia los cielos.

Me invade una somnolencia: habíamos partido temprano y Ahmed había vuelto a su casa al salir del monasterio. Poco a poco, entro en una búsqueda de visión occidental y me duermo sobre mi manta de campaña. Sentía ese sueño como una preparación de mi espíritu. De todas maneras, tenía necesidad de adquirir fuerzas para la noche siguiente. Mi guía y yo habíamos convenido encontrarnos al anochecer, pues él deseaba comenzar el ascenso al monte Moisés alrededor de las dos de la mañana, de modo de alcanzar la cima al salir el sol. Allí es donde el profeta recibió las tablas de la Ley y concertó la Alianza de Jehová con Israel.

Al despertarme, permanezco inmóvil y me alimento del silencio que me rodea, turbado solamente por el sonido de la campana del monasterio que sube hacia la montaña. Un pájaro se acerca y le lanzo una miga de pan. Tranquilizado por mi calma, vuelve varias veces a pedir de comer. En esas alturas, pienso en el pueblo de Abraham, que pasó por allí hace tanto tiempo. Los acontecimientos que tuvieron lugar en Egipto en esa época constituyen uno de los grandes enigmas de la Historia. Entre tantos pueblos alógenos que habitaban en Egipto, una tribu, que rechazaba con desprecio el politeísmo local, logró huir del territorio y crear en una tierra prometida un estado independiente basado en el monoteísmo. Más tarde, ese pensamiento único sirvió de piedra angular para dos religiones importantes de la humanidad: el cristianismo y el islamismo.

Al caer la noche, voy al valle a encontrarme con Ahmed y, a eso de las dos de la mañana, retomamos el camino. El ascenso es duro; ahora lamento que Moisés no haya tenido su gran visión ¡en una playa del mar Rojo! Hacemos alto hacia las cuatro de la mañana para beber un té caliente ofrecido por beduinos somnolientos y pronto llegamos al primero de los setecientos escalones tallados burdamente en la piedra. Es el último esfuerzo. En la cima nos aguarda una pequeña capilla.

Yo esperaba hallarme solo, y descubro a un grupo de ruidosos coreanos, de alemanes, italianos y algunos franceses. No obstante, el espectáculo es soberbio. A las seis, el horizonte se arrebola. Encuentro un lugar tranquilo, apartado de los otros, para admirar la salida del sol.

Ahora puedo entrar en mi mundo interior sin estado de ánimo previo. Experimento una profunda paz, que algunas aves posadas allí no perturban. Estoy cansado pero comprendo, favorecido por esa introspección, que el subconsciente se doblega en el esfuerzo físico. Finalmente me encuentro con mi guía y descendemos durante la mañana. Lo abandono para regresar a mi cresta rocosa, que me servirá de refugio para los próximos días.

Una búsqueda de visión amerindia se hace permaneciendo cuatro días y cuatro noches en el mismo lugar sin beber ni comer. Mi propósito, allí, era pasar unos diez días en soledad, alimentándome con un poco de pan y de plátanos que Ahmed me traería cada dos días.

La noche siguiente tuve extraños sueños: escenas de la segunda guerra mundial desfilaban ante la pantalla de mi conciencia. Luego vi un paisaje en el cual se inscribían pequeños túmulos de piedras de dos metros de largo y una abertura en cemicírculo. En el interior, algunas personas tendidas parecen dormidas. Un hombre se levanta, viene hacia mí y me invita a tenderme en ese lugar particular. "Comprenderás, me dice, cuando tu cuerpo y tu espíritu consciente se hayan dormido. La verdad del Gólgota, esa victoria sobre la muerte, se vuelve, por la contemplación de tu cadáver, una parte integrante de la vida espiritual. La palabra humana es impotente para expresar el no-ser. Su verdadero rostro es el silencio que penetra profundamente en tu alma y la fructifica, mientras que la palabra apenas la roza."

En la mañana del cuarto día caigo en un Maelstrom emocional. Estoy agitado y me invade la cólera. Trato de analizarlo. ¡Tiempo perdido! Todo es furor: yo, la vida, los otros, el mundo. Me siento en guerra contra todo y contra todos. Al cabo de dos horas, comprendo que he contactado un estrato de cólera en las profundidades de mi psiquis. La soledad y el silencio eran las piquetas que me permitían llevar a cabo esa arqueología psíquica a la que me entregaba voluntariamente. Me puse a hablar en voz alta. Mi mente consciente me incitaba a meditar, a recitar oraciones de agradecimiento. ¡Tiempo perdido! Me hallaba bajo el imperio de fuerzas arremolinadas proyectadas por mi inconsciente y no comprendía que mi psiquis se liberaba, en realidad, de zonas comprimidas.

Entregado a mi furor, me incorporé y, como un monje loco, grité imprecaciones a toda la Creación. Luego, tan súbitamente como se había manifestado, la cólera desapareció cediendo lugar a una fuerte diarrea liberadora. Evacué así las fuerzas oscuras contenidas en mis superestructuras inconscientes.

A partir de ese momento, y durante los días siguientes, me sentí en un estado de paz y de serenidad cuyo néctar saboreaba. La mente podía analizar, sentir y hacer actuar sin emociones pero con un sentimiento de plenitud. Me di cuenta de que la meditación, sumada al silencio interior, es una ayuda eficaz para tranquilizar el espíritu. Sin embargo, en sí misma, ella no actúa sobre la estructura psicológica del ser, un punto sobre el cual los maestros espirituales modernos de la India han insistido mucho. Cuando se alcanza la "masa crítica", el pensamiento y el silencio desaparecen tal vez, y el átomo interior se desintegra. Pero entonces, ¿quién queda para decir: estoy desintegrado?

Éste es el concepto oriental de la fusión del yo humano con el yo divino. Esta identificación es el denominador común de todas las místicas occidentales y orientales. Los Upanishads, escritos sagrados de la India, proclaman: *Aham Brahâsmi* (Yo soy el Dios Brahma). Los místicos persas los siguen por este camino y el maestro Eckhardt, místico renano del siglo XIV, se hizo eco, en el Occidente cristiano, de este antiguo pensamiento de la India. Guiado por sus experiencias místicas personales, fue el primero —en Europa— en volver al concepto del pensamiento ilimitado.

Muy distinta es la búsqueda de visión amerindia, en la cual las fuerzas y las representaciones de la naturaleza se convierten en enseñantes que permiten al buscador de visión penetrar de manera activa en la pureza esencial del universo.

El relato que sigue fue grabado por el etnomusicólogo Frances Densmore,[16] que describe la búsqueda de visión emprendida en el siglo XIX por un lakota tradicional:

"Cuando yo era joven, quise hacer un sueño que me revelara el camino de mi vida. Obsesionado por ese deseo, conocí a un médico brujo y me sinceré con él.

"Él me explicó qué debía hacer yo; seguí sus instrucciones al pie de la letra. Ya había elegido una colina sobre la cual debía esperar mi sueño; después de haber dejado al médico brujo, fui a instalarme en su cima.

"No se me pidió ayunar antes de buscar la visión, pero desde luego no había llevado ningún alimento conmigo. A mitad de camino de la cima, cavé un pozo de aproximadamente un metro de profundidad por uno de ancho para poder sentarme en él si lo necesitaba. En los cuatro rincones dispuse una ofrenda ritual (trozos de tela y los saquitos de oraciones), que demostraban a la creación mi deseo de obtener mensajes de los cuatro vientos, y esperé ansiosamente oír la voz de un animal o de un ave que me hablara a través de un sueño.

"Toda la noche permanecí allí, con los ojos cerrados. Justo antes de salir el sol, percibí una luz brillante proveniente del este. Era un hombre. Su cabeza estaba cubierta de cintas y sostenía en la mano un *tomahawk*. Me dijo: '¡Sígueme!' y se transformó súbitamente en un cuervo. En mi sueño, seguí al cuervo hasta una aldea, allí penetramos en la tienda más grande. Me sentí honrado, pues nunca había visto una tan grande. Debía de ser la de un jefe. Allí, él se transformó de nuevo en hombre. Sentado frente a la entrada, el joven pintado de rojo me dio la bienvenida. Dijo sentirse feliz de verme allí y añadió que todos los animales y las aves eran sus amigos. Deseaba mostrarme cómo había actuado para obtener su amistad. Me pidió entonces que levantara la cabeza y lo hice.

"Percibí langostas, mariposas, toda clase de pequeños insectos y, justo encima de ellos, pájaros de diversas especies. Bajé la cabeza: el joven se había transformado en búho y toda la escolta en cuervos.

"El búho dijo: 'Mira siempre hacia el oeste cuando hagas un pedido y tendrás larga vida'. Después se transformó en un alce. A sus pies, vi la medicina del alce y el círculo de la nación. Me pregunté qué nueva maravilla debía esperar cuando escuché un son. Traté de reproducirlo y lo canté aun antes de tener conciencia de mi deseo.

"Yo era joven en ese entonces y deseaba partir por el sendero de la guerra para hacerme un nombre. Después de ese sueño, recibí a veces ayuda del este, pero el oeste fue siempre para mí una valiosa fuente de asistencia. Todas las aves y los insectos de mi sueño eran entidades que yo debía conservar presentes en mi espíritu para aprender su camino".

La relación con la naturaleza

Las búsquedas de visión, tanto las tradicionales como las modernas, se desarrollan por lo general en lugares aislados. Resulta tanto más irónico comprobar hasta qué punto los pueblos tradicionales y el hombre moderno captan su relación con el medio ambiente de manera diferente.

Antiguamente, cuando los seres humanos vivían más cerca de la naturaleza y se integraban mejor a su hábitat, no se sentían separados del resto del mundo. Estaban habituados a vivir en armonía con los elementos, las criaturas diversas y las fuerzas naturales de las que dependía su bienestar. En aquellos tiempos, la visión tradicional deseaba que todas las cosas estuviesen ligadas como otras tantas partes de un universo unificado. En cambio, la civilización urbana tiende a percibir el hábitat como un lugar inmóvil y no como una extensión del ser esencial. Hemos aprendido a confiar en las barreras tecnológicas y a creer en la superioridad humana para sentirnos protegidos de las reacciones de la naturaleza. Pensamos con mayor frecuencia en la idea de la naturaleza que en su realidad física.

La diferencia significativa entre las búsquedas de visión tradicional y moderna plantea sin embargo el problema de la integración de los mensajes recibidos. Los buscadores de visión de los antiguos tiempos integraban fácilmente sus visiones al campo de sus actividades culturales: caza, caminatas, culto, relaciones con la comunidad.

Poseían también los medios de verificar, de interpretar y de utilizar el material de sus visiones.

Para un buscador contemporáneo, tal visión suele alejarse tanto del nivel de conciencia actual que no comprende de dónde regresa. He conocido a personas que tratan de analizar sus visiones de manera tan racional que inducen a una suerte de fragmentación.

Nuestros contemporáneos han adoptado con entusiasmo muchos vehículos espirituales seculares: el viaje chamánico, las ceremonias de *sweat lodge*, las danzas totémicas, e incluso la utilización de plantas psicotrópicas. Lamentablemente, con frecuencia los han interpretado en el primer grado, como sostenes de una introspección terapéutica. Por válida que ésta sea, se ha abierto un abismo entre el chamanismo y la psicología moderna. A mi entender, la psicología puede, y debe, ser espiritualizada, pero es esencial que sea un elemento del chamanismo y no a la inversa.

Búsqueda de visión de Roman Nose[17]

Roman Nose era el más célebre guerrero cheyenne de su época. Durante las grandes guerras entre 1860 y 1870, su fama se difundió rápidamente entre los blancos, que llegaron a considerarlo como el jefe en todas las intervenciones con los cheyennes.

En el combate, llevaba siempre su célebre tocado de guerra hecho en el Norte por White Buffalo Bull, uno de los más famosos médicos brujos de su tiempo, que vivía siempre en la Tongue River Agency a finales del siglo XIX.

Ese tocado de guerra era único en su género. Cuando niño, Roman Nose había hecho una búsqueda de visión. Había ayunado durante cuatro días en una isla de un lago de Montana. En sueños se le apareció una serpiente con un único cuerno sobre la cabeza. Inspirándose en esa visión, White Bull le había fabricado su tocado de guerra muy particular. En vez de los clásicos cuernos de bisonte, sujetos a ambos lados de la cabeza, sólo tenía uno en el centro de la frente. Ese tocado de plumas caía tanto hacia atrás, que casi tocaba el suelo, incluso cuando montaba a caballo. Se componía de una banda de cuero de bisonte joven adornada con plumas de águila en toda su longitud: primero cuatro rojas, luego cuatro negras, cuatro rojas de nuevo y así sucesivamente, o sea cuarenta plumas en total. En la fabricación de este famoso tocado de guerra, White Bull no había utilizado nada proveniente de los hombres blancos: ni tela, ni hilo, ni metal.

Habitualmente, los tocados de guerra necesitaban pocos tratamientos para ir al combate, pero el de Roman Nose era muy sagrado e implicaba ceremonias importantes. Para retirarlo de su estuche de cuero, había que sostenerlo encima de una brasa, sobre la que se había salpicado una pizca de raíz medicinal. Luego el tocado era presentado cuatro veces al sol, se lo extraía de su envoltorio y se lo apuntaba hacia el norte, el oeste, el sur y el este. Sólo entonces Roman Nose se lo ponía con cuidado sobre la cabeza. Debía además adornarse el rostro con pintura sagrada: amarilla en la frente, roja en la nariz, negra en la boca y el mentón.

Por último, llevar el tocado de plumas sagrado implicaba el respeto de diversas normas de conducta. Roman Nose no tenía derecho a comer ciertos alimentos; debía esperar cuatro días antes de entrar en un tipi donde un bebé acabara de nacer, y muchas otras prohibiciones. White Bull había puesto a Roman Nose muy particularmente en guardia contra el hecho de ingerir un alimento tocado por el metal. Había insistido, diciéndole que si olvidaba esa regla corría el riesgo de morir en el combate siguiente. Por otra parte, a los indios de las llanuras no les gustaba comer un alimento mancillado por cucharas, tenedores o cuchillos metálicos, pues los médicos brujos pensaban que, por algún extraño fenómeno de atracción, los guerreros que consumían un producto tocado por el hierro serían muertos por una bala de hierro en la próxima batalla. Por eso la mayoría de los indios preferían utilizar palillos puntiagudos para comer, en vez de tenedores.

Ahora bien, unos días antes de un combate (el caso Forsyth), los sioux ofrecieron un festín a algunos notables cheyennes entre los que se encontraba Roman Nose. Éste conversaba con los jefes y olvidó prevenir a las mujeres sioux de que no tocaran su alimento con un utensilio de hierro. Después de la comida, recordó haberse olvidado de impartir sus instrucciones habituales y pidió a un jefe sioux que preguntara a las mujeres cómo habían preparado la comida. Una de ellas recordó haber retirado su pan de la placa con un tenedor de metal. Esta omisión anuló el poder protector del tratamiento del tocado de plumas de Roman Nose. Éste no podía restablecerse sino ejecutando ciertas ceremonias de purificación, pero éstas eran prolongadas y la vanguardia de Forsyth fue avistada antes de que Roman Nose pudiera realizarlas.

Ése fue el motivo por el cual el gran guerrero, siempre dispuesto a lanzarse a la batalla, no participó en los combates de esa mañana. Estaba convencido de que su protección se hallaba tan debilitada que habría corrido a una muerte segura. No obstante, cuando Bull Bear y White Horse fueron a suplicarle que dirigiese el combate, fue incapaz de negarse.

Roman Nose, que luchaba siempre en la primera línea, nunca había sido herido antes, salvo una vez por una flecha pawnee. Ese día fue muerto en la plenitud de la edad.

5

LA BÚSQUEDA DEL FÍSICO

Rituales chamánicos y física moderna

En la tradición chamánica, los médicos brujos trabajan en estrecha relación con el mundo de los espíritus. Todos dicen tener guías que les hablan y les proporcionan métodos o vías de curación. Los chamanes los invocan recurriendo a cantos sagrados. Desde luego existe una conexión entre éstos y los himnos de las diversas corrientes religiosas. Uno de los secretos de la curación chamánica no es más que una transferencia de energía vibratoria, de una onda sonora, desde una persona hacia el órgano enfermo de otra. Cuando una parte del cuerpo está enferma, el conjunto está en ruptura de armonía. Cada órgano, cada célula posee una resonancia, un *pattern*[1] vibratorio. Cuando un órgano está enfermo, ya no recibe la energía vibratoria del resto del cuerpo; vibra a una frecuencia que no está en armonía con el *pattern* vibratorio del cuerpo entero.

¿De qué manera un órgano enfermo puede entrar en resonancia con las partes sanas del cuerpo?

Al escuchar los ritmos de los tambores, los cánticos de los beduinos del desierto del Sinaí, los cantos ceremoniales de los lakotas, recordé que el universo ha sido creado a partir de un sonido primordial, que es exactamente lo que enseñan los cabalistas. Al salmodiar oraciones, al entonar cánticos sagrados, se suscitan modificaciones en el seno de la materia. La curación consiste en reintroducir esos sonidos en el cuerpo. En otras palabras, al producir los sonidos correctos, partes del cuerpo en ruptura de armonía pueden ser devueltas a un estado de equilibrio, a un estado de salud. Es lo que viven los chamanes por medio de sus cantos. Entonar la palabra "jaguar" para los chamanes amazónicos, es invocar al animal mismo. Por consiguiente, si un médico brujo canta el nombre de un jaguar sagrado, un jaguar aparece. Un sonido sagrado estaría pues conectado a un objeto real, que puede ser invocado por el sonido.

Pero, para los chamanes, invocar al jaguar significa también identificarse con el que vive en cada uno de nosotros. Sus enseñanzas dispensaban a los seres investidos el conocimiento del *pattern* vibratorio del jaguar. Se los hacía capaces de resonar en sincronismo con el símbolo del jaguar, es decir con todos los jaguares del planeta. Cada animal está representado por un tótem, que simboliza el hecho de que todos somos hermanos y hermanas dentro de la materia viviente.

Esta manera de captar el universo encuentra un eco en la física cuántica. Existe una interconexión fundamental, que une a todo lo que es. Poco a poco comprendo que los chamanes perciben el universo de una manera mucho más amplia que la propuesta por los modelos mecánicos del paradigma cartesiano o de la relatividad galileana. No captan la realidad dentro de una relación de causa a efecto. Es para ellos como una telaraña, una red parecida a las interconexiones observadas en los modelos de la física cuántica. Los antiguos chamanes sajones del norte de Europa llamaban a esa telaraña, especie de Internet espiritual, el *wyrd*.

Wyrd es un término del antiguo inglés que ha dado, en especial, la palabra *weird* [2] en inglés moderno. Se traduce literalmente por "destino", aunque esa palabra abarca una noción mucho más amplia. Ella misma proviene de una raíz indoeuropea que ha dado la palabra normánica[3] *urdhr* o, más tarde, la alemana *werden*, devenir. Detrás de esta noción, encontramos la concepción oriental de Karma. Pero en el origen, *wyrd* designaba una manera de ser que implicaba el poder de controlar el destino, un modo de vida en el cual los acontecimientos estaban ligados los unos a los otros precisamente como los hilos cruzados de una telaraña. De allí proviene la idea de la vibrante tela del *wyrd* o del destino.

En los sistemas de creencia tradicionales,[4] en especial los anglosajones, lo que era *wyrd* tenía una necesidad, una "existencia" tan palpable que resultaba innegable; la vibración y los motivos vibratorios eran extremadamente importantes. Todos los acontecimientos estaban entre sí. Teóricamente, la influencia de un acontecimiento sobre otro podía ser sentida en todas partes, pues la totalidad de la tela vibraba. Pero esa conexión nunca era verdaderamente evidente para el pueblo ordinario, al que una enfermedad u otros reveses dejaban desamparado. Esto explica la necesidad para el chamán de "ver" la conexión y de explicar su sentido. De este modo, una nueva percepción de la vida se abrió camino. Para acceder a esas nuevas visiones, el chamán practicaba generalmente una serie de rituales destinados a modificar su conciencia. El chamán podía así curar, ver el futuro, "metamorfosearse" transfiriendo su espíritu a animales o a plantas.

Los chamanes no se limitan a percibir las conexiones entre las cosas y los seres: ellos las modifican. Hablando con propiedad, son los antepasados de los psicólogos y de los médicos modernos. Para los antiguos, eran los guardianes de la sabiduría al mismo tiempo que narradores.

En física moderna, *wyrd* podría traducirse por "no localidad", un término que designa lo que, en otros referentes, se llamaría una acción a distancia. En 1964, el físico Bell lo había comprendido perfectamente. La idea de que la materia podía desplazarse a mayor velocidad que la luz comenzaba a encontrar eco en numerosos investigadores. Así, el teorema de Bell postulaba que cuando dos partículas gemelas se alejan una de otra a la velocidad de la luz, una acción sobre una induce una reacción en la otra. Las dos partículas permanecerían íntimamente ligadas a pesar de la distancia, como si una información circulara entre ellas a una velocidad superior a la de la luz. Parece pues que realmente existe una información supralumínica. Numerosas experiencias apuntan en la actualidad a confirmar esta teoría. "Si ellas aportan las pruebas esperadas", escribe Fritjof Capra,[5] "la teoría de la información supralumínica podrá servir de base a la explicación de ciertos fenómenos psíquicos como la telepatía. La realidad cuántica se tuerce sin cesar de manera imprevisible, sacando a la luz paradojas comparables a los koans del zen, esos "enigmas absurdos utilizados por los maestros zen para transmitir su enseñanza".

En 1935, en la universidad de Princeton, tres investigadores, Einstein, Podolsky y Rosen, intentaron refutar la mecánica cuántica, para ellos demasiado rica en paradojas. Establecieron un protocolo de experimentación destinado a probar que los resultados que ella predice son contrarios al sentido común. La realidad no les dio la razón; así ellos demostraron, sin quererlo, lo que intentaban refutar.

El teorema de Bell, por su parte, puso en evidencia que las "partes distintas" del universo estarían ligadas de manera íntima e inmediata al nivel más profundo y más fundamental. Los físicos comprendieron enseguida que esta situación singular planteaba una delicada pregunta: ¿cómo pueden dos elementos cualesquiera comunicarse más rápido que la luz?

En la época en que Bell elaboró su teoría, esta experiencia no era más que un proyecto del espíritu. En 1972, John Clauser y Stuart Freedman, del laboratorio de física de la universidad de Berkeley, en California, emprendieron su realización y así dieron validez a las previsiones estadísticas de Bell.

El teorema de Bell no se limita a sugerir que la realidad es muy diferente de lo que parece, sino que necesariamente debe ser así. Los físicos han probado que nuestra visión racional del mundo es profundamente insatisfactoria. Hacia mediados de los años setenta, algunos llegaron incluso a afirmar que las partículas gemelas de las experiencias EPR[6] y Clauser-

Freedman, aunque separadas espacialmente, siguen conectadas en ausencia de todo intercambio de señales.

La física cuántica redescubría conceptos muy antiguos. Al estudiar los aspectos moleculares de la materia, algunos físicos cuánticos llegan a la conclusión de que la materia no podría existir sin una conciencia que la percibiera. Esta noción de conciencia es sin embargo muy vaga. Por su parte, la visión cartesiana clásica no admite que la conciencia pueda ejercer influencia sobre el mundo físico. Sus partidarios utilizarían otra palabra para describir lo que ocurre durante una observación: hablarían de registro, de medida, de reconocimiento, de preparación o de estado. Dirían que un *pattern* de probabilidades ha sido reducido de una multitud a un resultado exacto, preciso. Sin embargo, ningún físico negaría que, sin el reconocimiento de un *pattern*, ese resultado no podría ser percibido. La conciencia y el mundo material están conectados y la manera en que un científico elige practicar una observación afecta al objeto observado. Observador y observado están pues unidos de manera significativa.

Esta visión del mundo coincide perfectamente con las corrientes de pensamiento chamánicas, que exploran desde hace milenios la realidad situada más allá del universo sensorial. La inclusión de la conciencia humana en las teorías científicas es un hecho reciente. En muchos aspectos, podría favorecer nuevas pistas susceptibles de trascender el marco convencional de la ciencia. Pero hay conciencia y Conciencia, siendo tal vez la segunda la de los chamanes. Si tal entidad existe, podemos unirnos a ella y entrar en resonancia con las fuerzas fundamentales como lo hacen los médicos brujos, hombres y mujeres, desde el origen. Esta unión es tal vez una conexión cuántica que vincula a todo lo que vive en el universo. ¿Cómo podríamos desarrollar una relación más sensible, más sutil con nosotros mismos y con el universo en el cual vivimos? Quizás aceptando aventurarnos en el estado de conciencia chamánica que une al ser humano con la creación visible e invisible.

Esta conexión se realiza cuando un chamán entona un canto sagrado o cuando un sacerdote salmodia un conjunto de *mandalas*. El chamán entra en resonancia con los animales tótems que residen dentro de su ser. De ese modo, no sólo es capaz de curarse a sí mismo, sino también a cualquiera que sufra una enfermedad similar utilizando la energía proveniente del animal-espíritu.

Los ritmos complejos y a veces hechizadores de la música chamánica imitan el proceso sin fin de la naturaleza y celebran la globalidad del universo. Así como la tormenta que llega en la primavera y en el verano permite que reverdezcan las praderas de las grandes llanuras, la música amerindia alimenta el mantillo de tierra del corazón humano. Generalmente combina un tambor, una flauta o una matraca con cantos. Los instrumentos son descritos como contrapartida de las poderosas fuerzas elementales del trueno. El redoble del tambor es el relámpago que permite que el corazón humano serpentee fuera de su dependencia. La melodía de la flauta (sus seis orificios representan las cuatro direcciones cardinales más el cielo y la tierra) es el viento que purifica e insufla la vida en el corazón. El sonido de la matraca representa la luz que ilumina el corazón y carga al ser de energía. Los ritmos musicales, las plegarias y los ruidos de la naturaleza provocan lo que Michael Harner ha llamado un estado de conciencia chamánica.

Los estados de conciencia chamánica

El estado de conciencia chamánica (ECC) constituye la esencia profunda del chamanismo. Es lo que permite al sanador ser el amo del tiempo —el tiempo universal anterior a la Caída— y de lo imaginario. El estado de conciencia en que se sume el chamán que realiza un ritual activa recursos mentales a los que nosotros ya no tenemos acceso a causa de nuestra dependencia del pensamiento consciente lógico y racional. V. V. Nalimov ha demostrado que los problemas científicos se resolvían generalmente cuando el investigador permitía que de las profundidades de su ser surgiera el síndrome de ¡Eureka! Enfrentado a problemas complejos, el médico brujo recurre al viaje interior más que a la razón. Invocando recuerdos sensoriales, abstracciones y símbolos, pasa revista al torrente de imágenes de su subconsciente sin recurrir al poder crítico de la conciencia o a la dimensión espacio-temporal del universo. De ese modo, el chamán se conecta con un banco de datos inaccesible en un estado de conciencia ordinario.

Por no haber tomado en cuenta la distinción entre ECC y estado de conciencia ordinario, los occidentales han adquirido una falsa visión de las prácticas chamánicas. A los individuos habituados a razonar en términos de realidades múltiples, como los metafísicos, algunos físicos cuánticos y los chamanes, no les cuesta captar las implicaciones del ECC. Cuando se conciben los pensamientos como "cosas" o las "cosas" como pensamientos —un intercambio eterno entre masa y energía—, el sistema chamánico ya no aparece como un simple conglomerado de creencias animistas catalogables dentro de las supersticiones.

El interrogante de la existencia de una realidad tangible no ordinaria se plantea igualmente para los ritos y símbolos de las ceremonias de curación. Los "ritos" y los "símbolos" son conceptos que las culturas occidentales contemporáneas se limitan a aprehender a nivel metafórico. Ahora bien, en ECC, son ni más ni menos que la realidad alternativa del chamán. Cuando éste se reviste con la piel de su animal tótem y se pone a danzar alrededor del fuego del campamento, es el animal quien danza y ya no el ser humano.

Según Charles Tart, un psicólogo que ha procedido, desde finales de los años cincuenta, a una clasificación de la actividad cerebral, el ECC representa un débil estado alterado de conciencia. El cerebro trabaja a un ritmo alfa, es decir a un nivel poco profundo. Sin embargo, el éxtasis chamánico constituye un tipo de estado alterado específico. La idea de que no existía más que una sola realidad, la realidad ordinaria, y que cualquier otra percepción correspondía a la patología, ha dificultado la comprensión de los estados de expansión de conciencia. Ahora bien, el ECC corresponde al reino de la conciencia descrito por los místicos, es decir a un estado de penetración en las profundidades de la verdad, no sondeado por el intelecto discursivo y que permite establecer una relación consciente con lo Absoluto.

En la realidad ordinaria, la información se propaga por la vía de los sentidos, el tiempo transcurre en una sola dirección y el espacio sirve de contención al intercambio de informaciones. En la realidad chamánica, por el contrario, el tiempo no existe; sólo existen los objetos, pero únicamente como partes de un todo unificado. Ni el espacio ni el tiempo impiden que circule la información. Llegamos aquí a la noción de realidad no ordinaria tal como aparece en Castañeda y en el ECC.

Sitios sagrados y física cuántica

El territorio de cada pueblo tradicional incluye sitios sagrados, montañas, lagos, bosques o cañones; se considera que tienen poderes extraordinarios. Esos sitios reverenciados ocupan un lugar particular en las leyendas de numerosos pueblos, en especial en las poblaciones amerindias. Entre los navajos, la historia de la creación describe la formación de cuatro montañas que señalan sus tierras ancestrales, la región de las *four corners*,[7] donde convergen los estados de Utah, Colorado, Arizona y Nuevo México. Según una leyenda de los navajos, el Primer Hombre y la Primera Mujer crearon esas montañas con la tierra que el Primer Hombre mezcló con sustancias mágicas provenientes de su saco de medicina. La pareja creó el Blanca Peak, al este, proyectando un rayo de luz blanca, recubriéndolo luego con una capa de luz diurna; el monte Taylor, al sur, con un cuchillo de piedra, vistiéndolo luego de azul; las montañas San Francisco, al oeste, con un rayo de sol, a las que cubrió de amarillo; el monte Hesperus, al norte, con un arco iris, bañándolo luego en oscuridad. A partir de ese momento, los navajos asociaron cada dirección con un color y un poder particular: blanco para la luz del día al este, azul para el cielo al sur, amarillo para el sol al oeste y negro para las nubes de la tempestad al norte.

Todo esto constituye una suerte de geografía espiritual. Ciertos ordenamientos megalíticos, ciertos sitios sagrados, ejercen una influencia indiscutible sobre la energía. Esos efectos eran conocidos por los pueblos antiguos, y generaciones sucesivas verificaron sus efectos particulares. Los espíritus vivían allí y los pueblos antiguos iban al lugar para practicar sus ceremonias y rituales. "Hay lugares donde sopla el espíritu", decía Maurice Barrès en *La Colline inspirée*.[8]

Relatos de viajeros en el tiempo, cuentos, leyendas y ciertos cantos ceremoniales nos enseñan que un acontecimiento mayor sobrevino durante el paleolítico superior. Algunos pueblos comenzaron a instalarse cerca de esos sitios particulares. La vida nómada terminó y algunos clanes construyeron sus casas en esos lugares. Poseían un amplio conocimiento de las propiedades de esas piedras y de todos los aspectos de su entorno natural. Es probable que esos ordenamientos megalíticos estuvieran ligados a la presencia de espíritus en esos parajes. Si mi especulación es correcta, la sensibilidad de ciertos miembros del clan —los chamanes— por esos sitios, encuentra su explicación. Los individuos que caían enfermos a punto de morir se convirtieron en chamanes. La capacidad chamánica tal vez se desarrolló mediante seres comparables a instrumentos de detección, capaces de sentir una radioactividad natural u otros fenómenos físicos insólitos.

En esos tiempos remotos, el saber no permitía una comprensión racional, intelectual de los campos electromagnéticos. No existía el contador Geiger. El único instrumento detector era el ser humano.

Por consiguiente, los chamanes fueron los primeros físicos del paleolítico, los primeros experimentadores físicos. Sentían en su ser las fuerzas invisibles, la radioactividad, el electromagnetismo; al no estar limitados por la razón, como los occidentales modernos, lo encontraban perfectamente natural. Esos campos representaban para ellos un poder invisible y los sacralizaron. En ese sentido, su percepción era exacta. Los chamanes no eran solamente sensibles a los campos insólitos que rodeaban los sitios sagrados; eran literalmente detectores humanos.

Sin embargo, ¿es posible que las plantas hayan sido afectadas por esos campos? Yo sabía que algunos chamanes utilizaban sustancias psicoactivas durante sus ceremonias y me parecía extraño que ese tipo de plantas pudiera encerrar campos sutiles que actuaran como puntos focales de los sitios sagrados que atraían a los chamanes. Si todo es viviente, ¿no puede ser que las mismas piedras, por un fenómeno de resonancia también sutil, sean modeladas por los espíritus-conciencia, el viento, la lluvia, la tempestad, para formar un ordenamiento particular capaz de engendrar un campo vibratorio perceptible mediante algunas plantas y por seres dotados de una sensiblidad extraordinaria? Volvemos así a los orígenes mismos de la geobiología sagrada. Así, la catedral de Notre-Dame de París está construida sobre las ruinas de un antiguo templo romano del siglo II después de Cristo dedicado a Júpiter, el que a su vez había sido levantado sobre un antiguo sitio dolménico consagrado por los chamanes celtas, los druidas, en un remoto pasado.

Las hipótesis
de la física chamánica

Al penetrar más y más profundamente en la conciencia chamánica de los pueblos del mundo, poco a poco me di cuenta de que era delicado establecer una relación entre el mundo chamánico y la visión cienfítica moderna sin penetrar en la experiencia directa.

El físico norteamericano Fred Wolf[9] propone una serie de hipótesis relativas a lo que audazmente podría denominarse la física chamánica.

PRIMERA HIPÓTESIS: todos los chamanes consideran que el universo está constituido por vibraciones.

Éstos son *patterns* repetitivos revelados por detectores físicos simples. Ya se trate de vibraciones sonoras que se desplazan en el aire, de las de un barco volviendo al puerto o también de las de la luz, todo es movimiento vibratorio. Aun sin tener ningún conocimiento de la física moderna, los chamanes creían en la existencia de una estructura vibratoria del universo. Ahora bien, la física cuántica, como las creencias chamánicas, sugiere que el universo está constituido por vibraciones que unen todo lo que existe en esta "sopa" original.

SEGUNDA HIPÓTESIS: los chamanes captan el mundo en términos de mitos y de visiones que, a priori, parecen contrarias a las leyes de la física.

A decir verdad, ellos ven más allá de las barreras habituales que inhiben a nuestras mentes occidentales. ¿En qué consisten las visiones chamánicas? ¿Cómo nacieron? ¿Y cómo se convirtieron en el material de nuestras leyendas, de nuestros mitos y de nuestro folclore? Es probable que el nivel mítico de la realidad, cantado desde milenios, surgiera de las percepciones chamánicas del pasado y del futuro. Tal vez los chamanes ven imágenes mitológicas porque éstas son superposiciones de acontecimientos propios de culturas del pasado y del futuro.

TERCERA HIPÓTESIS: los chamanes perciben la realidad gracias a las expansiones de conciencia.

El observador científico necesita su conciencia ordinaria para interpretar un modelo de física cuántica. Ahora bien, ésta nos ha enseñado que la experiencia está inevitablemente influida por el observador. De ese modo, la física cuántica nos da una manera de interpretar los estados de conciencia ampliada de los chamanes. Tal vez éstos manipulan la materia y el espíritu gracias a una forma de energía de observación que ellos mismos generan, aventurándose en esos estados de conciencia ampliada. La famosa frase de Crazy Horse adquiere aquí todo su sentido: "He visto el mundo oculto detrás del mundo".

CUARTA HIPÓTESIS: los chamanes utilizan cualquier herramienta para alterar la creencia de una persona relativa a la realidad.

El viejo adagio dice: "Ver para creer". Sobre este principio se apoya la realidad chamánica. Los seres sólo ven lo que creen. Los chamanes trabajan sobre el sistema de referencia de un paciente para influir en él. De tal modo, para curar a un paciente "de cortos alcances", recurren a una astucia tendiente a alterar sus ideas fijas. Entre los amerindios existe una categoría de chamanes llamados *heyoka*, los clowns sagrados, que se entregan a un juego particular para desviar los pensamientos de los individuos con los cuales quieren trabajar.

QUINTA HIPÓTESIS: los chamanes eligen lo que es físicamente comprensible y para ellos todos los acontecimientos están universalmente conectados.

La astucia consiste en inducir al ser a creer que, cualquiera sea la realidad percibida, ésta es real. De hecho, ellos interpretan todos los signos de la vida como emanaciones de un orden superior.

Sexta hipótesis: Los chamanes penetran los mundos paralelos.

El mundo etérico, en el sentido chamánico del término, tal vez es una percepción del mundo físico en una perspectiva holográfica.

Séptima hipótesis: todos los chamanes trabajan con la conciencia clara y un poder superior.

¿Pero de qué manera se manifiesta ese poder? Tal vez los chamanes utilizan simplemente su medio ambiente, es decir el poder de la Gran Madre Tierra, para aumentar su capacidad mágica y su don de curación. Se conectan con el planeta mediante cantos sagrados, plantas y la proximidad de sitios vibratorios, a fin de aumentar sus capacidades propias.

El vínculo entre todas esas hipótesis es la conexión entre la física cuántica y la realidad chamánica. Si alteramos la manera de percibir la realidad, es nuestra realidad lo que modificamos. Los físicos cuánticos y los chamanes lo han comprendido, cada uno a su manera y según su referente cultural.

A medida que reflexionaba, comprendí que el mundo, tal como lo percibimos, no es más que una cuestión de semántica. En física cuántica, cuando un observador elige medir una propiedad física particular, hace pasar esa propiedad de la condición de estado a la de existencia; sólo por el simple hecho de la observación. Partiendo de esa base, me pregunté si el mundo no era una construcción de nuestros pensamientos. Esta pregunta hacía retroceder mentalmente quince años, a la época de mis primeros interrogantes sobre la naturaleza del universo. ¿Era posible que el universo no fuera más que un arreglo sutil, una fabricación del conjunto de nuestras conciencias conectadas unas a las otras? Hablo aquí no solamente del mundo de la conciencia y de los pensamientos, sino también del mundo físico. Poco a poco se abría camino una idea. No existe ningún límite, salvo aquellos que nos imponemos nosotros mismos. El mundo mítico de las ideas y de las visiones y el mundo real material se superponían poco a poco en mi mente.

Mi búsqueda adquiría forma.

Orígenes del conocimiento chamánico

El antropólogo Jeremy Narby[10] propone una hipótesis fascinante. Sus investigaciones lo han llevado a preguntarse si el ADN no está en el origen del saber chamánico. En las visiones de gran número de culturas ancestrales —las de los antiguos egipcios, los animistas del Benin, los cristianos, los aborígenes austrialianos y amazónicos— aparece de una manera o de otra el concepto de la serpiente cósmica. En las experiencias bajo la acción de la *ayahuasca*, las imágenes sonoras sofisticadas suscitadas por las visiones son de naturaleza interactiva, ya que es posible dialogar con ellas. Se trata de una realidad virtual, de una tela holográfica viviente en movimiento incesante: la famosa televisión de la selva. Hace unos diez años, hice vivir una expansión espacial de la conciencia a un investigador en electrofotónica.[11] La experiencia nos condujo a ascender a lo largo de la doble hélice del ADN.

"Experimento la sensación de flotar, dijo el viajero de la conciencia. Me encuentro en un universo energético. Es como si avanzara en una nave espacial, en medio de acuarelas que desfilan con mucha rapidez. Pero esta nave es una construcción energética de mi conciencia. Me he dotado de un soporte para avanzar, aunque en última instancia no lo necesite. Del otro lado de esta construcción, hay un universo colorido. Por el momento me siento solo... He llegado... Estoy a bordo de algo que podría parecerse a la Tierra. Es una construcción de otro tipo: una forma esférica, universal, de tinte azul verdoso. Entro dentro de esa esfera y la frecuencia vibratoria cambia. Me duele el cuerpo físico... Yo rodeo la parte física de mi ser con una luz de oro... ahora me siento mejor. Soy una conciencia dentro de un campo de conciencia superior y, al mismo tiempo, estoy dentro de mi encarnación. El vehículo de esta encarnación, mi cuerpo, está envuelto en un capullo de luz, mientras que yo, conciencia, estoy en la esfera azul verdosa... Veo ahora un holograma, con llaves de paso... Es la hélice del ADN... Comienzo a ascender. Hay setenta y dos llaves de paso; el setenta y dos es el plano divino. Aquí hay otra llave de paso, hacia un mundo donde se encuentra el dios de la Sabiduría. De hecho, la verdadera llave de paso es 999 360 3... Asciendo... En el cuarenta y seis, la esfera ha desaparecido. Este nivel corresponde a otro plano de conciencia, un plano de muerte y de nacimiento (se trata, seguramente, de la muerte iniciática, que significa renacimiento y conocimiento). Continúo el ascenso. Llego a la llave setenta y dos, a la cima de la hélice. Allí hay una puerta, luego una gran escalera. Es una especie de templo. En la parte superior de la escalera se encuentra un sol, un trono, y en ese trono un hombre. O al menos una divinidad con cabeza de chacal, coronada por una cobra. Se trata de Anubis, el dios egipcio de los Muertos. No es un simple sacerdote con una máscara de chacal. No... es de verdad un ser con cabeza de chacal.

"No puedo ir hacia él, pues siento una prohibición. Me duele el cuerpo... Detrás de él, todo es luminoso... pero no veo bien. No sé exactamente dónde me encuentro. He pasado la llave setenta y dos. Ahora tendría que pasar la llave cien... Pero... Anubis ha desaparecido. Yo estoy lejos ahora. Veo seres que danzan y que cantan. No tengo idea del lugar donde me encuentro. Esas personas no se ocupan de mí... Trato de comprender qué energías son manipuladas en la dimensión encarnada, allí donde he visto todos los colores... Veo en primer lugar un espectro de colores... Después tengo una segunda visión, más bella, más pura. En el centro, hay un ser de luz. Trato de izar mi frecuencia vibratoria hacia la suya. Él está sentado en un trono; y me ofrece un bastón con empuñadura.

No logro alcanzarlo... Trato de conectar un fino canal de luz con su tercer ojo, pero él no tiene rostro... Ya está, acabo de comprender: el bastón y la empuñadura son llaves de paso. Lo tomo y asciendo hasta mil. En esta nueva llave de paso, encuentro un libro abierto, sobre el que hay una escritura... Es la de Abraham. No corresponde a nada conocido en la Tierra, pero engloba todo lo que está escrito aquí abajo. Es el libro de los rostros. Todo está escrito en él: Tú, no Tú, Tú antes, Tú ahora, Tú después. Todo el pasado de la humanidad está allí también; incluso el futuro. Se puede estudiar todo. Ahora comprendo que en otro nivel de conciencia, todo es posible. Se puede creer todo."

Bajo la influencia de plantas psicoactivas, los seres perciben cristales, escaleras, hélices dobles de ADN. ¿Cómo es que esa realidad molecular puede volverse accesible a la conciencia ordinaria? ¿Qué pasa en el cerebro para que el nivel de conciencia de lo cotidiano desaparezca, ahogado en un torrente de imágenes que no provienen de los trasfondos del ser sino que son fabricadas por éste y parecen existir o co-existir en un nivel de conciencia paralela o superior? Sabemos que el ADN emite fotones, una hipotética partícula electromagnética, y que la luz es de doble naturaleza, tanto partícula como onda. En consecuencia, parecería que la luz emitida por el ADN en la teoría de Narby[12] es la que los chamanes ven en sus visiones, y que sería idéntica a la de un rayo láser.

Ahora bien, todos los que ya han visto tal rayo coherente saben que produce una sensación de color vivo, una luminiscencia, una profundidad holográfica, exactamente lo que describen las visiones chamánicas: los colores se vuelven reales. La emisión de fotones por el ADN parece explicar el aspecto luminiscente de las imágenes y su apariencia tridimensional o más exactamente holográfica.

En *Guérison spirituelle et immortalité*,[13] yo propuse la hipótesis de que la conciencia es un campo de energía neguentrópico supralumínico no euclidiano, es decir un campo de energía que ya no obedece a las leyes de la física clásica.

No obstante, podría muy bien estar constituida por el campo electromagnético formado por el conjunto de esas emisiones. Ahora bien, nosotros sabemos que en lo más alto de la molécula de ADN se encuentra un dipolo idéntico a un sensor de radar. En consecuencia, las imágenes de seres de luz percibidas en los estados de conciencia chamánica ¿no serían la materialización consciente de una realidad etérica de cinco dimensiones? La ciencia es prisionera de su postulado de objetividad, que ha terminado por adquirir valor de dogma. No obstante, el descubrimiento de un código genético único para la totalidad de los seres vivos, constituido por sesenta y cuatro palabras (los codones del ADN), es una maravilla en sí. El calendario sagrado maya parece haber incorporado este conocimiento hace muchísimo tiempo.

Para explicar todos estos fenómenos, las mujeres y los médicos brujos utilizan metáforas para hablar de los espíritus. Los biólogos hacen lo mismo para hablar del ADN y de sus proteínas y enzimas, aunque en la visión clásica una molécula no sea consciente. Ahora bien, los trabajos de una ciencia pionera llamada psiconeuroinmunología demuestran que un órgano, y con mayor razón una célula, posee una forma de conciencia que le es propia.

La experimentación directa proporciona otras respuestas. Puesto que un conocimiento inmenso se encuentra del otro lado del velo, ¿por qué no ir a explorarlo y a traer informaciones? Hace varios años me proyecté en mi propio cerebro para comprender la manera en que éste trabajaba cuando yo me colocaba deliberadamente en un estado de expansión de conciencia.

En ocasión de una serie de experiencias practicadas en el laboratorio del Monroe Institute, en Estados Unidos, nos vimos enfrentados a paquetes de ondas de alta frecuencia relativamente poco conocidas, por raras, llamadas ondas gamma. Los paquetes de ondas generados por los estados meditativos "clásicos" son de índole alfa y theta. Pero estas ondas fueron superadas durante esas experiencias. En efecto, en varias oportunidades me encontré en una especie de hiperconciencia en la que se manifestaron paquetes de ondas gamma, de amplitud y de frecuencia elevadas. ¿Pueden ser explicados los estados de conciencia chamánica por esta actividad particular del cerebro? Esta erupción de ondas gamma está representada en la cartografía de la actividad cerebral por una mancha amarilla en la región del lóbulo frontal, es decir cercana a la fontanela. La actividad subió hasta 58 hertz, fenómeno absolutamente extraordinario. El psiquiatra John Richmond, comandante de la fuerza aérea norteamericana, me confió que neuropsiquiatras y neurólogos que estudian tales *patterns* cerebrales ¡verían en ellos tendencias psicóticas!

Yo jamás había oído hablar de las ondas gamma. Ante ese fenómeno desconocido, me pregunté: puesto que existe en mí un campo de energía, la conciencia, que se burla del tiempo y del espacio y es capaz de desplazarse a través de las dimensiones, ¿por qué no utilizarlo? En efecto, ¿por qué no servirse del poder de la mente para franquear una puerta gamma? Yo podía situarme en un estado familiar, visualizar mi cerebro, crear artificialmente un tren de ondas gamma y proyectarme en él. ¿Me sería posible sumergirme en mi propio cerebro? ¿Llevarlo a generar paquetes de ondas gamma de una manera natural? La experiencia iba a proporcionarme la respuesta a estos interrogantes.

Al comienzo, me dejé ir rápidamente; luego, respirando suavemente, relajé las diferentes partes de mi cuerpo: los pies, las piernas, las manos, la espalda, el pecho, la cabeza y todos los músculos. Procedí primero a contar de veinte a uno y me imaginé cayendo en el agua, hundiéndome en mí mismo. Me visualicé tocando el fondo de una piscina; después, impulsándome en sentido inverso, conté esta vez de uno a veinte. Olvidé mi entorno inmediato, mi cuerpo, los hilos, los cables, los cascos sobre mi cabeza; el casco de audio y el de los sensores. Visualizaba una luz dorada que me envolvía, o al menos a las estructuras de mi ser, incluso a mi cuerpo físico. Mi espíritu, arrastrado, respondía a los impulsos de mi mente.

Luego, imaginé una escalera de luz que ascendí en un instante. Llegado a lo más alto, me esforcé por visualizar mi cerebro envuelto en luz, con una urdimbre en la que yo memorizaba una mancha amarilla central que se asociaba con una erupción gamma. De pronto sentí que pasaba a una velocidad "turbo". Mi conciencia superior y otros niveles del ser parecían venir a buscarme. Me encontré como un satélite artificial en órbita alrededor de la Tierra. Descendí como una nave espacial hacia un planeta nuevo. Realicé lentamente el descenso hacia ese mundo nuevo, hacia mi cerebro. Allí, exactamente abajo, a varios miles de kilómetros, se situaba una erupción llamada puerta gamma, mi base en cierto modo. Para comunicarme con ella, yo disponía de un medio muy simple: el lenguaje. En efecto, sentí que se insinuaban en mí las premisas de un lenguaje universal: el lenguaje universal de la luz.

La experiencia habría podido durar tres segundos o un millón de años; el tiempo se había hecho ilusorio. Yo descendía lentamente. "Sentía" que controlaba totalmente la experiencia, mi velocidad de caída y todos los parámetros vinculados con el descenso hacia la puerta gamma. Tenía conciencia de la existencia de una energía inteligente. Poco a poco, ese cerebro se volvió inmenso, como aspirado por esa mancha gamma, puerta, llave de otros mundos. Al principio sentí como un volcán en erupción energética, con pavesas proyectándose a lo lejos. A medida que me acercaba, esa especie de torbellino energético parecía disminuir el ritmo de su actividad. Por fin yo iba a penetrar en él.

Me hallaba muy cerca de esa frontera que separaba un universo de otro, una dimensión de otra. No sabía en verdad qué iba a descubrir. Llegaba a una zona fronteriza. Tuve la impresión de que podía comenzar a percibir "algo" del otro lado, algo inasequible.

De pronto crucé la puerta gamma. Me sentí pasar a través de una "tibieza fresca". Era como si entrara en una ecuación matemática de cinco dimensiones. Comprendí que una erupción gamma era como un microagujero negro. Mi cerebro comenzaba a trabajar en registros desconocidos, a una velocidad inigualada hasta entonces. La relatividad general predice que la materia sometida a una exigencia máxima produce un nuevo fenómeno en el universo: el agujero negro, la región más deformada del espacio-tiempo. Los agujeros negros en rotación contienen puentes capaces de conectar nuestro universo. ¿Pero conectarlo a qué? ¿A otros universos, a mundos paralelos, a mundos vibratorios diferentes o a estados de conciencia chamánica?

De pronto atravesé esa erupción gamma/agujero negro. Del otro lado, descubrí un estado de conciencia inmenso, infinito. Sentí que tomaba mi dimensión original, como si mi forma física no fuera más que una proyección de esa conciencia, como si los seres humanos no fueran más que proyecciones encarnadas de algo que los supera. De ello emana una impresión de poder inmanente, de generosidad, de calor, de oro. Esas olas energéticas no son fluidas ni sólidas, sino que se asemejan a polvos vibratorios. ¿Será eso el mundo de Ta'aroa, la caverna de los Antepasados, los hologramas, el *bougari*, el *dreamtime* de los aborígenes australianos? Esta dimensión es, en todo caso, extremadamente luminosa. Compuesta por una multitud de pequeñas manchas doradas, encierra un poder y un calor fantásticos. Es una suerte de fuerza de cohesión.

Llegué a una puerta de todos los colores posibles e imaginables que se combinaban sin mezclarse. Las puertas gamma son, en efecto, microagujeros negros que el cerebro puede generar de manera consciente. Son las que permiten acceder a los mitos de la humanidad, al tiempo de Antes, el del estado de conciencia original cuando los seres humanos tenían la fontanela blanda.

¿Por qué tendríamos que percibir el mundo sólo a través de instrumentos fabricados por el hombre? La profundidad de nuestro inconsciente es tal vez un receptor específico que permite entrar en contacto con otra realidad cerrada a los instrumentos físicos. La ciencia reconoce la validez del estudio de la naturaleza con la ayuda de instrumentos físicos, productos de la lógica, pero jamás ha admitido que el ser humano pueda ser uno de esos instrumentos. ¿Qué conocimiento tiene la ciencia de la conciencia y de sus inmensas posibilidades? El pensamiento científico dominante no considera como real más que lo que puede ser reducido a fenómenos físicos o químicos, e impone a los hechos observados una disposición conceptual según un sistema de rígidas estructuras lógicas.

Los estados de conciencia chamánica pueden ser objeto de estudios fascinantes, a condición de que los investigadores acepten vivir una experiencia subjetiva de igual naturaleza que los sueños. El procedimiento chamánico consiste en una proyección voluntaria de la mente "al espacio interior", con una elección particular de ejes de coordenadas: los espíritus de la naturaleza, los animales tótems, o los espacios-tiempo fluctuantes confieren el don de profecía. El objetivo consiste en abandonar la conciencia con su estructura lógica para entrar en interacción con el mundo de una manera no especulativa sino directa, para fundirse en él. Un poeta es una persona capaz de escribir versos y de sentir de manera sutil las cosas que lo rodean y los acontecimientos que se producen en el mundo.

Los estados de conciencia chamánica implican un viaje a las profundidades desconocidas de nuestra conciencia para interpretar la cara oculta del universo e incorporarla a un todo ordenado. Por definición, la conciencia humana es cósmica. Nalimov[14] formula el concepto de un universo semántico del que formamos parte. Esta concepción holística es un desafío al paradigma de la cultura moderna; si eso nos atemoriza, sólo nos queda renunciar al estudio del ser humano en toda su complejidad. Sólo es posible ver el mundo e interactuar con él, interrumpiendo el diálogo mental, renunciando a la conceptualización, es decir a la tendencia a nombrar. La literatura referida al chamanismo es de una riqueza y de una diversidad raras; el estudio de los textos tradicionales parece demostrar la necesidad de desautomatizar la conciencia, al menos en un sentido temporal, es decir escapar de los límites culturales.

Es difícil estudiar y analizar científicamente el estado de conciencia chamánica, pues no se presta a ser expresado con palabras. En el mejor de los casos, se lo puede evocar mediante símbolos e interpretar con la ayuda de conceptos propios de una cultura particular, ya que toda experiencia mística es invariante por naturaleza, debido a sus múltiples manifestaciones. Por eso, cuando dejamos de lado la ilusión de poseer la verdad verdadera, adquirimos la capacidad de percibir la experiencia chamánica en su conjunto. Sin embargo, siempre sentimos el deseo de inventar y de utilizar un lenguaje nuevo. Por extraño que parezca, para entender las enseñanzas de las más antiguas tradiciones, debemos ante todo comprender que decimos lo mismo que ellas en un lenguaje diferente. Asistimos entonces al encuentro de dos conciencias o de dos modelos de pensamiento idénticos pero distantes en el espacio y en el tiempo.

En nuestra vida cotidiana, todos recurrimos, permanentemente, a la parte inconsciente de nuestra conciencia, mediante técnicas diversas dictadas con frecuencia por nuestra cultura. La actividad científica creadora está directamente ligada a la inmersión en el mundo interior. Imaginemos a un investigador sumido en la incapacidad de resolver un problema. Interrumpe sus experimentos y recurre a la biblioteca. Allí se distiende, protegido de su entorno habitual, del curso regular de sus pensamientos y de los diálogos forzados con sus colegas. Tal vez consulta libros sin ninguna relación con el problema que lo ocupa. Es una manera particular de mirar dentro de sí mismo. Pero esta actividad, que parecería absurda a un observador, reviste un sentido profundo: el problema abandona el estado de vigilia, cesa de resonar con sus aspectos inconscientes y su imagen borrosa. El punto de vista habitual desaparece y el fenómeno es sometido a una luz nueva. ¡Y de pronto sobreviene el golpe de azar! Sin saber por qué, el investigador consulta una revista y le llama la atención un artículo cuyo título le ayuda a visualizar su problema desde un ángulo diferente y provechoso.

El siguiente es un ejemplo extraído de la realidad. Hace casi cincuenta años, Nalimov participaba en un intento de construcción de un fotocátodo sensible a la luz infrarroja mediante la sensibilización con una tintura compleja. La formulación del problema era muy detallada. Se sabía que la tintura en cuestión aumentaba la sensibilidad a los rayos infrarrojos de las placas fotográficas. Sin embargo, el tiempo de que disponían los investigadores para resolver la cuestión tocaba a su fin y no obtenían ningún resultado positivo. Cada experiencia nueva se acercaba un poco más al resultado esperado, pero sin alcanzarlo nunca. Luego, alguien logró que el problema se hiciera "borroso" y que fuera posible visualizarlo desde un nuevo ángulo: el efecto inestable observado se explicaba no por la tintura sino por el agua de cristalización que entraba en su composición. Una nueva experiencia reveló que los efectos inestables desaparecían si la tintura era sublimada al vacío. ¿Por qué nadie lo había pensado antes? Todo el conocimiento molecular teórico era superfluo. Lo dejaron de lado e inmediatamente el proyecto logró su propósito.

Muchos investigadores no comprenden que las publicaciones útiles, las que ejercen un efecto estimulante, se encuentran generalmente por azar. Basta con poner la conciencia en armonía con la investigación. Las palabras de nuestra vida cotidiana pierden sentido en un trabajo creativo, que opera en el subconsciente y cuyos resultados se traducen, a nivel consciente, por un sistema de símbolos que hacen posible comunicarnos con nosotros mismos y con los demás. Este fenómeno está perfectamente ilustrado por las palabras de gran número de personas que dicen: "Yo atravesaba un momento particular de mi vida. Encontré una revista *por azar* y de pronto comprendí... Nuevas ideas surgieron de mi conciencia y pude dar una nueva orientación a mi existencia"

Las previsiones tecnológicas son de índole mitológica más que científica. Por otra parte, la ciencia ha adoptado con frecuencia una actitud negativa hacia ellas. En 1907, el primer vuelo propulsado y controlado fue efectuado por Orville Wright, pero fue cuestionado, y debieron transcurrir cinco años para que fuese aceptada la idea de que, efectivamente, los hermanos Wright habían volado. ¿Cómo hubiera podido ser de otro modo cuando los profesores más eminentes de la época habían demostrado científicamente que era imposible que el hombre volara? Leonardo da Vinci, Jerónimo Bosch y Julio Verne son otros tantos ejemplos del surgimiento de un "campo semántico intemporal" desde las profundidades de su psiquis. Ésta es la que les permitió visualizar, y eventualmente crear, máquinas que no existían en su época.

Andrew Thunderdog me contó que un clan aborigen australiano, que casi no mantenía contactos con el mundo civilizado, había visto en el *dreamtime* una extraña máquina que le fue imposible identificar. Entonces la describieron valiéndose de metáforas. Tiempo más tarde, un vehículo todo terreno Toyota llegó a las proximidades del campamento, y la gente del lugar reconoció el extraño artefacto descrito por sus antepasados.

Un enfoque nuevo del chamanismo requiere un lenguaje nuevo. Marcos decía en su Evangelio: "Nadie pone vino nuevo en viejos odres, de lo contrario el vino hará estallar los odres y se perderá a la vez el vino y los odres. A vino nuevo, odres nuevos".

Los campos semánticos intemporales del inconsciente pueden favorecer una nueva comprensión de los fenómenos chamánicos, a condición de vivirlos. Podemos preguntarnos en qué medida una experiencia como la *sweat lodge* o la danza del sol puede aumentar el potencial creativo de un científico. La respuesta a esta pregunta no es sencilla. Cada científico está convencido de haber encontrado sus medios propios, y generalmente inconscientes, de acceder al Conocimiento. Pero éste no está contenido en nuestros libros, que no son más que instrumentos para acercarse a él.

Contrariamente a la ciencia, que se vuelve hacia el mundo exterior, el chamán se vuelve hacia el interior, hacia las leyes que gobiernan al ser y al universo. La ciencia es empirismo exterior; el chamanismo empirismo interior. Para el chamán, el mundo de arriba (el interior) se proyecta sobre el mundo de abajo (el exterior); esto se reconcilia en la fórmula hermética: "Lo que está arriba es como lo que está abajo".

David Bohm[15] expresa sin ambigüedad este principio: "No encontraréis la solución a este problema —éste consistía en unificar las leyes que rigen el interior y las que rigen el exterior— si no aceptáis la idea de que el hombre es, en cierto sentido, un microcosmos del universo". Bohm fue el ejemplo típico del científico que comprende y aprecia la relación entre ciencia y misticismo. Cierto número de investigadores adhieren a la máxima hermética. Este proceder los convierte en científicos postcuánticos. Sin duda ella les ofrece un punto de unión con las antiguas tradiciones; de cualquier manera, sugiere una reemergencia, en una forma moderna, de la antigua relación entre los enfoques cuantitativo (de la ciencia) y cualitativo (del chamanismo). El primero dispone de una metodología rigurosa y formalizada: las matemáticas. Los científicos tratan de dominar la materia basta; los chamanes se funden en la materia sutil que posee, según ellos afirman, sus leyes propias, análogas a las de la ciencia.

La tradición esotérica ha producido, sobre todo en Oriente donde se funde con la tradición mística, los *Upanishad*, y las enseñanzas de Patanjali[16] y de Buda. Esos textos son descripciones detalladas de la materia sutil que constituye los cuerpos energéticos del ser humano y de los niveles de energía, los mundos de luz, dentro de los cuales éste evoluciona.

La ciencia moderna estudia los objetos reduciéndolos a una serie de componentes cada vez más pequeños. El análisis minucioso es por cierto una de sus grandes fuerzas, pero también una de sus debilidades. Al fragmentar a la naturaleza, la ciencia pierde toda noción de conjunto. Paga un tributo aún más pesado a su deseo de precisión: una pérdida de sentido del conjunto y a veces hasta de los detalles. Un peligro acecha permanentemente al chamán y al místico: la tentación de perderse en el fondo a expensas de la forma, es decir del mundo de lo cotidiano. La ciencia puede atraer el interés del "viajero" hacia ese mundo y mostrarle sus detalles particulares en toda la complejidad de su belleza.

El chamanismo se concentra en la reunificación del ser y el universo en su forma visible e invisible, en otras palabras en la experiencia directa. Renée Weber[17] se refiere a similitudes evidentes entre la fisión del átomo y la fisión del yo. El místico necesita una energía alta, concentrada e intensa, para cumplir la tarea consistente en liberarse de su yo y en volverse transparente en la fuente. Por eso, la mayoría de los místicos han insistido en la pureza del móvil en el marco de una fisión sagrada del yo, para distinguirla de su forma esquizofrénica. A partir de los trabajos de Claude Lévi-Strauss, los chamanes locos, creadores de desorden, se convirtieron en los físicos del más allá, creadores de un universo ordenado. Esta distinción es importante. Hay que ser un individuo muy íntegro para tomar el arduo camino de la fisión sagrada del yo. Se requiere poseer un equilibrio y una resistencia de los que carecen las personas que sufren una disociación patológica de la personalidad. Pero la diferencia más significativa entre estos dos estados reside en el hecho de que la disolución sagrada del yo es una práctica sutil que depende del control voluntario del individuo; ésa es la razón por la cual a veces las enseñanzas chamánicas duran décadas. Es imposible convertirse en hombre yuwipi en pocos meses. Por su parte, la desintegración patológica del yo es de índole involuntaria y escapa al control del individuo.

La destructuración sagrada del yo es una tarea difícil para un ser ordinario, que debe luchar contra el miedo y diversos condicionamientos. El profano teme sobre todo, si se convierte en un recipiente universal, ser aspirado en la canalización cósmica y cesar, en cierto modo, de ser. El físico no experimenta jamás ese temor cuando disgrega partículas. A despecho de la "acción del observador", que ha modificado la concepción del rol asignado al científico clásico, el trabajo del físico contemporáneo sigue siendo exterior al individuo en cuestión, el cual, contrariamente al místico, parece en consecuencia invulnerable.

El chamán de las antiguas tradiciones y el místico, occidental u oriental, se convierten así en verdaderos alquimistas, que reúnen microcosmos y macrocosmos. Viven espiritualmente en el modo de la creación, de la manifestación, de la disolución y de la reunificación de cada partícula de materia sólida y de energía sutil. De ese modo, perciben lo viviente en todas las cosas a priori inanimadas. Son capaces de abandonarse y de morir a cada instante; por lo tanto de renacer permanentemente, viviendo en un presente intemporal, sin cesar renovado.

Realidad chamánica y realidad virtual

En la película de ciencia ficción *El cobayo*, el Dr. Lawrence Angelo, un brillante científico, trabaja con un programa informático de realidad virtual revolucionaria. Cuando sus experimentos con animales se estancan, encuentra un sustituto ideal: un tonto cortador de césped (de allí el título original del filme *The Lawn Mower Man*). El cobayo, Jobe Smith, penetra así en realidades virtuales cada vez más intensas y sorprendentes. Las experiencias lo transforman progresivamente en un ser sobrehumano. Desde luego, se trata de ciencia ficción pero, ¿cuándo alcanzara la realidad a la ficción?

Imaginemos una televisión que no tuviese bordes y difundiera emisiones en relieve, con un sonido en tres dimensiones y objetos que el espectador pudiera asir y manipular. Imaginemos que pudiéramos sumergirnos en un mundo artificial y explorarlo verdaderamente en vez de observarlo según la perspectiva que da la pantalla chata. Imaginemos que pudiéramos ser tanto creadores como espectadores en esa experiencia y que tuviéramos el poder de modificar ese mundo artificial con un gesto, una palabra, un pensamiento... ¡Esto no es una ficción! Los elementos constitutivos de un sistema de realidad virtual, visión, casco, imagen sintética en relieve, periféricos de entrada y de salida, simulación por ordenador, permiten en la actualidad acceder a un mundo artificial y modificarlo a nuestro antojo.

La tecnología de la realidad virtual deriva en parte de la de los simuladores de vuelo que utilizan los pilotos. Gracias a esos instrumentos, aprenden los rudimentos del pilotaje sin abandonar el suelo, con réplicas de los comandos de vuelo. La pantalla utilizada en esos simuladores es la de un ordenador en el cual el paisaje presentado cambia en función del rumbo virtual tomado por el piloto. La carlinga está montada sobre una plataforma dinámica que reproduce fielmente los movimientos simulados por el avión. La realidad virtual es igualmente una suerte de simulacro, pero en vez de estar frente a una pantalla que presenta imágenes bidimensionales, el experimentador está inmerso en una representación en tres dimensiones fabricada por ordenador. Puede desplazarse en ese mundo virtual, contemplarlo desde diferentes ángulos, capturar objetos que se encuentran allí y trabajar sobre ellos.

En la actualidad, es necesario ponerse un casco electrónico o un par de gafas con obturador para visualizar ese mundo, y calzarse un guante de un tipo especial o aferrar un periférico de entrada de tipo "palanca" para manipular los objetos que se ven. Un casco perfeccionado por la NASA integra un conjunto de lentes y de minúsculas pantallas de vídeo, conectadas a un aparato que sigue la posición de la cabeza y crea así la ilusión de que la pantalla rodea completamente al "viajero". El motor de realidad modifica automáticamente la imagen presentada cuando se gira la cabeza. Es posible pasar detrás de los objetos creados por el ordenador, levantarlos y examinarlos o, desplazándose, verlos desde otro ángulo. Esta modelización compleja de un mundo virtual cambiante, con cada movimiento del experimentador, es producida por un programa de simulación alimentado por un poderoso ordenador al cual están conectados también el casco y el guante. Mañana, tecnologías menos pesadas propondrán el mismo tipo de experiencia y los ordenadores utilizados serán más potentes y a la vez más baratos.

Los primeros artículos dedicados a la realidad virtual por los grandes semanarios norteamericanos datan apenas de algunos años. El número de octubre de 1992 de *Business Week* titulaba en portada: "La realidad virtual, una nueva herramienta que amplía la mente". *Time*, en su número de febrero de 1993, habla de un nuevo *cyberpunk*, al que le gusta el rock'n roll sintético, las drogas suaves... y el sexo virtual. *Newsweek* se refería a una nueva tecnología interactiva llamada a cambiar totalmente nuestra manera de comprar, de jugar y de aprender.

El gran público tiene una idea falsa de la realidad virtual.[18] De hecho, ésta ya no impone la utilización de cascos; pueden ser reemplazados por grandes pantallas o hasta por estaciones de trabajo gráfico de alta calidad. Del mismo modo, los guantes pueden reemplazarse por simples *track balls*[19] o por *joysticks*.[20] Los guantes sensitivos no se utilizan exclusivamente en el contexto de la realidad virtual, la que podría definirse como una simulación por ordenador en la que el grafismo sirve para crear un mundo (un ciberespacio) que parece real. Además, el mundo sintetizado no es estático sino que responde a las órdenes del usuario (gestos, palabras, etcétera). Una característica clave de la realidad virtual es la interactividad en tiempo real. Nos agrada ver cómo se mueven los objetos en una pantalla en respuesta a nuestras órdenes; así nos encontramos cautivados por la simulación.

¡Observemos a las personas que juegan en los juegos electrónicos! La interactividad, por su poder de atracción, contribuye al sentimiento de inmersión que el utilizador experimenta al tomar parte en la acción que se desarrolla en la pantalla. Pero la realidad virtual va más lejos, dirigiéndose a todos los canales sensoriales del hombre. De hecho, los usuarios no se contentan con ver y manipular objetos gráficos en una pantalla; pueden tambien tocarlos, sentirlos táctilmente. Algunos investigadores trabajan también con el olfato y el gusto.

Una definición que resumiría todas estas nociones es la siguiente: un sistema de realidad virtual es una *interface* que implica una simulación en tiempo real e interacciones por la vía de los canales sensoriales múltiples, inherentes al hombre: vista, oído, tacto, olfato y gusto.

Reseña histórica
de la realidad virtual

Aunque nos cueste creerlo, la realidad virtual no es reciente. Tiene más de treinta años. Curiosamente, no es un ingeniero sino un profesional del cine, el norteamericano Morton Heilig, quien patentó su invento: el *Sensorama simulator*, primer sistema de vídeo de realidad virtual. A partir de 1960, Heilig intentó comercializar su nuevo concepto del cine, pero nadie quiso oír hablar del tema. La realidad virtual comenzó a incorporarse cuando la NASA, interesada en los simuladores, se puso a fabricarlos. Le servían para el entrenamiento de los astronautas, pues era muy difícil, si no imposible, recrear de otro modo las condiciones del entorno espacial y de los planetas. La primera firma que comercializó productos de realidad virtual fue VPL. Esta empresa vendió en 1987 los primeros guantes sensitivos, *DataGlove*, y los primeros cascos de visualización. Como dato menor, señalemos que, como consecuencia de problemas financieros, fue comprada, en 1992, por el grupo francés

Thomson. Pero el mercado de la realidad virtual hoy se centra principalmente en las aplicaciones lúdicas. En este sector, las primeras grandes compañías anunciaron nuevos productos. Pensemos en Sega, que en 1994 introdujo en el mercado el primer vídeojuego individual basado en la realidad virtual. Esto constituye probablemente un salto cuántico para la industria y para la expansión de esta nueva tecnología.

La realidad virtual parece pertenecer todavía al terreno de la ciencia ficción, a la que por otra parte se le debe el término de "ciberespacio". Pero debemos saber que ya no sólo se trata de una ciencia, sino también de una tecnología y de un sector comercial interesante de las empresas de informática, de comunicación, de diseño y de esparcimiento del mundo entero. El periodista norteamericano Howard Rheingold[21] señala que esta nueva tecnología todavía es demasiado joven para ser percibida por el gran público, pero que ya se ha impuesto en muchas disciplinas. Rheingold cuenta ciertos detalles de su investigación:

"En la universidad de Carolina del Norte, navegué en un barco que existía en el ciberespacio aun antes de ser construido.

"En la ciudad científica de Kansai, en los alrededores de Tokio, me instalé en un prototipo 'de medio ambiente reactivo' que seguía la dirección de mi mirada y la naturaleza de mis movimientos. Conversé con investigadores japoneses que recurren a la realidad virtual para construir los sistemas de comunicación del siglo XXI.

"En la NASA, tomé los comandos de un robot reparador en un espacio extraatmosférico virtual.

"En Cambridge, Massachusetts, deslicé mis dedos sobre 'papel de cristal virtual' gracias a una manga de simulación de texturas. Observé igualmente a investigadores que fabricaban criaturas animadas que habitarán los mundos virtuales semiinteligentes del mañana.

"En Tsukuba, una de las primeras ciudades científicas de Japón, hice la extraña experiencia de verme a través de los ojos de un telerobot, una suerte de proyección fuera del cuerpo asistida por ordenador.

"En Honolulú, vi una metralleta con ruedas telecomandada en un centro de investigaciones de alta seguridad de la Marina norteamericana.

"En Santa Bárbara, California, especialistas en imágenes de síntesis, expertos en robótica, los *papas* de las ciencias cognitivas e informáticas del mundo entero, se reunieron para discutir acerca de su centro de interés común. Al terminar el coloquio, decidieron aportar una contribución mayor a la aparición de una nueva ciencia, que se sitúa en el punto de convergencia de sus especialidades, y fundaron un periódico, publicado por *MIT Press* y dedicado al estudio de los mundos virtuales.

"En el Silicon Valley, visité una empresa de un género especial donde se fabrican cascos de visión y guantes. Bailé con una mujer que tomó la forma de ¡un cangrejo púrpura de cuatro metros de altura!

"En Grenoble, visité un laboratorio informático dentro de... otro laboratorio informático y posé mis manos sobre una máquina fabricada allí. La manipulación de ese aparato, hecho de metal y circuitos integrados, me procuró la sensación de hacer correr un arco sobre una cuerda de violín.

"Me remonté en el pasado hasta los tiempos prehistóricos de las grutas de Lascaux; exploré la caverna de Platón y tuve más que una visión de un futuro tecnológico al que debemos dedicar nuestra atención desde ahora. La realidad virtual balbucea todavía, pero muy pronto alcanzará su madurez".

Proyección fuera del cuerpo y realidad virtual

"Por primera vez en mi vida, cuenta Rheingold, mi conciencia se desplazó a una distancia de unos cinco metros de mi cabeza,[22] donde yo la sitúo habitualmente. El mundo que descubría tenía profundidad, sombra, luz y relieve, pero todo era en blanco y negro. Ligeros movimientos de cabeza me confirmaron que podía adaptarme a la visión de ese mundo extraño. Si giraba el cuello y los hombros, a unos seis metros de mi cuerpo, mi perspectiva de ese mundo se modificaba en consecuencia. Comenzaba a familiarizarme con esa extraña sensación de tener mi punto de vista transferido a un robot, cuando giré la cabeza para percibirme. Comprendí de inmediato qué extraño es sentirse presente simultáneamente en dos lugares. Antes de hacer uno mismo la experiencia, no se comprende que la telepresencia[23] es una forma de descorporización. Podría ser también un modo de calificar a la manera en que la realidad virtual modifica la conciencia de lo real."

Todos los que han conocido y explorado estados no ordinarios de conciencia observarán que la realidad virtual no está muy lejos de un concepto oriental y sánscrito llamado *maya*. *Maya* es la ilusión en la cual estamos todos; la realidad virtual es una ilusión generada por nuestros pensamientos y nuestros actos. La libertad de la realidad virtual generada por nuestro propio cerebro y nuestro sistema nervioso depende de nuestra capacidad para trascender la ilusión de una realidad particular y para experimentar el potencial completo de ese yo que constituye nuestra esencia pura.

Las técnicas tradicionales más eficaces para llevar al investigador de la verdad hacia ese estado de trascendencia son, para las escuelas yogi, *vairagya* y *viveka*. *Vairagya* es una desvinculación de todas las ataduras de las experiencias mentales físicas. No obstante, no debe confundirse con el desapego emocional defensivo observado en una personalidad esquizoide. *Viveka* ha sido presentada a menudo como una discriminación entre lo real y lo irreal. Puede también aplicarse a nuestra subjetividad propia, dado que constantemente tratamos de encontrar el yo responsable de nuestro pensamiento consciente. De acuerdo con el pensamiento yogi, el verdadero yo (por su naturaleza trascendental), no es más que un testigo, que observa el trabajo del espíritu sin intervención directa. De ese modo, así como los cerebros inteligentes están en el origen del desarrollo de la tecnología de la realidad virtual, que permite experimentar realidades alternativas por medios artificiales, una inteligencia última está presente detrás de la ilusión de realidad de nuestro modo de experiencia habitual.

Estamos en contacto con una suerte de espacio virtual que fabricamos nosotros mismos, idéntico al ciberespacio de los mundos virtuales fabricados por la tecnología de este fin de siglo XX. Así, los estados de expansión de conciencia, o más exactamente los estados de conciencia chamánica, son campos de realidad virtual a los que tienen acceso los chamanes por medio de los ritmos de tambores, la ingestión de plantas reveladoras y el poder de la oración.

Ciencia chamánica e iluminación

Tenemos la costumbre de considerar el futuro como una extensión del pasado. Esta visión se basa, sobre todo en el esquema racional, en nuestra experiencia de lo vivido con su orientación científica. Sabemos hasta qué punto es aventurado prever el futuro. Célebres futurólogos de los años setenta, como Alvin Töffler, ¡lo aprendieron a expensas de ellos mismos! En la escala del tiempo, nuestra visión carece forzosamente de perspectiva. La agricultura, la domesticación de los animales, la alfarería y el tejido, datan de diez mil años apenas, y la civilización de cinco a seis mil años. Casi todo lo que sabemos de nuestra Historia se limita a esas épocas relativamente recientes.

Hoy vivimos la segunda ola, si no la tercera, de la revolución científica. Hacia finales de los años ochenta y a comienzos de los noventa, las esperanzas que habíamos puesto en la modernidad se esfumaron en su mayoría. Muchos son los que aspiran a otra manera de vivir, a un nuevo sistema ecológico, a una medicina más humana, a una participación en los conocimientos y al respeto de las diferencias. Lo inconcebible de hace treinta o cuarenta años se ha convertido en lo posible de hoy, pero nuestras aspiraciones actuales quizá se revelen pura utopía dentro de un siglo. La segunda mitad del siglo XX podría ser calificada de "era de la información" pues, desde 1960, la información vehiculizada por los medios ha alcanzado literalmente cimas hasta entonces impensables, ¡y apenas estamos en el comienzo del proceso!

Todas las experiencias de expansión de conciencia que he vivido me han permitido comprender que el presente no se crea únicamente a partir del pasado, sino también a partir del futuro. Comenzamos solamente a comprender que es fundamental renunciar a la ilusión que nos lleva a creer que nuestro país, nuestra civilización y nuestra religión ocupan un lugar central o preeminente en el mundo. Existen muchas otras civilizaciones y corrientes de pensamiento.

La información y sus técnicas nos han permitido descubrir las costumbres de seres muy diferentes a nosotros, como los aborígenes de Australia, con sus hábitos, sus ritos y sus esperanzas. A partir del descubrimiento del América, hace quinientos años, todas las regiones del globo se acercaron gracias a los progresos de la técnica, calificados de extraordinarios por cada generación. Sin embargo, la humanidad no ha alcanzado todavía la unidad política. Unos y otros seguimos siendo extranjeros en los planos cultural, lingüístico y hasta de comportamiento. Vivimos encerrados en costumbres locales, vestigios de tiempos anteriores a la reciente abolición de las distancias.

Al estudiar el funcionamiento de la conciencia, comprendemos que el ser humano no vive únicamente en el presente y en cambio que evoluciona en una suerte de flujo mental: recuerda el pasado y mira con esperanza, o con temor, hacia el futuro que asoma en el horizonte. El concepto griego de dualismo, que supone que todo lo que existe tiene su contrario —amor y odio, bueno y malo, luz y oscuridad—, ha conducido al hombre moderno al concepto erróneo de separación. Más significativo aún es el hecho de que nos consideramos separados no solamente de los otros sino también de nuestro medio ambiente, un concepto puesto en evidencia por todas las religiones y corrientes de pensamiento tradicionales. Sin embargo, no estamos separados de la Tierra; somos el mundo y el universo: uno, idéntico e indiviso.

La ciencia apenas ha comenzado a sacar a la luz esta verdad. En efecto, físicos como David Bohm, ex colega de Einstein en la universidad de Princeton en Nueva Jersey, se han propuesto llevar má allá la teoría cuántica de comienzos del siglo XX. Los trabajos de Bohm han significado en el ambiente científico un impacto casi tan importante como el producido por Einstein en 1905, cuando depositó sus cinco patentes en Berna. Bohm ha postulado que la naturaleza de la vida no podía ser reducida a fragmentos o partículas, que debíamos desarrollar una visión holística del universo y percibir la vida como un concepto entero, que él bautizo "orden implicado". La teoría de Bohm indica que nada está inmóvil si consideramos la vida como una globalidad. Desde Galileo, observamos la naturaleza a través de lentes, pero el hecho mismo de objetivar el mundo por medio de un microscopio electrónico influye en lo que esperamos conseguir. Queremos definir contornos, inmovilizar un objeto por el espacio de un instante, siendo que su verdadera naturaleza pertenece a otro orden de realidad, a otra dimensión, en la que no hay "cosas". Buscamos lo preciso, pero lo vago sería la representación más fiel de la realidad. Lo impreciso, decía Bohm, es la realidad fundamental.

¿Hacia la teociencia?

Generalmente la ciencia y las tradiciones religiosas no son aliadas. Siempre parecen representar conceptos opuestos; en nuestro deseo de comprender todos los aspectos de la vida, hemos convertido a los científicos en los nuevos grandes sacerdotes. Aunque la religión sigue siendo un elemento importante de la vida, numerosas personas buscan formas alternativas y, al hacerlo, se vuelcan hacia las tradiciones espirituales de la humanidad, como el chamanismo. Nuestra esperanza reside en la reconciliación de dos conceptos opuestos: lo irrazonable y lo razonable.

¿Puede la ciencia prever el futuro? *La odisea*, el segundo de los grandes poemas épicos de Homero, nos cuenta la captura de Proteo, extraviado al regresar a su tierra después de la guerra de Troya, por Menelao. Proteo, que poseía el don de profecía, se negaba a responder a los mortales que lo interrogaban y modificaba su apariencia, tanto que no se le podía reconocer. De la misma manera, la Historia es proteiforme: apenas se capta una apariencia ella, cambia como Proteo, al punto de resultar casi irreconocible. Lo mismo ocurre con la ciencia y la religión. "Cambiar de rostro es la verdadera naturaleza de la Historia", decía el historiador de las ciencias Arnold Toynbee.[24]

Hacia 1960, algunos investigadores trataron de comprender el concepto mismo de racionalidad científica. Se dieron cuenta, gracias a los relatos de algunos etnólogos, antropólogos y místicos, de que era posible elevarse más allá de la conciencia cotidiana. Los nuevos modelos aparecidos en esa época plantean más interrogantes que las respuestas que aportan, preguntas a las cuales la ciencia actual no está todavía en condiciones de responder. No obstante, con la evolución de las conciencias, los "teocientíficos" del siglo XXI podrán tomar en cuenta los datos de numerosas experiencias compatibles con un sistema de pensamiento planetario. Los primeros en formular esta idea fueron algunos astronautas, como Edgar Mitchell, que exclamó:

—Visto de allá arriba, ya no hay fronteras ni países diferentes; nada más que ciudadanos del planeta Tierra.

Podríamos llegar así a una sensación de unidad con la existencia, una visión de la vida mezclando los enfoques occidental, oriental y tradicional. Este nuevo pensamiento lleva a la conclusión de que Dios ya no se halla en el exterior de nuestra esfera de influencia, sino en nuestro interior y alrededor de nosotros. El ser humano puede descender de su trono y mirar en su interior. La expresión clave del siglo XXI será tal vez: "Un corazón, un pueblo, un mundo". Hacia mediados de los años cincuenta, diferentes organizaciones nacieron en Europa, como la Comunidad Europea del Carbón y del Acero (la CECA) y la Comunidad Económica Europea (la CEE). En 1970, todos los países adherentes de la CEE pensaron en ponerse de acuerdo acerca del principio de una moneda única, el ecu. La idea se abrió camino. ¿Para cuándo un idioma común?

En nuestra era de fragmentación, a veces resulta cómodo llevar una máscara. Pero, ¿qué oculta esa máscara? La utilización de los estados de expansión de conciencia permite hablar de corazón a corazón, de alma a alma; quienes tienen a su cargo la evolución del mundo en todos los terrenos de la sociedad deberían ser capaces no sólo de mirar en su alma, sino también de entregarla. Los candidatos a puestos políticos importantes deberían ser versados en todos los aspectos de la constitución gubernamental, de la administración financiera, de los estudios sociales, de la psiquiatría aternativa, de la medicina holística, del chamanismo universal, de las condiciones ambientales y de los asuntos mundiales. Un ejemplo ilustre de esas posibilidades nos lo da el Dalai Lama, decimocuarto de ese nombre.

Los médicos anónimos.
La catástrofe genética

En 1994, diversas revistas científicas comenzaron a hablar de xenoinjerto, es decir la posibilidad de injertar, por ejemplo, un riñón de cerdo o un corazón de chimpancé a un humano. Con la misma idea, algunos investigadores afirmaban que no existe ninguna razón científica valedera para prohibir la creación de un híbrido humano-chimpancé. Semejante posición ilustra muy bien la creencia científica genética moderna y su falta de relación con la existencia. Por cierto, no existe ninguna razón científica valedera para prohibir la combinación de cualquier animal, especie o tipo viviente, con otro. El orgullo científico, idéntico al de los siglos XVIII y XIX, clama fuertemente que las transformaciones y los descubrimientos se hacen a una velocidad sin igual, gracias a la abolición de las distancias favorecida por los progresos técnicos. La aceleración de la ciencia nos toma constantemente desprevenidos.

Sin embargo, a pesar de esos progresos, muchas personas siguen buscándose a sí mismas. Los desarrollos en materia de genética y la transferencia de embriones nos hacen correr el riesgo de enfrentarnos a un grave peligro: ¡la producción de zoológicos de animales híbridos y de especies nuevas! Tal evolución demuestra que la ingeniería genética está actualmente en condiciones de alterar el medio ambiente general de la especie humana, siendo que el poder de creación había sido, durante cientos de miles de años, el privilegio exclusivo de la Vida misma. Los especialistas en genética son capaces de proceder a modificaciones fundamentales de la química de la vida, "puenteando" la oportunidad natural del equilibrio de lo viviente. Nuestra ciencia olvida un factor muy sencillo: no existe ninguna diferencia entre el amo y su creatura, ambos son uno e inseparados. En otros términos, el hombre toma un látigo para azotarse a sí mismo.

En estos dos últimos siglos, el XIX y el XX, se ha visto el advenimiento de la medicina clásica, cuyo campo de intervención está estrictamente limitado al cuerpo físico considerado como una máquina compleja, un gran reloj que funciona de acuerdo con principios deterministas en ausencia de toda influencia de la mente y de la conciencia. Esta visión deriva de leyes desarrolladas en el siglo XVII. En los años sesenta, apareció una nueva tendencia, que preconizaba la unión cuerpo-mente. Así se llegó a reconocer que la mente era susceptible de interferir en los metabolismos del cuerpo. En adelante se podía enunciar científicamente el impacto de las percepciones psíquicas y sensoriales sobre el cuerpo, en especial en el terreno de las enfermedades consideradas en esa época como mayores: trastornos cardiovasculares, cáncer, hipertensión, etcétera.

No obstante, en los albores del nuevo milenio, se ve aparecer un tercer tipo de medicina que podríamos llamar "terapia energética", "medicina energética" o también "terapia vibratoria". Ésta representa una revolución en las reglas basadas en la relación materia-energía, pues demuestra que la misma mente no es de índole espacio-temporal.

Médicos que se han interesado en los chamanes tradicionales, o terapeutas que gozan de una formación pluridisciplinaria, comprenden que el hecho de ir en contra de la naturaleza o de tratar de imponer a la vida una evolución que no es la suya, es una fuente mayor de enfermedades graves. Si nos hallamos en ruptura de armonía con la vida, si buscamos dominar lo que no debe ser dominado, nos colocamos nosotros mismos en un estado de ruptura de armonía. En consecuencia, producimos el cáncer, el sida y todos esos desórdenes para los cuales no existen todavía soluciones verdaderas. Buscamos las causas físicas de una enfermedad, jamás sus causas mentales y espirituales. Sin embargo, la tendencia comienza a invertirse. Los médicos tal vez estén llamados a desaparecer en su forma clásica para reaparecer en una forma nueva. Pero antes, tendrán que aprender a penetrar en el interior de sí mismos para buscar las causas de la enfermedad.

No es sólo cuestión de resolver los problemas y de curar a los seres, sino más bien de comprender las raíces profundas de todo desarreglo orgánico y psicológico. Para ello, la visión del ser humano, con sus compuestos energéticos y la interconexión entre el "cuerpo de luz" de la Tierra y el de cada individuo, deberán ser comprendidos e incorporados a una visión universal de la evolución de la vida.

Una teoría universal de los universos

En abril de 1996, en ocasión del congreso de Council Grove, en Kansas, tuve una larga conversación con el profesor Tiller, un especialista en termodinámica, ex presidente del Departamento de Ingeniería de la universidad de Stanford, en California, y profesor emérito de la misma universidad. Él comparó la realidad con una plataforma holográfica, con un medio ambiente en el cual fuera posible crear una simulación holográfica de cualquier realidad deseada: una playa, un bosque, una ciudad... Se podría así, sólo mediante el pensamiento, materializar un objeto y hacer desaparecer otro.

Poco a poco resulta evidente que las cosas que parecían estables y eternas, desde las leyes de la física hasta las sustancias galácticas, deben ser consideradas como campos de realidad no permanentes. Toda realidad es ilusoria; sólo la conciencia es eterna. Stephen Hawking, en *Une brève histoire du temps*,[25] propone una teoría unificada del universo. Según él, existe una fórmula única, o una serie de fórmulas, que nos permitiría cartografiar toda forma de existencia para siempre. Pero ese postulado se basa en cuatro hipótesis:

- el espacio, el tiempo y la materia son reales;
- la distancia entre aquí y ahora existe realmente;
- el tiempo entre "ahora" y "entonces" se desarrolla de manera lineal;

- la tierra sobre la que caminamos y el libro que estamos leyendo son "cosas" sólidas.

Este postulado difiere radicalmente de la visión espiritual de las tradiciones orientales.

La iluminación

Comenzamos apenas a comprender que la realidad no necesita de teorías, cartografías y abstracciones. El comienzo del tercer milenio se abre a otras realidades que no se basan en certezas, ni siquiera en probabilidades, sino en vacíos, intemporalidades, conceptos de antimateria. En definitiva, una sorpresa de carácter iluminatorio, en el sentido místico de la palabra, aguarda a todos los investigadores: ¡los cinco sentidos no existen y no funcionan como tales! El mundo se dirige hacia un estado alternativo, un estado de expansión de conciencia, un estado que los seres humanos poseen desde siempre pero que han olvidado. Así, la montaña de saber racional accede poco a poco a lo real reduciéndose cada vez más. Cuando no sea más que un pequeño montón, encontrará, ya instalado en la playa, el conocimiento intuitivo.

6

LOS MECANISMOS
CHAMÁNICOS DE LA CURACIÓN
CUERPO-ESPÍRITU

Después de la conquista del Nuevo Mundo, los invasores occidentales casi no se interesaron en la manera en que los amerindios entendían la medicina y la espiritualidad. Los exploradores y los misioneros rechazaban lisa y llanamente los conocimientos tradicionales de los médicos brujos y de los chamanes, considerados creadores de desorden. Los informes redactados durante cerca de cinco siglos los describen como hechiceros, seres supersticiosos, embaucadores y estafadores que no hacían más que agravar el estado de sus pacientes. Callaron, por ignorancia o por malevolencia, el hecho de que para los chamanes medicina, salud y cosmogonía forman un conjunto coherente. Su visión del mundo permitía a los amerindios, a los amazónicos y a los polinesios vivir en relación con su medio ambiente de una manera que no conducía ni a la explotación ni al agotamiento de su ambiente natural.

Ese sistema exigía que los sanadores extrajeran sus recursos del ecosistema, tomando en cuenta tanto las estaciones y las riquezas del suelo como los contactos con los espíritus del lugar. La visión chamánica de la salud, de la enfermedad y de la muerte sólo puede comprenderse si se la encara desde un punto de vista tradicional. Los logros chamánicos prueban muy bien que esos seres investidos prestan una atención particular a una forma de medicina psicosomática, directamente vinculada con la cosmogonía, el misticismo, en una palabra con toda una dimensión dejada de lado por el sistema médico occidental. Desde este punto de vista, el médico brujo es más que un médico o un simple practicante; es el depositario de poderes que superan la naturaleza de un individuo ordinario. En otros términos, es una persona que posee dones particulares y mantiene relaciones directas con los poderes sobrenaturales. Sus facultades de curación le han sido transmitidas por fuerzas superiores. En todos los pueblos tradicionales, la medicina y la religión, lo visible y lo invisible, son las dos caras de una misma moneda.

Para los pueblos que funcionan con el cerebro derecho, la medicina está fuertemente impregnada de tradición. Los chamanes, que reciben sus enseñanzas de los espíritus, actúan dentro de modelos tradicionales, sus experiencias deben respetar invariablemente las reglas ancestrales de la nación, del pueblo. Como factor cultural conservador, la medicina posee entonces un carácter sagrado, místico.

El indio no tiene miedo de morir. Su historia guerrera y su estoicismo frente al hambre y la indigencia lo demuestran. Más aún, le gusta la vida y, como todos los seres humanos, tiene una concepción bastante vaga y contradictoria de la existencia más allá de la muerte. La separación entre el mundo de los vivos y el de los muertos se expresa a través de innumerables historias de fantasmas difundidas en toda América del Norte y en la Polinesia, sobre todo entre los pueblos cazadores y navegantes. Éstos consideran que la muerte fue introducida en este mundo, al comienzo de los tiempos, por el Creador, como consecuencia de un juego divino entre dos seres primordiales. Sabían que los peligros de la vida conducen a la enfermedad y a la muerte. No existe ninguna protección última contra ésta, ni siquiera la famosa *walk in beauty*[1] de los navajos —vivir de acuerdo con los ideales del pueblo, cuidar de su familia, participar en las ceremonias rituales— que sólo permite, en el mejor de los casos, prolongar la vida. Las causas de muerte más comunes eran la enfermedad y la guerra. También había suicidios y homicidios, pero menos frecuentes que hoy. Morir en el combate era una manera honorable de terminar la vida. Recordemos el célebre grito de guerra de los sioux en el siglo XIX: "Hoy es un bello día para morir".

Entre los polinesios, el concepto de salvación, u *ora*, era una noción puramente pragmática, que significaba salvarse de la enfermedad y permanecer en este mundo. *Ora* es un estado que puede traducirse por: vida, salvación, salud, ser liberado, curado o salvado. Los aspectos reductores de la condición humana: enfermedad, carencia o fracaso eran las consecuencias de transgresiones, o *hara*, que habían disgustado a los espíritus.

Los pueblos de cazadores, de pescadores o de navegantes, de hecho han comprendido que la fuerza del grupo es fundamental en un entorno hostil. Un individuo sólo cuenta con su talento y sus fuerzas personales, pudiendo éstas ser reforzadas sin embargo por aptitudes sobrenaturales adquiridas gracias a un sueño espontáneo o a una búsqueda de visión. Ese poder adquirido es la expresión religiosa más importante en esos pueblos. Los sanadores son considerados en función de una particular escala de valores. Suele ocurrir que algunos hombres, o algunas mujeres, de mucha edad, que casi no poseen poderes sobrenaturales, sean considerados sin embargo sanadores en razón de su sabiduría y su experiencia.

Existen tres clases de sanadores: los herboristas o ensalmadores, los médicos brujos y los chamanes.

LOS HERBORISTAS O ENSALMADORES. Estos hombres o mujeres sabios son seres no inspirados, capaces de curar las heridas, los dolores físicos, los problemas óseos, pues han aprendido a tratar esas dolencias a partir de la tradición y la experiencia.

LOS MÉDICOS BRUJOS. Para curar, siguen preceptos ordenados por los espíritus. Cuando los primeros franceses llegaron a la región de los Grandes Lagos en el siglo XVI, observaron que los médicos brujos no sólo eran sanadores sino también seres dotados de poderes sobrenaturales. Su denominación les viene del hecho de que la medicina representaba, sin embargo, lo esencial de su actividad. Por su parte, las lenguas amerindias no aíslan el aspecto médico y hablan más fácilmente de hombre de poder o de hombre misterio.

LOS CHAMANES. Éstos representan una categoría aparte, la de los visionarios que recurren al trance y a las visiones. Viajan con la mente a lugares lejanos para ganarse a un espíritu guardián. El viaje del alma, característico del verdadero chamanismo, es lo que permitirá al ser investido identificar la causa de una enfermedad y el remedio apropiado. Por cierto, el médico brujo puede tratar una enfermedad en un estado de visión ligera, pero él no viaja a los planos sobrenaturales.

Para los pueblos tradicionales, el dolor y la enfermedad representan rupturas de la armonía cósmica que implican a los dioses, los espíritus, los hombres, los animales y las fuerzas de la naturaleza. Tratamientos especiales ayudarán a suprimir esa perturbación, reintegrando al ser humano al seno del orden cósmico.

CURAR POR EL WAKAN - LO SAGRADO

Entre los pueblos de cazadores de las llanuras centrales y del norte de Estados Unidos, los chamanes-viajeros-sanadores, llamados *wicasa wakan*, utilizan las plantas como los médicos brujos y los herboristas. Pero, contrariamente a ellos, curan también por la sola virtud de sus poderes y sus dones sobrenaturales. Para comprender el sistema de los indios de las llanuras, y en especial el de los lakotas, importa captar el significado profundo del término *wakan*. Ese significado demuestra claramente que la cosmogonía lakota forma un todo coherente que integra el conjunto de las particularidades de las tendencias individualistas inherentes a los amerindios. Wallace Black Elk insiste en este punto fundamental. *Wakan*, el equivalente del *mana* de los maoríes polinesios, puede traducirse por sagrado o energía cósmica. Concierne tanto a las cosas como a las personas. Sólo se puede captar este concepto a través de las acciones que él realiza, o más bien que él hace realizar a formas de vida específicas de nuestro mundo y con las cuales él se ha investido. Se lo descubre así a través de las acciones de los seres *wakan* o de los seres que tienen el *mana*. Ser *wakan* o poseer el *mana* es siempre un atributo personal en esas manifestaciones. El *wakan* o *mana* es la esencia misma de la visión tradicional de gran número de pueblos; gracias a ella su identidad cultural se afirma con más fuerza.

Interacción entre las vías tradicionales y modernas

En razón de la culturalización progresiva de los amerindios consecutiva a la influencia de la cultura occidental, las prácticas chamánicas tradicionales han terminado por dejarse penetrar por las de la medicina occidental. Ahora los amerindios tienen la opción entre los dos sistemas. Las vías chamánicas tradicionales han sido utilizadas a veces para tratar a blancos, sobre todo cuando éstos eran considerados invitados o cuando venían deliberadamente a pedir ayuda a los sanadores o a los chamanes. Durante nuestra estancia en la Amazonia, las personas de Ceu de Mapia recibían de vez en cuando a enfermos de Belo Horizonte, de Brasilia o de Río de Janeiro, que llegaban en busca de tratamientos a base de plantas o a participar, bajo la acción de la *ayahuasca,* en un ritual particular: la ceremonia de las estrellas.

Las reservas debieron padecer, a lo largo del siglo XIX y en la primera mitad del XX, una carencia cruel de hospitales o de personal médico especializado. En 1944-1945, una epidemia de viruelas se declaró en la reserva de Pine Ridge, en Dakota, que apenas contaba con dos médicos para quince mil sioux. La presencia de los blancos, de sus instituciones y de su atención médica se acrecentó no obstante en el transcurso de los últimos treinta años. Así, en la mayoría de las reservas, los indios tienen ahora la posibilidad de hacerse atender ya sea por un médico brujo, ya sea por un médico occidental. Muchos recurren a los médicos brujos para ciertas enfermedades y a la medicina moderna para otras. Algunos[2] estiman que los médicos brujos deberían actuar más, fuera del círculo de su tribu, sin distinción de razas. Dos culturas se yerguen frente a frente, dos sistemas de valores, dos sistemas médicos: por un lado el chamanismo tradicional, por el otro la medicina científica moderna.

Cuando ambos sistemas se interpenetran, podemos hablar de relaciones transculturales. Ahora bien, los amerindios recurren cada vez más a procedimientos médicos transculturales. En este caso, la medicina convencional se acerca a los conceptos de las terapias vibratorias, que consideran al ser humano como una totalidad, una entidad tanto física como espiritual. Las terapias chamánicas se ubican en esta categoría y, como lo veremos en el ritual de las pinturas sobre arena de los navajos, se trata de un sistema de curación por la fe que toma en cuenta la necesidad del paciente de creer en el procedimiento médico, ya que la mente y el cuerpo son interdependientes. Este tipo de curación se parece a nuestros "remedios de la abuela" y a la medicina popular del campo, todavía ampliamente difundida en Occidente. Gracias a mis conversaciones con el chamán cree de Mistassini, yo había notado que las enfermedades de origen sobrenatural eran tratadas por vías tradicionales crees, mientras que las enfermedades graves, no sobrenaturales, como trastornos cardiacos, cálculos renales, etcétera, lo eran por el dispensario.

—¿Qué hacen los crees —le pregunté— cuando tienen un problema físico?

Meneando la cabeza, me respondió:
—Van a ver al doctor.
—¿Y si el problema es verdaderamente grave? —insistí.
—Entonces —dijo con malicia—, vienen a verme a mí.

Los amerindios consideran que la medicina occidental es apta para curar las enfermedades benignas, pero poco digna de confianza para el resto. Nuestra tecnología no consigue aliviar a ciertos pacientes, aunque lo mismo ocurre con los médicos brujos tradicionales. El debate sigue en pie. Entre los crees, cuando un enfermo no es curado en el dispensario, vuelve a ver al médico brujo, que se aplica a determinar si el origen de la enfermedad es natural o sobrenatural. En este último caso, sólo el *bush-doctor*, el médico del bosque, el chamán, puede remediarla.

Desde la óptica tradicional, ninguna enfermedad es inexplicable; siempre tiene un origen espiritual. Si un indio siente dolores particulares, un médico no siempre estará en condiciones de explicarlos; en cambio el médico brujo podrá hacerlo. Si hemos de dar crédito a los navajos que trabajan en los dispensarios blancos de Arizona, la medicina de los blancos falla porque trata los síntomas y no las causas. De este modo, en caso de sufrimientos físicos, un indio se volverá hacia la tecnología occidental, pero si experimenta la necesidad de un tratamiento holístico sobrenatural, se dirigirá al chamán.

A partir de 1986, el Departamento de Antropología de la Universidad de Phoenix, Arizona, ha creado un polo de investigación intercultural entre medicina occidental y práctica chamánica hopi. El objetivo: comprender por qué los tratamientos terapéuticos de algunos tipos de cáncer fracasaban allí donde la medicina hopi, que utiliza turquesas, la purificación por la salvia y los cantos tradicionales sagrados, lograba remisiones. La introducción de las técnicas chamánicas en la práctica médica en Brasil o en Estados Unidos habla del prestigio creciente de esta vía terapéutica.

Medicina tahitiana de las plantas y origen de la enfermedad entre los polinesios

Cuando estuvimos en la Polinesia, tratamos especialmente de conocer a algunos *tahua,* sanadores que trabajan con las plantas. Lamentablemente, la antigua fitoterapia tahitiana está muriendo. A principios del siglo XX, sólo había unos pocos médicos europeos en Tahití, pero su clientela era casi exclusivamente *popa'a,* blanca. Los tahitianos no consultaban más que a sus *tahua.* Se dictaron condenas por ejercicio ilegal de la medicina, con toda la razón según nuestros criterios occidentales. Entonces, los *tahua* eran condenados sistemáticamente. Sus posologías y la utilización de sus remedios se perdieron, de manera que eran administrados a ciegas, lo que provocó errores graves y envenenamientos.

El Dr. Grépin y su mujer Michèlle, farmacéutica, se refieren en su obra[3] al ocaso de la medicina tahitiana. No porque los indígenas la rechacen, sino porque ya nadie está en condiciones de ejercerla. En vez de quedar en manos de algunos iniciados que se dedicaban por entero al arte de curar y conocían perfectamente las indicaciones, esa farmacopea poco a poco se hizo familiar. Las abuelas acuden a sus recuerdos para curar a sus nietos y a sus allegados.

Los términos *fati, hea* e *ira* representan la base de la concepción de la enfermedad entre los maoríes. Nuestra visión médica occidental interpreta mal el sentido de esas palabras.

Fati es la fractura, la contusión. Sin embargo, este término no debe considerarse en el sentido occidental. Representa todo lo que puede desordenarse dentro del organismo. En cuanto un engranaje del cuerpo humano ya no cumple su función frente a los otros órganos, hay *fati*; éste subsistirá mientras el engranaje no haya sido "reparado" por un *raau*, un remedio adecuado. *Fati* está oculto y sólo podrá manifestarse exteriormente por el dolor y otras afecciones: el *hea*.

El *hea*, en el sentido propio del término, significa que algo malo se ha alojado en el organismo. El *raau fati hea* ayudará a eliminar esos "malos humores".

Ira es el tercer concepto patológico polinesio. Sirve para designar ante todo el espasmo. En la práctica, se lo utiliza para toda afección nerviosa de origen invisible. Fiebre, convulsión, síncope, parálisis o más simplemente pesadillas infantiles, son otros tantos síntomas relacionados con el *ira*. Por consiguiente, éste puede ser asociado muy bien al *fati*, que designa entonces un desarreglo antiguo que se traduce en forma nerviosa, o al *hea*. El *hea ira* es frecuente pues designa una infección con derrame de pus, asociada a la fiebre.

Durante una de nuestras estancias en la Polinesia, conocimos a una adolescente de doce años afectada, desde los siete años, de crisis de epilepsia, el gran mal de la Edad Media. Los análisis y los *scanners* efectuados en el hospital de Papeete no descubrieron ningún trastorno orgánico. Los polinesios hablaban pues de *hea-ira*. Un análisis del cuerpo etérico reveló una historia de violencia. La estructura psicológica de la chiquilla estaba habitada por una subpersonalidad invisible, que provocaba las crisis epilépticas.

Las explicaciones de nuestros amigos polinesios me hicieron pensar en la medicina tibetana. Ésta se caracteriza por un enfoque específico de la enfermedad. En esa tradición, existen tres humores: viento, bilis y flema. Los problemas físicos y mentales se interpretan de manera simbólica por la intervención de demonios, que representan el vasto abanico de fuerzas y de emociones que escapan normalmente al control consciente, e impiden el bienestar y el desarrollo espiritual. Ese abanico va desde las tendencias sutiles innatas e inconscientes hasta las pulsiones irresistibles, que son las necesidades y los deseos reprimidos del ser. De este modo, el origen de la enfermedad o del bienestar se sitúa en la mente. Los tres conceptos patológicos polinesios pueden asimilarse a los humores tibetanos, conceptos profundamente alejados de nuestra medicina occidental.

Medicina faraónica y chamanismo tradicional

Es aventurado establecer en esta obra un paralelo entre el chamanismo tradicional y la medicina faraónica. Sin embargo, la lectura de los antiguos textos egipcios como el *Libro de los puestos*, el *Libro de las cavernas* y el célebre *Libro de los muertos* demuestra que el amerindio, el polinesio y el aborigen se inscriben en la misma tradición terapéutica. El mundo mágico del Egipto antiguo centra todo en la noción de Maât, la diosa Verdad-Justicia, simbolizada por una pluma. Ella recuerda que el universo es un todo coherente. Los elementos de esta inmensa construcción, dioses, espíritus, estrellas, planetas, hombres, pero también animales, plantas y minerales, se hallan en simbiosis. Este inmenso tapiz está inmerso permanentemente en invisibles corrientes de energía que los egipcios llaman fluido de vida. Si bien éste es impalpable, no por eso es menos real y se manifiesta en la fuerza de las aguas, las corrientes del viento, el ascenso de la savia, el calor que hace germinar los granos de trigo y cristalizarse las rocas en la tierra.

El mal y la enfermedad son, de hecho, las consecuencias de una ruptura del fluido de vida, una irrupción del desorden. Cuando la corriente se interrumpe, se abre la puerta al sufrimiento y a la destrucción. Las ceremonias chamánicas no tienen otro objetivo que captar la Fuerza, atraerla aquí abajo para que irradie su poder en ondas concéntricas alrededor del *marae*, de la tienda medicinal o del templo. Los Textos de los Sarcófagos hacen explícita alusión a este principio cuando declaran: "¡Oh, Thot! Yo soy el que vive del fluido de tus ojos". Es también ese mismo fluido el que Thot y Horus derraman sobre el sacerdote rey antes de su entrada en el santuario. *Ankh, mana* o *wakan,* eternamente reactivados o renovados, materializan así el fluido vital. En cuanto al origen de la enfermedad, los egipcios afirman que se encuentra en las tinieblas del espíritu que se ha hecho incapaz de discernir el bien y se ha instalado en la mentira.

Tanto como los *wayonta* o los *tahua*, el sacerdote del valle del Nilo es un iniciado, un adepto de la alta ciencia sacerdotal al servicio de la conservación del orden del mundo. Él respeta las consignas: "Saber, querer, osar y callar". El chamán es siempre un ser excepcional, elegido al nacer o como consecuencia de una revelación, en especial de un sueño. En el antiguo pensamiento nilótico, la pasividad es sinónimo de muerte. El egipcio la teme y la rechaza con todas sus fuerzas. Así, el sacerdote iniciado es un guerrero que combate la enfermedad y el mal. Ahora bien, el guerrero es quien desea vencer, alguien a quien el Creador ha dispensado la enseñanza mística como un arma para rechazar los acontecimientos.

En las criptas de Egipto, el iniciado ataca el invisible poder que perturba a un organismo, dedicándose a curar la causa y no el efecto. Por último, él calla, pues los rituales le fueron revelados en el secreto de la iniciación. Si bien dispone de poderes eficaces y temibles, éstos no deben ser revelados al mundo profano. El caballero no abandona su espada en el camino; el iniciado no divulga su ciencia. El secreto no tiene como objetivo ocultar. La etimología de la palabra es significativa: "secreto" viene del latín *cerno,* poner aparte, pero también cernir, separar, pasar por el cedazo. La naturaleza real del secreto se enseña en las pruebas de la iniciación, en una sala cerrada a las miradas profanas.

Los secretos de la antigua medicina tradicional han estado a punto de desaparecer con el correr de los siglos. Sin embargo, han perdurado a través de los avatares de la Historia.

Ritual chamánico en los hospitales norteamericanos

El médico brujo oglala Wallace Black Elk cuenta un ejemplo asombroso de la entrada del chamanismo en los hospitales norteamericanos. Durante mi permanencia en el *Red*

Lodge Inn de Crowley Lake, confortablemente instalados, escuchábamos al anciano contar su historia. El viento soplaba afuera, comenzaba a hacer frío y el fuego crepitaba en la chimenea. Como de costumbre, Black Elk vestía un pantalón tejano, una camisa a cuadros, botas de cowboy y su eterno bolo.[4]

—Mi camino —dijo— es la vía de *chanunpa*, que implica la curación y la asistencia a otro. La pipa sagrada nos permite ayudar a muchas personas. Tuve ocasión de utilizar la ceremonia yuwipi para tratar a un niño hospitalizado en el centro médico Fitzsimmons de Denver, Colorado. Ya no podía beber ni gritar, ni siquiera sentarse o caminar. Estaba hospitalizado desde hacía más de cuatro años y los médicos no comprendían nada de su caso. Lo habían intubado para alimentarlo, pues no lograba comer. Ya nadie sabía qué hacer.

"Decidimos hablar con el médico, pero el equipo médico no quería escucharnos: eran ciudadanos respetuosos de la ley y de los reglamentos en vigencia. Por último, ante la comprobación de su impotencia, solicitaron al director del hospital el permiso para administrar una medicina *chanunpa* a su paciente. Habiendo dado éste su consentimiento, mi equipo y yo organizamos una ceremonia. Una enfermera nos pidió permiso para asistir. "Estoy cansada de esta rutina, nos confió. Muchos niños y adultos sufren sin que podamos hacer nada por ellos. Tal vez las cosas cambien esta vez." El personal del hospital puso una habitación a nuestra disposición, cuyas ventanas cerramos para que la ceremonia pudiese realizarse en absoluta oscuridad.

"Otros enfermos también quisieron asistir. Por más que los médicos les pedían que volviesen a acostarse, muchos insistieron en vernos actuar.

Con una gran carcajada, Wallace añadió:

—El hospital nos concedió dos horas para la ceremonia, que debió desarrollarse entre las diecinueve y las veintiuna, hora a la cual cada paciente debía regresar a su cama.

Algunos enfermos padecían grandes dolores. El niño estaba acostado. Levantamos un altar, llevamos nuestros tambores y ocultamos todas las fuentes de luz. Todo estaba listo. Para comenzar, entonamos cánticos de honor, el canto de los cuatro vientos y cánticos de invocación. ¡Bruscamente escuchamos el trueno! Luego un relámpago de luz atravesó la habitación, como una forma humana, un fantasma, que preguntó: "¿Por qué se me ha hecho venir aquí?"

"Tunkashila —dije yo—, tenemos aquí a un niño que sufre desde hace años, sin que nadie sepa por qué. Necesitamos tu ayuda.

"Entonces el fantasma se acercó al niño. La enfermera estaba junto a la cama y el médico sentado detrás del altar. La forma fantasmal examinó al chiquillo, luego declaró que una telaraña se había enroscado alrededor del cerebro y de dos nervios que van de la nuca a la garganta. Ese nudo se contraía cuando el niño deglutía o hablaba. Por eso se comportaba como un bebé, aunque ya tenía cinco años. La ciencia no podía descubrir el origen de la enfermedad pues la tela no era visible ni al microscopio ni en las radiografías. Luego, el espíritu nos dijo que para sanar a ese niño debíamos llamar a un espíritu araña, una *Iktomi*. Entonamos de inmediato el canto de *Iktomi*, la araña roja, jefe de todas las arañas. Ella apareció a su vez y nos preguntó: "¿Qué queréis de mí?"

—Un poder desconocido utiliza tu tela para aprisionar a este niño —le dije—. Sufre enormemente y la medicina de los blancos es impotente para curarlo pues ignora lo que pasa.

La araña roja comprendió lo que yo decía. Entonamos otro canto y ella se acercó al niño para desanudar la tela. Solamente *Iktomi* habría podido hacerlo, porque la tela era una parte de ella misma. Dijo: "He quitado la tela. Este niño puede utilizar sus músculos de nuevo y producir sonidos. Ahora escucharéis su voz por primera vez". Encendimos una pequeña luz, y de pronto el niño emitió un sonido y comenzó a moverse. El espíritu araña dijo: "Alimentarlo ya no causará problemas. Dejadle comer y beber lo que quiera. Se detendrá por sí mismo. Limitaos a reeducar sus músculos. Eso es todo". Le agradecí, así como a Tunkashila, y les ofrendamos saquitos de plegarias, antes de entonar el cántico de la pipa sagrada. Terminamos con el cántico de despedida y los espíritus se marcharon.

"Cuando encendimos la luz, el niño estaba de pie y bebía un bol de leche. Se levantó y se puso a ir y venir, riendo y lanzando pequeños sonidos indistintos. Hay algo que he olvidado decir: cuando encendimos de nuevo la luz, el alimento sagrado, los trozos de género de color y los saquitos de plegarias que habíamos depositado sobre el altar habían desaparecido. El espíritu se los había llevado. El médico presente nos miró con extrañeza y nos preguntó si nosotros habíamos arrojado todas esas cosas por la ventana.

"Sobre el altar sólo quedaban los hilos con que habíamos atado las ofrendas. El médico, completamente alelado, anotó todo en una libreta.

Wallace enrojeció de placer al agregar:

—Allí reside el problema de ese médico blanco. Tomaba notas para establecer una relación. Ahora bien, ¿cómo habría podido describir lo que acababa de vivir, la manera como habíamos entonado los cánticos sagrados, la llegada del fantasma araña y todo eso? ¿Cómo podía explicar que una *Iktomi* había diagnosticado que los nervios del niño estaban aprisionados en una telaraña? Sí, debía de ser muy difícil para él orientar su informe.

El anciano chamán prosiguió su relato:

—Cuando abrimos la puerta de la habitación, todos los pacientes estaban allí, en el corredor. Algunos ya no se incorporaban desde hacía días y semanas. Pero cuando oyeron el tambor, el espíritu fue hacia ellos para purificarlos y sanarlos. Sí, varios se habían curado. El personal del hospital estaba como enloquecido. Las enfermeras corrían hacia los enfermos diciendo: "Deberíais estar en la cama. ¿Qué hacéis aquí?". Y algunos respondían: "Vaya, olvidé mi bastón". Y otros: "Ya no necesito la silla de ruedas".

"Nosotros, los indios, habíamos provocado un increíble alboroto en ese lugar tan ordenado, aséptico. Los pacientes olvidaban que estaban enfermos. Llegaron otros médicos en ese momento y preguntaron a quien nos acompañaba qué estaba ocurriendo. Él les confesó que no comprendía nada. Intentó explicarles la ceremonia y tuvo que reconocer que el niño caminaba de nuevo, emitía sonidos, oía correctamente... Los otros continuaban como Santo Tomás. Querían pruebas para creer".

En efecto, las prácticas chamánicas tradicionales siguen siendo muy misteriosas para los occidentales. Ignoramos de qué manera el equipo médico reaccionó luego de esa sesión de dos horas. Pero esta historia muestra que poco a poco las tradiciones médicas chamánicas se introducen en los hospitales.

Un informe del *Arctic Medical Research*[5] de Young Ingram y Schwartz abunda en tal sentido. Explica cómo Russel Willier, médico brujo de los indios cree de Alberta, trata de revitalizar el mundo de los cree y de devolverle su lugar en la sociedad canadiense. Heredó su función de su bisabuelo; ahora intenta incorporar las prácticas chamánicas tradicionales a las técnicas modernas. Russel se ha dejado filmar mientras actuaba. Él recibe gustoso a médicos deseosos de asistir a sus sesiones de curación. Su práctica comprende un diagnóstico establecido con la ayuda de sus animales totems y un tratamiento a base de hierbas y ungüentos según las instrucciones dadas por sus espíritus. Cada tratamiento se acompaña de una ofrenda de tabaco. Las enfermedades que él trata son tanto psicosomáticas —la mayoría— como orgánicas, en especial el cáncer. En 1989, Russel Willier creó un centro de salud en el que trabajan otros chamanes indios. Su propósito es cooperar con los médicos occidentales, pero ellos rechazan esa alianza. Russel Willier persiste, sin embargo, en la creencia de que tal cooperación sería una fuente de progreso y podría favorecer la erradicación de problemas insolubles para el arsenal tecnológico moderno.

La medicina chamánica tiende a incorporarse al mundo pluricultural que la rodea. Algunos temen sin embargo su erradicación. Hemos visto que el *hio hio* polinesio ya casi ha desaparecido. El desarrollo de la enseñanza en las escuelas corre el riesgo de provocar la pérdida de un sistema de tratamientos tradicionales, sobre todo en las sociedades enteramente dominadas por los blancos. No obstante, la medicina chamánica tiene una posibilidad de sobrevivir, porque responde a las necesidades de quienes no encuentran solución a sus problemas en el marco de la medicina occidental convencional.

El caso de Mary Louise Dow ilustra el potencial de curación de los ritos chamánicos.[6] Su cáncer de colon fue diagnosticado el 14 de febrero de 1991. El primer médico consultado recomendó una intervención quirúrgica. El segundo consideró que el tumor era inoperable; tenía el tamaño de un racimo de uvas. El tercero prescribió un tratamiento de quimioterapia y treinta sesiones de radioterapia para reducir el tumor y favorecer la operación. Paralelamente a esas consultas, ella recurrió a un tratamiento con hierbas chinas, sesiones de acupuntura y de masajes asociados a las prácticas de visualización preconizadas por el doctor Bernie Siegel.

Un amigo le habló del chamán yuwipi Godfrey Chips y de las curaciones milagrosas que obtenía durante sus ceremonias lakotas. Una mujer en silla de ruedas, atacada de esclerosis en placas, volvió a caminar un día después de la primera ceremonia realizada por ese médico brujo. Godfrey Chips desciende en línea directa de Horn Chips, pariente y maestro de Crazy Horse, uno de los más célebres jefes lakotas del siglo XIX. Sus cantos, prácticas y ritos se han transmitidos de padres a hijos en su forma más pura.

A pesar de su estado de fatiga y de debilidad, y contra la opinión de su oncólogo, Mary Louise Dow hizo el largo viaje hasta Dakota. Allí, participó en cuatro ceremonias yuwipi. Sumida en la oscuridad más absoluta en cada ritual, sintió plumas de aves que le rozaban la cara durante los cánticos y una especie de energía arremolinada que la invadía. "Los espíritus", pensó ella. El cuarto día fue dedicado a una *seat lodge* de curación, al final de la cual se sintió curada. Mary Louise regresó a su casa, en la costa Este. Su oncólogo no tuvo más remedio que rendirse a la evidencia: el enorme tumor ¡se había reducido al tamaño de un albaricoque! Una intervención permitió entonces su ablación. En la actualidad, Mary Louise está convencida de deber su curación a la totalidad de los medios utilizados: medicina occidental, tratamientos alternativos y ayuda incesante de los amigos de la familia. Pero el punto clave fueron las ceremonias realizadas por el chamán yuwipi. En 1995, Godfrey Chips podía ser siempre contactado en su casa de Pine Ridge, Dakota del Sur.

El mundo chamánico hopi

De 1987 a 1993, visité las tres *mesas*[7] hopis, donde conversé con Velma Talayumptewa, responsable de las operaciones del Consejo tribal hopi en Kykotsmovi, Arizona. Los vínculos que unen a los indios del sudoeste norteamericano con su desierto son mucho más complejos que un simple pedido de restitución de territorio. Las *mesas*, las montañas, los cañones y los acantilados que componen esa maravillosa región son considerados sagrados por los pueblos del desierto. Su veneración del suelo está estrechamente ligada con el modo de vida de la tribu.

En la tradición india, todo sobre la tierra es sagrado: arena, rocas, animales, plantas, trueno. La ausencia de rituales corre el riesgo de provocar una trágica ruptura de armonía entre esos elementos. Los indios creen que sus vínculos con la tierra, tanto físicos como místicos, son vitales, no sólo para la preservación de su práctica religiosa, sino también para su integridad cultural propia. Para ellos, los espectaculares sitios visitados por los turistas son siempre tierras sagradas donde se recogen los espíritus sobrenaturales. Otros son lugares de surgimiento de la Creación, puntos donde el Primer Pueblo apareció sobre la tierra. Leyendas ancestrales otorgan a esos paisajes poderes curativos. Un manantial es siempre un terreno sagrado, pues el agua es dispensadora de vida en el mundo árido del desierto.

Los hopis viven en una docena de pueblos repartidos en tres mesetas rocosas llamadas *mesas*, sobre la escarpa sur de la *Black Mesa* de Arizona. Desde cada promontorio pueden verse los otros dos. Apenas veintitrés kilómetros separan al primero del tercero. Sobre la primera *mesa* se encuentran los pueblos de Tewa (a veces llamado Hano), Sitchomovi y Walpi. A sus pies, Polacca, con un *trading post*, una escuela dirigida por la Oficina de Asuntos Indios, algunos inmuebles gubernamentales para los empleados de la agencia y casas hopis. Los pueblos de la segunda *mesa* son Shipaulovi, Mishongnovi y Shongopovi. En Mishongnovi y en Shipaulovi se encuentran algunas casas tribales y una escuela. La tercera *mesa* alberga los pueblos de Kykotsmovi (New Oraibi) —con una escuela, un *trading post*, un correo y la oficina del Consejo tribal hopi—, Old Oraibi, a apenas cuatro kilómetros de New Oraibi, Hotevilla y Bacabi, que poseen igualmente una escuela y un correo. Está también Monecopi, cerca de Tuba City, en territorios reclamados tanto por los hopis como por los navajos. La totalidad del territorio hopi (unos mil kilómetros cuadrados) está rodeada por la gran reserva de los navajos.

Old Oraibi, en la tercera *mesa*, fue fundado hacia 1100 y sería el más antiguo hábitat ocupado permanentemente en Estados Unidos. Hacia mediados del siglo XIII, las comunidades hopis se encontraban mucho más dispersas que hoy, pero unos siglos más tarde el pueblo se concentró principalmente en la cima de las *mesas*, especialmente para protegerse de las incursiones de los navajos, de los apaches y de los utes de Colorado.

De todos los indios del sudoeste, llamados también indios pueblos, los hopis fueron los menos afectados por los conquistadores españoles. Coronado los visitó en 1540, pero los españoles sólo se acercaron a la región hopi cuarenta años más tarde. Los misioneros fueron virtualmente los únicos blancos que los hopis conocieron durante la era española; la influencia de los hermanos misioneros fue muy escasa, mucho más escasa que en otros pueblos, en especial los acomas, evangelizados en el dolor. Los hopis muestran poco interés por el cristianismo, una actitud relacionada con su aislamiento, aislamiento que ha conservado la cultura tradicional en un grado no igualado entre los indios de América del Norte.

Los clanes forman la trama misma de la sociedad hopi. Ésta comprende dos docenas de clanes, llamado cada uno según un animal, una planta, un fenómeno natural o sobrenatural considerado un compañero ancestral o fuente de poderes especiales poseídos por los miembros del clan. En el esquema del clan, la transmisión se hace a través de las mujeres, y las bodas dentro del mismo clan están estrictamente prohibidas. La tradición hopi decreta que, cuando un hombre se casa, debe mudarse a la casa de su mujer, donde viven otras numerosas personas: los padres de la novia, los abuelos, las hermanas, sus maridos y los hermanos solteros. El esposo continuará compartiendo las actividades de su clan y mantendrá una asociación con las casas de su madre y de su hermana, pero sus hijos serán reconocidos como miembros del clan de su mujer. Se encuentra este sistema matriarcal entre los indios de los bosques del Canadá, en particular los hurones. A treinta kilómetros de la ciudad de Quebec, Wyandote es el último pueblo hurón donde pudimos visitar las *largas casas* donde las matriarcas, las madres del clan, son soberanas. Cuando un recién casado no se adaptaba a la vida de su nueva familia, se le enviaba de vuelta a la de su madre y la familia conservaba a los hijos, si los había, así como a la esposa, que volvía a quedar disponible para una nueva aventura marital.

Velma Talayumptewa me aclaró que el de la madre es un clan muy importante. Es un sistema matriarcal que mantiene las posesiones sagradas del grupo: desde los objetos rituales hasta los vestidos de las ceremonias *kachina*. Preservando sus tradiciones, los miembros del clan viven en casas construidas cerca de la casa de la matriarca. Las mujeres preparan la comida, traen el agua del manantial desde el pie de la *mesa* hasta la cima, se ocupan de los niños, hacen vasijas y cestos y mantienen la casa en buen estado. Los hombres se entregan a los trabajos de la granja, se ocupan del ganado, recogen la leña y tejen. Los clanes matrilineales están íntimamente ligados con la vida ceremonial de los pueblos hopis. Cada una de esas ceremonias realizadas durante el año es percibida como la propiedad de un clan particular, valorizado dentro de ese grupo específico por figuras sobrenaturales, después de que, según su cosmogonía, el pueblo hopi emergiera del mundo subterráneo.

A veces las ceremonias se desarrollan en las *kiva* de las que el clan es propietario. El número de *kiva* en cada pueblo varía de dos a seis. Están construidas en parte, y a veces en su totalidad, bajo la tierra. Los recintos sagrados hopis son rectangulares, contrastando con las *kiva* ovales o circulares de la mayoría de los indios pueblos, y están orientados de norte a sur cuando el terreno lo permite. De tanto en tanto, los hombres van a la *kiva* a relajarse, a conversar o a discutir cuestiones importantes. Pero una *kiva* es también un lugar santo, y ciertos días sirve exclusivamente para las ceremonias religiosas: los cánticos, las danzas, el tabaco (el humo es análogo a la nube que atrae a la lluvia), la oración, la preparación de los vestidos para las danzas públicas y la erección de altares sobre los que se depositarán imágenes sagradas.

Los *kachina*

En las ceremonias de los indios pueblos, en particular los hopis, los *kachina,* hombres enmascarados, desempeñan un papel importante. Según las leyendas hopis, un *kachina* es un ser sobrenatural, personificado por un hombre enmascarado, que vive en las San Francisco Mountains, cerca de Flagstaff, Arizona.

Un *kachina* tiene tres aspectos:

- el ser sobrenatural, tal como existe en la mente de los hopis;
- el bailarín enmascarado, que representa al ser sobrenatural y aparece en las *kiva* y las *plazza*;
- las pequeñas muñecas fabricadas según las descripciones del ser sobrenatural.

Los dos primeros aspectos son llamado *kachina* y el último "muñeca *kachina*".

El calendario anual de las ceremonias religiosas hopis está dividido en dos períodos: el primero va desde el solsticio de invierno hasta mediados de julio, y el segundo, desde mediados de julio hasta el solsticio de invierno. El primero se destaca por una ceremonia kachina. Un grupo de unos treinta *kachina*, llamado *monj kachina*, toma parte en cinco ceremonias mayores:

- *soyalang-eu*: la ceremonia del solsticio de invierno, que se desarrolla en diciembre;
- *pamuya*: en enero, cuando el sol parece desplazarse de nuevo hacia el norte.
- *powamuya*: la ceremonia o danza de las alubias, en febrero;
- *palölökonti:* la ceremonia de la serpiente del agua en febrero o marzo;
- *niman kachina*: la ceremonia de la danza de la casa, en julio, cuando el sol se desplaza hacia el sur.

Estas ceremonias mayores duran nueve días y se desarrollan principalmente en las *kiva*, donde sólo pueden asistir los iniciados. Algunas, como la danza de las alubias y el *niman kachina*, contienen partes visibles para el pueblo hopi, en las *kiva* o en las *plazza*. Durante esa primera parte del año hopi, tienen lugar también ceremonias de un día, llamadas danzas *kachina* regulares u ordinarias, durante las cuales los *kachina* danzan en las plazas de los pueblos. En esas ceremonias, un grupo de veinte a treinta *kachina*, enmascarados y vestidos de la misma manera, hacen lo que se llama una danza *kachina* mezclada. Esas ceremonias, de uno o de nueve días, son otras tantas ocasiones, para los amigos y las familias, de trasladarse a los pueblos vecinos para asistir a la danza, festejar o rezar.

En la segunda parte del año (desde julio y el *niman kachina* hasta diciembre), ninguna ceremonia recurre a los bailarines enmascarados. El *niman kachina* es llamado danza de la casa, porque es la última aparición de los *kachina* antes de su partida hacia sus viviendas en las montañas de San Francisco, más allá de Flagstaff.

Es interesante visitar las *mesa* hopis.[8] Todavía es posible asistir en ellas a las danzas *kachina*, o danzas sociales, pero las danzas secretas, como la de la serpiente, no han vuelto a ser fotografiadas desde 1903, desde la época de Ben Wittick, un fotógrafo del sudoeste norteamericano del siglo XIX. Las ceremonias continúan después de la desaparición de los *kachina*, que han regresado a su mundo subterráneo o a las cimas de las montañas de San Francisco. A finales del verano, se organizan ceremonias con el objeto de obtener la lluvia necesaria para el maíz. Uno de esos rituales, la danza de la serpiente, que tiene lugar cada dos años, honra a todas las criaturas de forma sinuosa y está asociada al trueno y a la lluvia.

Al comenzar la *kachina*, los clanes salen de los pueblos en las cuatro direcciones y pasan cuatro días capturando serpientes, algunas de las cuales son venenosas. Los que han atrapado las serpientes se unen a un segundo clan y, durante dos días y dos noches, se desarrollan intercambios místicos dentro de una *kiva*. Luego se organiza una carrera, cuyo ganador aporta una cantimplora de agua al pueblo. Más tarde, los sacerdotes bailarines llegan a la plaza sosteniendo las serpientes en la boca, mientras que los ayudantes recogen los reptiles. Un segundo grupo, el de los sacerdotes antílopes, se sitúa delante del primero y se llega al punto culminante de la ceremonia: el lavado de la serpiente.

El fotógrafo Wittick asistió a cierto número de estas danzas. Sus amigos hopis le habían advertido que al no haber sido iniciado¡corría el riesgo de recibir una mordedura fatal! En efecto, Ben Wittick murió en 1903, mordido por una serpiente durante una *snake dance*. Con él desaparecía un testimonio único del mundo original hopi...

Dinetah,
el mundo místico navajo

A partir de 1983, fui varias veces a la inmensa reserva de los navajos, entre Tuba City y Keams Canyon. Los navajos forman la mayor nación india de América del Norte, contando en la actualidad con unos doscientos mil habitantes. Su territorio tribal se extiende en cuatro Estados del sudoeste norteamericano (Utah, Colorado, Nuevo México y Arizona). Es el más importante de los Estados Unidos. A lo largo de todo el siglo XX, la comunidad científica se ha interesado en ese pueblo tan particular. Los antropólogos han intentado descubrir el misterio de los símbolos de su cultura y de su religión, los psiquiatras se han sentido fascinados por la estructura de su personalidad, y los teólogos se han enfrentado a la dificultad de analizar sus ritos y sus conceptos espirituales.

En abril de 1998, gracias a un viaje cultural que Liliane y yo habíamos organizado, partiendo de Francia, para unas cincuenta personas, pudimos admirar los *hogan* coexistiendo con edificios modernos. En esos *hogan* se desarrollan las ceremonias que ocupan un lugar importante en la vida de los navajos. En efecto, esas ceremonias son las principales expresiones del chamanismo navajo.

Ese inmenso territorio de más de cuarenta mil kilómetros cuadrados —la superficie de Suiza— ocupa el centro de la meseta de Colorado. Allí, donde la mirada extranjera no ve más que grandes extensiones de hierba reseca, sembradas de pedregales, los navajos reconocen sus tierras ancestrales sagradas. Vastos cañones, como los de Chelly y del Muerto, se extienden sinuosamente sobre centenares de kilómetros, en medio de las mesetas. Magníficas formaciones rocosas de color anaranjado y azul grisáceo se levantan allí, semejantes a monumentos gigantescos construidos y luego abandonados por una antigua raza de gigantes. En una primera impresión, esas regiones desérticas parecen vacías e inhóspitas. Sin embargo, el cielo llama invariablemente la atención. Es inmenso; los norteamericanos hablan de "espacio abierto" para describirlo.

La mano del hombre parece no haber tocado nunca ese lugar. No obstante, observándolo más de cerca, se percibe que esa tierra alberga en realidad a la importante población de los navajos. Algunos *hogan* dispersos están ocultos en los valles o encaramados en los flancos de las montañas; rebaños de corderos pacen en el desierto como surgidos de ninguna parte. Se encuentra también a algunos navajos inmóviles, la mirada perdida en la lejanía, errando aparentemente en medio de la nada mientras que sus *hogan*, cuidadosamente camuflados, se ocultan detrás de la colina más cercana.

Eso es el *Dinetah*, la tierra de los navajos, que se designan a sí mismos con la palabra *Dineh*, el pueblo. En esos *hogan* perdidos en el fondo de los cañones o encaramados en las *mesas*, viven y trabajan los últimos médicos brujos navajos. Constituyen el cuerpo de médicos brujos indígenas más importante de América del Norte. Algunos han modificado considerablemente las antiguas ceremonias, pero la mayoría sigue practicando su religión tradicional.

Los navajos esperan vivir mucho tiempo y en buena salud. Para lograr ese objetivo, observan las leyes del universo. Toda transgresión los expone no a un simple castigo, sino a un deterioro eventual de su salud o a un acortamiento de su existencia. Su actitud es racional, sin noción de pecado, como en el cristianismo, o de culpabilidad personal. El individuo no lamenta sus actos sino que trata de corregir su falta. Para el *Dineh*, lo físico y lo mental son indisociables en los seres. La palabra, como el pensamiento, puede ejercer un impacto en el mundo de la materia y de la energía, pues ambos conceptos poseen un poder creador. Durante las ceremonias, el pensamiento traduce la forma interior de esa creatividad, mientras que la palabra que la expresa es su forma exterior.

Existe una diferencia importante entre el mundo conceptual de los navajos y el modo de pensamiento occidental, sobre todo en lo que concierne al principio de orden y de armonía, pues, para los navajos, la adhesión al equilibrio cósmico determina la salud y la duración de la vida de los seres. Su religión es una religión de la naturaleza. Todo lo que constituye el entorno se armoniza en un vasto conjunto. Las criaturas minúsculas, aparentemente insignificantes, pueden ser tan importantes como las más grandes y poderosas. Todas las fuerzas de lo invisible, con excepción de una entidad espiritual llamada Mujer Cambiante, pueden ser tanto fastas como nefastas, según la manera como se las aborde, su humor del momento y el contexto dentro del cual actúan. Mediante el uso apropiado de las facultades del hombre, una fuerza neutra se vuelve positiva, la bondad se convierte en santidad. El mal es el residuo que ninguna acción ha podido reducir y que existía aun antes de cualquier conocimiento del mundo.

Ceremonias navajas de pinturas sobre arena

El navajo se enfrenta a un universo en el cual lo divino no es percibido como necesariamente bueno. Sus dioses son ambivalentes: el mal, bajo la forma de una fuerza hostil, está mezclado de manera inextricable con el bien. Se manifiestan según su naturaleza intrínseca y el hombre debe contar con sus propios conocimientos espirituales. Pero, para ello, debe disponer de técnicas. En consecuencia, los bailarines enmascarados, las plegarias, las melopeas y las pinturas sobre arena le sirven para describir y personificar las manifestaciones simbólicas de la esencia de esas fuerzas con las que él se identifica. Es, de lejos, el más importante medio de curación empleado por los navajos. El diagnóstico, los relatos mitológicos, la dramaturgia de los ritos y hasta la prescripción de hierbas como remedio, no son más que medios para incorporar la fuerza de los poderes de la creación al médico brujo, a fin de obtener la curación buscada.

Los mandalas de curación. El camino del polen

Los ritos chamánicos de curación de los navajos[9, 10] se articulan en torno de la construcción de un mundo simbólico e imaginario, de un universo tranquilizador y ordenado representado por mandalas. El mandala es ante todo una imagen del mundo; representa al cosmos en miniatura, y al mismo tiempo al mundo de los dioses, pero es también un catalizador de las fuerzas inconscientes de la psiquis. Su elaboración equivale a una recreación mágica del mundo. Al convertirse simbólicamente en contemporáneo de la Creación del mundo —del tiempo de Antes—, el enfermo está inmerso en la plenitud original de la vida e impregnado por las fuerzas gigantescas que hicieron posible la Creación.

Esas representaciones del orden cósmico son a veces pinturas, eventualmente de arena, constituidas por un motivo más o menos esquemático que ilustra el equilibrio de las fuerzas contrarias o complementarias en el universo simbólico. Los tibetanos y los indios de América del Norte han alcanzado en esta forma de arte un grado de desarrollo desconocido en el resto del mundo. Los últimos no sólo han utilizado el mandala en sus pinturas sobre arena, sobre sus escudos de guerra y en sus pinturas rupestres, sino que también lo han proyectado en el espacio y el tiempo.

Los navajos sitúan ese mandala circular en dos planos diferentes. El primero, a semejanza del círculo de los sioux oglalas, está vinculado con las características físicas de su tierra tradicional y con la ronda anual de la vida y de las estaciones. Atribuye un significado simbólico a cada parte del Viejo País, *Dinetah*, y ancla con firmeza los mitos de los orígenes y las epopeyas de los héroes de los cantos en una realidad material incuestionable. Relaciona cada cosa con las otras y con la totalidad que ellas componen: el espacio, el tiempo y las diversas etapas de la vida humana. Todo está contenido en el todo ordenado y armonioso. Eso es un mandala macrocósmico, diferente del segundo nivel de simbolismo expresado en las pinturas de arena, que refleja ese orden universal en el interior del microcosmos humano.

Las figuras principales del mandala macrocósmico de los navajos son las cuatro montañas sagradas que constituyen las fronteras de su territorio y poseen una realidad física. Esas montañas son las moradas de los dioses. Por otra parte, y en relación con la idea de totalidad que ellas dan, cada una, con su dirección específica, está encargada de gran número de significados simbólicos, entre los cuales los de los colores desempeñan uno de los papeles más importantes.

Las ceremonias de los navajos hacen intervenir a un adivino, especialista en el rito, secundado a veces por un asistente, y al enfermo, es decir el beneficiario de la bendición. Allí donde en otros pueblos los ritos son expresados por danzas, las ceremonias de los navajos toman la forma de cánticos recitados y de representaciones teatrales. Reencontramos en esto el principio del drama cósmico, pero éste se desarrolla en un *hogan*, que se supone simboliza al universo. El fuego en el centro de la choza simboliza al sol.

El drama de la Creación del mundo es representado de nuevo en el microcosmos de las pinturas de arena. La ceremonia simboliza las diversas etapas de la Creación y la historia mítica de los dioses, de los antepasados y de la humanidad. Esos dibujos, que se asemejan extrañamente a los mandalas de la India y del Tibet, hacen revivir sucesivamente, en su orden inicial, los acontecimientos de los tiempos míticos. Al escuchar narrar el mito cosmogónico, luego el mito de los orígenes, y al contemplar las pinturas de arena, el paciente es proyectado fuera del tiempo profano e introducido en la plenitud del tiempo primordial. Es "retrotraído" hacia el origen del mundo y se convierte así en el testigo de la cosmogonía. Cada pintura de arena es un catalizador de energía psíquica. Concentra un poder en un punto del espacio y el médico brujo, al emplear el apoyo físico de la arena, transfiere ese poder al enfermo. Éste adquiere no sólo el poder de los personajes sagrados que mira o toca, sino que se convierte en ese poder.

Los cánticos que acompañan las ceremonias de curación son relatos visionarios obtenidos en el transcurso del viaje chamánico a los tres mundos. Sabemos que uno de los elementos más importantes de la técnica chamánica es la aptitud del chamán para pasar de una región cósmica a la otra: de la tierra al mundo celestial o al mundo subterráneo. La mitología de los navajos se basa en una cosmología muy semejante. En los mitos expresados por sus cánticos, los héroes y las heroínas van a un mundo celestial, el país de los espíritus, situado por encima de la tierra, y a un mundo subterráneo accesible únicamente sumergiéndose en un lago o entrando por un pasaje abierto en el suelo. Así, Hombre Santo, el héroe de la vía masculina del proyectil, es arrastrado a su pesar hasta la morada del Pueblo Trueno, donde se le enseña el canto. Por su parte, Scavenger, el héroe de la vía de la perla, es llevado a la casa celestial de las águilas.

El objetivo último de los navajos, marchar hacia la ancianidad por el sendero de la belleza, es muy diferente de los reconocidos por la mitología cristiana. Los navajos no se preocupan por una eventual supervivencia del individuo después de la muerte. Tienen una vaga noción de una vida después de la vida, que se desarrollaría en un mundo subterráneo situado al norte y al que se llegaría por un sendero descendente en un acantilado de arena. Por regla general, ellos piensan que las partes malas o insatisfechas de un muerto pueden errar sobre la tierra en forma de fantasmas o soportar un período de tormentos en un mundo subterráneo sucio y tenebroso. Para ellos, el mayor bien de un hombre es tener una vida larga, armoniosa, antes de ser reintegrado a la naturaleza como una parte de su indivisible unidad.

La religión de los navajos es una meditación profunda sobre la naturaleza y sus poderes de curación. Puede soportar la comparación con los más grandes sistemas de curación del mundo.

LA TRADICIÓN ORAL.
LOS *TAHUA* ORADORES POLINESIOS

Ninguna tradición oral debería ser asimilada a un folclore, término que encierra una connotación despreciativa totalmente injustificada. El prejuicio occidental en favor de lo escrito se remonta al Renacimiento y parecería que los primeros exploradores de las islas del Pacífico Sur lo hubiesen llevado con ellos. No es menos cierto que la capacidad de la memoria colectiva de los maoríes, que ignoran la escritura, es muy superior a todo lo que el hombre blanco ha podido imaginar. Ueva Salmon es capaz de narrar la historia de su familia durante catorce generaciones y el gran sacerdote, poseedor actual de la tradición polinesia, se remonta a veinte generaciones, hasta el siglo XV. Del mismo modo, la aptitud para la creación artística en las narraciones orales de la cultura polinesia es tan real como la de nuestra poesía escrita. Queda así demostrado que el arte poético no es el privilegio de lo escrito. Los individuos que no saben leer ni escribir no están necesariamente desprovistos de sensiblidad poética.

El *tahua* orador posee realmente un "arte de decir" que nosotros ya no tenemos o que ya no sabemos reproducir en nuestra cultura, en la que lo escrito es demasiado exclusivo. Gran parte de lo que constituía la eficacia de su relato podría ser vertido a una página impresa, si eligiésemos nuestros medios tipográficos con tanto cuidado como el orador elige su entonación y sus gestos.

A lo largo de toda nuestra Historia, individuos cultos se han preocupado en poner por escrito cantos y relatos transmitidos hasta allí oralmente. La leyenda del rey Arturo debe ser considerada, en el Occidente cristiano, desde esta perspectiva. Una primera transcripción literal, todavía burda, conoció una serie de modificaciones sucesivas para terminar en una redacción acabada de calidad literaria unánimemente reconocida. Lo mismo vale para las primeras transcripciones del Antiguo Testamento, así como para los textos sagrados de la India védica, como el *Mahabharata*, cuyo origen es misterioso pero indiscutiblemente oral. Se podrían citar muchos otros ejemplos. Ignorarlos equivaldría a privarse de una parte importante de la verdadera poesía y de lo que ella representa para los pueblos que, por ser iletrados, tendemos a considerar primitivos.

La Historia es infinitamente más compleja, pero refleja de manera constante un mismo sentido dinámico del equilibrio. En el antiguo pensamiento maorí, la vida se mide con la vara de la muerte, y el miedo puede convertirse en serenidad. En la vía del aventurero o del navegante investidos del *mana*, la lengua maorí, idéntica al balanceo de un catamarán, es capaz de hacer sentir ese balanceo rítmico hasta en su fraseo. Escuchar hablar el tahitiano o el maorí produce, a otra escala sensorial, las mismas sensaciones suscitadas por la contemplación de los movimientos rítmicos de las danzas tahitianas, que expresan a la perfección el sentido de la belleza inherente a ese pueblo. El paso de las tradiciones orales a los textos escritos nunca es sencillo. ¡Cuántas veces hemos escuchado decir en Tahití o en Moorea que los ancianos ya no quieren transmitir lo que les queda de conocimiento! Cuando una cultura muere, dicen ellos, sus tradiciones deben morir también. Algunos piensan que lo escrito no es un buen soporte para historias que deben, ante todo, ser oídas. Lo escrito, por ser inaudible, está privado de vida.

De este modo, los rituales de curación chamánica se articulan en torno de una mezcla de ritmos de tambores, de plegarias, de utilización de objetos ceremoniales, de convocatoria a los espíritus de la naturaleza o de los mundos superiores. Pero la enseñanza oral, y por consiguiente los cantos de curación, es comunicada por la memoria colectiva del pueblo y transmitida de generación en generación por los seres investidos. En efecto, éstos son capaces de izar su conciencia hacia el nivel donde evoluciona el Primer Pueblo, en un tiempo fuera del tiempo.

La recuperación del alma

En la actualidad, los métodos de recuperación de un alma que se ha separado de su cuerpo sólo se practican muy rara vez en su forma original. Antaño implicaban que el mismo chamán se colocara en un estado de vigilia especial. Su alma viajaba hacia el otro mundo para interceptar a la de su paciente, fugitiva. Al traerla de vuelta, curaba al enfermo.

Los shoshones conservaban todavía el recuerdo de técnicas semejantes en los años cincuenta. Ake Hultkrantz,[11] un profesor de la universidad de Oslo, Noruega, que dedicó más de cuarenta años al estudio del mundo chamánico, contaba que en esas ceremonias, los shoshones adultos pedían a sus hijos que no jugaran cerca del tipi del enfermo, pues el alma de éste flotaba en las proximidades de la tienda y corrían el riesgo de interferir entre ella y el chamán.

Esa invocación a un espíritu guardián para devolver el alma fugitiva a un enfermo no deja de recordar diversos métodos utilizados por los indios de las montañas Rocosas o ciertos aspectos de los rituales de la cuenca del Amazonas. Esas técnicas demuestran una vez más las estrechas conexiones entre la enfermedad y la espiritualidad, entre las vías terapéuticas clásicas y los sistemas místicos.

En ocasión del encuentro con el Abuelo Wallace, en Crowley Lake, Jeffrey, un mestizo shoshone, me obsequió un soberbio bastón de palabra adornado con un cristal, al que añadí dos plumas de faisán y hebras de lana amarilla y roja. Aproveché la circunstancia para pedirle que me hablara de los mitos shoshones.

—En el comienzo —me dijo—, no existía más que un solo mundo y un solo pueblo. En esa época, los seres humanos no tenían boca para alimentarse. Hacían hervir leche de alce, la aspiraban y la arrojaban. Sólo se comunicaban por signos. Luego, el Gran Padre Coyote les dibujó una boca y comenzó la vida humana tal como la conocemos.

Esta historia forma parte de la mitología shoshone. Posiblemente es muy antigua; nos recuerda los cuentos de la India védica, en los que los habitantes del Ganges, desprovistos de boca, se alimentaban de efluvios de flores. Los shoshones tienen una concepción interesante de la vida después de la muerte, pues creen en la reencarnación —algo raro entre los amerindios—, en la existencia de fantasmas, en la vida en otro mundo, en los cielos o en un país situado al oeste, más allá de las brillantes montañas.

Todas las naciones amerindias que han sido cristianizadas han incorporado el concepto de una existencia bienaventurada en el cielo. Jeffrey y yo hemos hablado de los estados de coma superado; él me contó que ciertos comatosos habrían pasado al otro lado del velo y habrían traído la descripción de una comarca rica en terrenos de caza poblados por bisontes y rápidos corceles, pero son raras las personas que conceden crédito a esas visiones. El camino para ir al otro mundo pasa por la Vía Láctea, pues una indicación sugiere que el más allá se encuentra en el cielo. Este camino está simbolizado, entre los shoshones, por el mástil central de la danza del sol. Sus dos ramas erguidas hacia el cielo representan las de la Vía Láctea. Este ejemplo demuestra que los ritos reproducen, a escala microcósmica, la escena macrocósmica del universo.

Incorporación por un animal tótem

Con los ojos cerrados, me concentraba en la paciente tendida ante mí, en medio de un centenar de personas. De pronto, cuando no lo esperaba en absoluto, vi una llanura cubierta de hierba. De un bosque vecino, salió un enorme oso gris que avanzó hacia mí. Yo me hallaba dividido entre el ejercicio cuyo principio exponía y la aparición súbita del oso. Proseguí mis explicaciones sobre las frecuencias emitidas por el órgano enfermo y la manera de crear un sonido, una armonía que resonara con ellas y lo llevara poco a poco al nivel de la frecuencia de curación. Un minuto más tarde, el oso penetró en mi campo de visión etérica y enseguida me sentí incorporado a la energía colosal de ese animal. Mis brazos se levantaron, mis dedos se curvaron como las garras del plantígrado, mi espalda se arqueó ligeramente, como mis hombros, mi rostro se deformó, como si mis músculos faciales quisieran reproducir un hocico idéntico al del animal. Al cabo de unos minutos, estaba completamente incorporado a la potencia del oso. Ya no era yo quien trabajaba sobre el cuerpo sutil de mi paciente, sino la energía del oso que me atravesaba y se derramaba literalmente en sus fibras energéticas.

Entonces, mi otra conciencia comprendió lo que expresan los antiguos mitos sioux, es decir que los animales pueden comunicarse con el ser humano pero que el Gran Misterio no les permite actuar de manera directa. El hombre debe realizar el esfuerzo principal para llegar a comprenderlos. Me di cuenta también de que existía un conjunto de relaciones, dentro del cual todos los miembros de la Creación —el hombre, la cultura, el medio ambiente— interactúan y se interpenetran con sus cualidades y sus energías propias. De este modo, la percepción del universo visible e invisible, en la visión tradicional, implica una fluidez y una transparencia desprovistas de contorno absoluto. No existen límites entre el mundo de los animales, el de los seres humanos y el de los espíritus. Las entidades espirituales provenientes del exterior son cambiantes. El tiempo mismo es un *continuum* no fragmentado, totalmente diferente de nuestra concepción lineal surgida del cerebro izquierdo. El mundo tradicional no carece sin embargo de estructura, tampoco es caótico, pues esa fluidez encierra el vínculo con lo sagrado. La inmensidad del universo interior incluye el principio de unificación del Gran Misterio y no pone en peligro el concepto de unión. El mundo tradicional se presenta así como un mundo espiritualizado en el que los fenómenos sobrenaturales son afirmados y vividos por lo que son.

Los animales tótems

Los chamanes creen desde siempre que sus dones particulares emanan de los animales, de las plantas, del sol y de las energías fundamentales de la Creación. Asumen el potencial que les es dado para proteger al clan, a la tribu, a la comunidad contra la enfermedad y la muerte, para darles fuerza en lo cotidiano y para ayudarlos a vivir en comunión con sus semejantes y a "marchar en la belleza", según la expresión de los navajos.

Los mitos amerindios presentaban a los animales bajo una apariencia esencialmente humana pero con características propias de su especie. Como consecuencia de la involución de la conciencia, los animales y los humanos se diferenciaron hasta adquirir su forma actual; a partir de entonces, ya no les fue posible comunicarse entre ellos. Si bien el territorio mítico de la unión hombre-animal ya no es accesible en la realidad cotidiana, lo sigue siendo en la realidad no ordinaria del chamán y del buscador de visión. Lo mismo ocurre entre los maoríes de la Polinesia con su concepto de tiempo no lineal. En efecto, ellos se refieren a un pasado mitológico que existe paralelamente al tiempo ordinario y es accesible mediante el sueño o las visiones.

El chamán, ser investido, es capaz de realizar la unión hombre-animal gracias a los estados de conciencia chamánica, que le permiten penetrar en el pasado mítico. La mitología tradicional, en particular la del continente norteamericano, es rica en animales que no cuentan simplemente las aventuras de un coyote o de un oso, sino las del Gran Padre Coyote o del Muchacho Oso. Esos personajes representan una especie entera. Así, cuando un chamán es investido con el poder de un espíritu guardián, no se integra al poder espiritual de un oso o de un águila, sino al del Oso o del Águila, al de toda la especie. Cuando Liliane trabaja con el Jaguar, no es un jaguar el que entra en ella, sino la especie Señor Jaguar.

La relación entre los seres humanos y el reino animal es esencial en la visión chamánica tradicional, pues la mujer o el médico brujos utilizan su conocimiento y sus técnicas para participar en las potencialidades de este mundo.

La capacidad de los animales de manifestarse bajo una forma humana no es sorprendente en una cultura que cree que humanos y animales son biológicamente parientes y que se comunicaban en tiempos lejanos. Los animales, o al menos la energía animal potencial, conservan la capacidad de manifestarse, bajo una forma humana, a las personas que entreabren el velo gracias a estados de conciencia chamánica y de ese modo recuperan la capacidad perdida de comunicarse con ellos.

Entre los indios de la cuenca del Amazonas, si un animal nos habla, es considerado de inmediato nuestro espíritu guardián. La capacidad de los espíritus guardianes animales para comunicarse con el ser humano es una indicación de su poder, que pueden expresar igualmente moviéndose en un elemento que no es el suyo. De este modo, un mamífero terrestre o una serpiente volarán aunque no estén provistos de alas. Esto demuestra que el animal no es ordinario, sino portador de poder y capaz de trascender la naturaleza.

- En el oeste,[12] muy alto en el cielo, hay una tienda. Dentro de la tienda, estoy yo, atento. Unos hombres pintados de rojo están sentados en la tienda y me muestran a un herido en la boca, roja de sangre. Mientras hablan, depositan una medicina en mis manos: "Muchacho, ser humano, esta medicina sagrada te permitirá ayudar a levantarse a las personas de tu pueblo que sufren". Estos seres son llamados Oso. Humildemente, yo repito sus palabras. Sin ellos, lamentablemente, yo no soy nada.

Tal fue la visión de un médico brujo Oso lakota. Cada vez que se entrega a un trabajo de curación, recita las fórmulas sagradas de su pueblo. Con la ayuda de una garra de oso, limpia la herida y la trata con las plantas medicinales cuya visión le han dado los espíritus Oso. Después del tratamiento, permanece junto a su paciente hasta estar seguro de que ha sanado. Los lakotas consideran que el Oso es un animal de curación.

Cuando estuvimos en el Pueblo de Taos, en la frontera de Colorado y de Nuevo México, Andrew Thunderdog me habló del Oso.

- Una de las más poderosas medicinas utilizadas por los sanadores *taos* es una planta a la que llaman medicina, o raíz, del Oso. La prescribían a sus pacientes porque ella induce un estado de alucinación. Los mismos chamanes la comían antes de diagnosticar una enfermedad o de identificar su causa.

En el extremo norte de Escandinavia,[13] los chamanes lapones, como los siberianos, se transforman en lobos, en osos, en renos o en peces. Entre los yuki de California, un chamán Oso novel frecuentaba a los osos, comía su alimento y vivía a veces con ellos durante todo un verano. Para un chamán resulta evidente que muchos occidentales poseen tanta energía, tanta salud, porque invariablemente tienen un espíritu guardián. Es trágico que ignoremos la fuente de esa energía y que ya no sepamos utilizarla. Nosotros, occidentales desespiritualizados, hemos perdido manifiestamente los espíritus guardianes que nos protegían en nuestra infancia. Peor aún, ya ni siquiera sabemos que existe un método para reencontrarlos.

En julio de 1997, Jerry Dunson, un kiowa ponca, sobrino de Bear Heart,[14] jefe ceremonial de la nación muskaugee-creek, nos hizo trabajar con los animales totems que emergían de cada rueda de la vida; los siete chakras. A la altura del corazón, contacté con una araña que tejía su tela. Me sorprendió, pues yo esperaba animales más representativos. Pedí una explicación a Jerry, un bailarín del sol, formado entre los cheyennes en el norte de Colorado y entre sus parientes lejanos, los lakotas. Me respondió así:

– Black Elk enseña que en el comienzo *iktomi* era un hombre como los otros. Fue el primero en alcanzar la madurez en este mundo, pues era más astuto que los seres humanos. Él fue quien dio nombre a los seres y a los animales, también fue el primero en hablar el lenguaje de los hombres. Nuestra actitud hacia la araña es muy ambigua; ella ocupa un lugar muy especial.

"A fuerza de ingenio, la Araña ha vencido a los monstruos sobrenaturales. Asumiendo su papel de creador,[15] ella se convirtió en una suerte de héroe cultural, hasta tal punto que los oglalas creían que ella fabricaba las puntas de flechas y las mazas de guerra de piedra. La consideraban pues demasiado poderosa para ser matada directamente. Para acabar con ella, había que recurrir a una estratagema semejante a las suyas. Tanto más cuanto que ella también era quien había hecho de la muerte una condición necesaria de la existencia; de ese modo tendrían todos los seres lugar para vivir en la tierra. Los indios admiran la facultad creadora que le permite tejer una tela a partir de su propio cuerpo, su aptitud para elevarse por los aires en el extremo de un hilo, muchas veces invisible, y también su facilidad para atrapar a los insectos en su tela. Que todos esos rasgos existan en un animal tan pequeño ha contribuido por cierto a su misterio para los oglalas.

Con el correr de los siglos, y a pesar de los avatares de la Historia, la visión chamánica de la enfermedad y de la curación se ha transmitido de generación en generación. Esta enseñanza se articula alrededor de un secreto universal que une a todas las cosas —desde el esqueleto del hombre hasta el destino del universo— en un todo estrechamente imbricado que no omite ningún fenómeno por ínfimo o prodigioso que sea. Cada individuo tiene una función significativa hasta que, en su disolución final, se convierta no solamente en Uno con la armonía primera, sino también en esa misma armonía.

7

LOS JUEGOS DEL MÍSTICO
EL GAMBITO DE LAS ESTRELLAS

El chamán se acostumbró a aislarse sobre la alta meseta, apartado del campamento. Allí pasaba días enteros. En su búsqueda de visión, agradecía a la Madre Tierra por velar tan fielmente por él. A veces, encontraba un lugar elevado donde nada obstaculizaba la mirada, y permanecía allí largas horas contemplando las crestas boscosas. El cielo infinito con sus variaciones de tonos y de humores, las cimas montañosas ondulantes como un mar mineral, el viento con su alternancia de furores y silencios, todos esos poderes elementales lo aterrorizaban y lo reconfortaban a la vez.

Pensaba en su padre y en todo cuanto él le había enseñado acerca del universo y de los dioses que gobernaban las fuerzas terribles de la naturaleza. Recordaba la burda geografía que le había transmitido y que, aunque inexacta, le había permitido abrirse camino en los territorios todavía vírgenes de toda vida humana. Pensaba en los espectáculos grandiosos que había contemplado en sus viajes solitarios y en el sentido de su vida. Sus recuerdos lo conmovieron profundamente.

Murmuró, dirigiéndose a los dioses:

—Mostradme qué debo hacer.

Y el viento, que silbaba en la copa de los árboles, le dio esta respuesta:

—Haz que ese saber que te ha sido transmitido no se pierda jamás.

Escuchó esas palabras muy claramente. Es imposible equivocarse con los murmullos del viento. Pero seguía perplejo.

—¿Cómo transmitir todo esto? —exclamó.

Y los dioses respondieron, pues eran ellos los que se expresaban en el viento. Él estaba seguro.

—Escucha.

Su rostro arrugado se nimbó de una luz irreal y sus ojos se perdieron a lo lejos, envolviendo en una misma mirada el mundo físico y los movimientos furtivos de aves de otra dimensión. Un malestar indefinible, un gran frío interior lo hicieron temblar.

Súbitamente se perfilaron unas sombras en su horizonte visual. Como en cámara lenta, se deslizó suavemente al suelo cuando la punta de obsidiana de la lanza lo golpeó en pleno pecho. Una vida nueva inundaba el valle y el río volvía a ser un torrente tumultuoso. El hombre canoso y flaco era de nuevo un cazador ardiente, y pronto un niño, que jugaba sobre el pequeño desnivel del terreno que dominaba el valle. Pero el lugar ya no le procuraba la menor alegría, cada vez le dispensaba más frialdad.

Él ya había terminado la obra de su vida, legando a su clan el gran tesoro de sus conocimientos. Para hacerlo, había utilizado palabras que el viento le había transmitido.

Esas noches, y todas las que siguieron, eligió términos sencillos para hacer revivir el pasado, a fin de que fuera preservado después de su muerte. Confió a los suyos todo lo que sabía: les habló del muro de hielo y de la tundra del Norte, de los mares inmensos del Oeste y del Sur, de las montañas y los bosques lejanos del Este. Les habló de los dioses y del gran pasaje a través del mar. Luego les contó la historia que el viento le había transmitido y que explicaba por qué el mar los había separado del resto de las tierras.

Su mente penetró en la lanza y probó su consistencia. Era una buena lanza de fresno, ligera para trabajar y ágil para ser lanzada. La punta de obsidiana le reveló los secretos del mundo mineral y la conciencia del origen de las cosas. Luego su mente se dirigió hacia el pequeño grupo que se acercaba a él. El hombre que lo había golpeado con su lanza era bajo, pálido y hambriento. El chamán agonizante descubrió un clan miserable, que sobrevivía amontonándose en efímeras grutas. Sintió el desamparo de esos cazadores primitivos y comprendió que no los dominaba el odio ni la cólera, sino la necesidad, lo que era aún más trágico.

Así es para toda criatura viviente: vivir y morir son elementos del mismo gambito. Este libro, por ejemplo, puede captarse a niveles diferentes: la lectura, el sentimiento, la vibración del autor, el espíritu del autor, la inspiración que lo ha guiado. Este enfoque en cinco planos de lectura se asemeja al que consiste en pasar del mundo físico al mundo etérico, luego al mundo astral, después al mundo mental, para llegar por último al mundo causal, el soplo espiritual que anima al ser humano.

Nuestras historias, natural, sobrenatural y espiritual, se interpenetran en una globalidad vibratoria, a la manera de los tapices holográficos. Para empezar, interesémonos en el primer nivel sobrenatural, el de acceso más simple para los ojos espirituales. Los mundos etéricos y astral ponen a nuestra disposición las técnicas energéticas del tercer milenio.

He aquí algunos casos vividos.

Charles, de unos treinta años, está tendido desde hace diez minutos en el diván. Como yo ya he accedido a mi "otra conciencia", su cuerpo físico me resulta totalmente secundario: un simple vehículo, un apoyo.

Siento que en mí se insinúan las premisas del lenguaje universal: el idioma de la luz. Estoy en conexión directa con su cuerpo etérico. El diálogo entre seres humanos es verdaderamente rudimentario. Para comprendernos, necesitamos el lenguaje con sus palabras, su fraseo y su estructura lógica. El diálogo entre la conciencia pura y el cuerpo etérico es mucho más rico. El espectro del potencial humano se amplía considerablemente. Tengo la impresión de una energía etérica inteligente con la cual puedo dialogar.

Me deslizo entre sus capas energéticas y veo un *tiki* de las Marquesas —una estatua de piedra polinesia— de aproximadamente un metro de altura, sobre el que están grabados signos, petroglifos y rostros. Me encuentro a treinta centímetros por encima de la garganta etérica de Charles, en el preciso lugar donde siente la molestia desde hace dos años.

—Es curioso —digo—. Tiene un *tiki* inscrito aquí. Lo distingo mal, pues es de noche y una pálida luz ilumina el monumento...

Poco a poco, descubro la verdad. El *tiki* está "cargado" y su vibración de defensa se ha liberado en lo etérico de Charles.

—Soy fotógrafo —me explica éste—. Lo que usted dice es en verdad asombroso. Hace un poco más de dos años, hice un reportaje fotográfico en un alto valle de las islas Marquesas y descubrí, en efecto, un *tiki* grabado con petroglifos y dibujos que sólo eran visibles a la luz de la luna y más exactamente de la luna llena. Instalé mis aparatos para reproducir artificialmente ese tipo de iluminación y realicé varias tomas.

Para mí es importante obtener, en la medida de lo posible, una confirmación regular de lo que anticipo. Esto favorece la exactitud de mi lectura energética.

—Bueno —digo—, veamos si podemos suprimir esa vibración que se le ha adherido y provoca sus dolores de garganta.

De pronto, distingo un soberbio rostro de aborigen australiano con las manchas blancas de sus pinturas sagradas. Digo a Charles que se trata de la imagen de una vida anterior, inscrita allí en lo etérico. Eso debería ser imposible, pues éste contiene exclusivamente las informaciones relativas a la vida presente. Pero el aborigen está allí.

—Usted ha sido un aborigen en otra vida —afirmo.

Es la primera vez que me veo enfrentado a una encarnación aborigen durante una lectura energética. Aclaremos sin embargo que la experiencia se desarrollaba en Tahití y las huellas kármicas del Pacífico Sur son muy diferentes de las del hemisferio norte.

—Siento una fascinación particular por Australia —aclara Charles. Residí allí varios años y, a pesar de su desconfianza hacia los blancos, los miembros de un clan australiano me adoptaron. Hasta me dieron un nombre aborigen.

Se me ocurre una idea: utilizar la energía del aborigen para suprimir la que produjo la ruptura de armonía.

A la imagen del aborigen se superpone enseguida la de una serpiente arco iris. Participo a Charles mi incomprensión y él se sobresalta. Esa serpiente es un símbolo primordial entre los aborígenes. Estábamos conmovidos, pues él y yo penetrábamos en capas de memoria olvidadas y sin embargo tan presentes.

—La serpiente arco iris —me explica Charles— es un símbolo de regeneración extremadamente poderoso, porque representa el ciclo continuo del nacimiento y la muerte.

Comprendo de pronto los tres niveles de sueño de los aborígenes y la manera en que su civilización se articula, allá arriba, en el *bougari*, el *dreamtime*.

Nosotros, occidentales, funcionamos de una manera lineal, mientras que ellos funcionan directamente en la verticalidad. Por eso sus pinturas son representadas vistas desde arriba. Un hombre sentado tendrá una forma oblonga, a la manera de un boomerang, y no será pintado en un plano horizontal como lo hacemos nosotros.

Existen así tres niveles de sueño, que la estructura energética de Charles me permitió comprender.

El primero, que calificaremos de etérico, está cerca de la realidad. Allí es donde el inconsciente puede regenerarse y liberar las emociones reprimidas durante meses o años.

El segundo, el astral, es mucho más profundo. Siempre produce sueños en colores (los del primer nivel lo son a veces). Es frecuente la sensación de volar.

El tercer nivel, el causal, corresponde al sueño total. Es allí donde se encuentran los mitos de la Creación o la caverna de los Antepasados inmemoriales. "¡Oh!, Abuelos y Abuelas, os sé vivos para siempre. Contadme la Historia, la verdadera, ésa que no puede ser captada ni por nosotros, los débiles, ni por el profeta, creador de religión. No, vuestro mensaje no puede ser comprendido en este nivel de la existencia terrenal."

El aborigen que percibo en lo etérico de Charles sirve de vínculo entre todos los elementos de su estructura, desde lo alto hacia lo bajo. Así, todos somos portadores no sólo de nuestra biografía personal sino también de nuestra historia colectiva, con los grandes ciclos planetarios de los que formamos parte. Pregunto pues al Antepasado, que flota ante mis ojos cerrados, si puedo utilizar la energía del Padre Serpiente para suprimir la vibración del *tiki* que se ha pegado a la garganta de Charles. Su aquiescencia se resume en una luminiscencia azul. Poco a poco, siento desvanecerse la energía inarmónica hasta que sólo deja subsistir un lugar brillante y luminoso a unos veinte centímetros sobre la garganta de Charles.

—Desde mi regreso de ese reportaje fotográfico en las Marquesas —me confía él—, tengo problemas con amigos de larga data, que tienen hacia mí un comportamiento incomprensible conmigo.

—Eso es normal: la vibración almacenada en su cuerpo sutil origina reacciones inconscientes en su entorno, que llegan a provocar rechazos irracionales.

Cada ser humano posee un campo energético que interpenetra su cuerpo físico. Ese campo es la base no sólo de su estado de salud global, sino también de su estructura psicológica. En otros términos, el cuerpo etérico encierra el árbol psicológico del ser humano. Los místicos dicen que el universo interior se manifiesta en el universo exterior.

En cuanto a la visión etérica, ésta reside en la posibilidad de aprehender ese cuerpo energético mediante sentidos que no son de naturaleza física. Su gama de frecuencia permite tomar en cuenta elementos imperceptibles para el ser humano en el estado normal de vigilia, en especial imágenes percibidas directamente por la mente sin la intermediación del ojo; y no hablamos aquí de imaginación. El ser percibe detalles precisos relativos a acontecimientos vividos o a la historia de una persona y de su familia. De hecho, la percepción energética revela un mundo de energías interactuantes, de campos energéticos en movimiento permanente alrededor de cada criatura viviente. Además, esos campos contienen pequeñas "esferas", conglomerados de memoria que flotan e integran todos los acontecimientos de la existencia presente y pasada. En consecuencia, es posible leer las envolturas vibratorias de una persona, algo equivalente, en cierto modo, a ver una película en tres dimensiones.

La estructura energética del ser humano

Cada órgano físico posee su doble de luz, su doble energético. De tal modo, corazón, hígado, pulmones, riñones, genitales están inscritos vibratoriamente en el cuerpo etérico. Esa contraparte energética permite con frecuencia evaluar el verdadero estado de los órganos, mejor que con un *scanner*. Además, es posible "operarlo" a la manera de un cirujano. ¿Tendremos ahí las bases de una cirugía microvibratoria del futuro? El ejemplo siguiente parece sugerirlo.

Conocí a ese comandante de a bordo de vuelos transcontinentales en la casa de unos amigos comunes que me expusieron su problema. Desde hacía diez años sufría a causa de una hepatitis B y presentaba un nivel elevado de transaminasas. Era atendido y controlado regularmente por sus médicos.

Intenté una experiencia sin saber muy bien qué podría resultar de ella. La diferencia entre las materias física y etérica es principalmente una cuestión de frecuencias. Por consiguiente, ¿por qué no intentar "crear" un hígado etérico y aplicarlo sobre el hígado físico?

Pedí al comandante que se acostara y dejé que mi otra conciencia examinara su hígado. Estaba brillante, hinchado y como agitado por espasmos. Tomé materia etérica y traté de "crearle" un hígado. Mis ojos se abrían y se cerraban rápidamente. La energía-hígado rodaba en mi mano derecha y se hacía más y más densa. Cinco a diez minutos más tarde, mi cuerpo etérico comenzó a vaciarse de su energía. Después de un cuarto de hora, sentí la forma energética del hígado en mis manos, pero fuera del espacio tiempo, sin peso ni masa ni gravedad.

Suavemente, milímetro a milímetro, coloqué esa forma sobre el órgano enfermo del sujeto. En el momento en que el hígado luminoso rozó el hígado físico, éste pareció desinflarse. Lancé un suspiro de alivio y continué superponiendo los dos órganos.

¿La operación había tenido éxito?

El comandante se sentó y me preguntó qué le había hecho. Le expliqué que había intentado reconstruirle el hígado. Era todo lo que podía hacer por él.

Tres semanas más tarde, tuve noticias suyas. Una consulta de rutina, efectuada quince días después de nuestra experiencia, reveló que el nivel de transaminasas había vuelto a la normalidad. La hepatitis B, que dificultaba su vida desde hacía diez años, había desaparecido totalmente.

Las lecturas energéticas y las terapias vibratorias ofrecen posibilidades que desafían todo entendimiento. Permiten en especial trabajar sobre la estructura global de un ser humano.

El que no dormía

Ése era el caso de Paul, que no dormía desde 1987. Sin razón particular —ni traumatismo, ni enfermedad, ni cambio profesional—, este sexagenario había perdido el sueño poco a poco en el espacio de dos meses. Hacía más de diez años que no dormía más que en muy raras ocasiones, siempre demasiado breves. Estaba como una pila eléctrica sobrealimentada.

En la primera palpación energética, percibí un cuerpo etérico sobredimensionado. La zona de densificación de ese campo, que cubre normalmente unos quince centímetros, superaba los treinta centímetros, dimensión considerable.

—Nunca he visto esto —dije a Paul, que lanzó una carcajada.

—Oigo decir eso desde hace diez años. He probado de todo. He consultado a médicos, neurólogos, psicólogos, serví de cobayo en un laboratorio especializado en el estudio del sueño, sin ningún resultado. ¡Mi historia clínica tiene por lo menos cincuenta centímetros de espesor! Incluso he visto a un magnetizador y a un vidente que me dijeron cosas sorprendentes, pero sin obtener mejores resultados. Sigo sin dormir.

Dejé de nuevo a mi otra conciencia dialogar con su cuerpo etérico, y vi aparecer planos y esquemas eléctricos. Le pregunté:

—¿Trabaja usted en electricidad? Veo el símbolo de un descargador de alta tensión.

—Sí, exacto; hace treinta años tramité una patente para un descargador de alta tensión.

Más confiado ante esta confirmación, me abrí un camino entre sus partículas memoriales energéticas.

—¿Trabaja usted con campos magnéticos?

—No particularmente, pero siempre hay campos magnéticos en mi ambiente profesional.

—Pero —insistí—, ¿no trabaja con campos magnéticos pulsados?

—En absoluto.

—Sin embargo siento en su estructura la energía de campos magnéticos pulsados... algo que no debería estar allí.

Luego proseguí mi lectura y vi a un hombre que dormía la siesta bajo un árbol, en un paisaje campestre. Un poco más lejos, estaba amarrada una barca.

—¿Es usted pescador? —pregunté.

—Sí —dijo, echándose a reír—, la pesca es mi pasión.

De pronto, percibí, atravesando el cielo, un haz luminoso apuntando al hombre dormido. Emanaba de una forma lenticular que me hizo pensar en un plato volador. ¿Cómo decirle a ese hombre: "Mientras dormía la siesta, ¡usted fue 'leído' por un haz emitido por un aparato extraterrestre"?

Me aventuré prudentemente.

—¿Recuerda haber dormido una siesta en el otoño de 1987, que más tarde le habría dejado una extraña sensación?

—No, en absoluto.

—¿Nunca se sintió con náuseas, incómodo, después de una siesta?

—No —repitió.

¡Ninguna confirmación por ese lado!

—¿Se interesa usted en el fenómeno de los platos voladores?

—Sí —exclamó—. Ese tema me apasiona.

Decidí participarle lo que veía.

—Un día de pesca, cuando hacía la siesta quedó encerrado en un haz de rayos extraterrestres. Ellos leyeron su ser hasta el nivel más profundo, hasta el punto de descifrar la historia de su genoma.

Paul me miró extrañamente y me preguntó, con toda lógica:

—Bueno, ¿y qué hago yo con eso?

—Buena pregunta. Veamos, puesto que nos hallamos en el ámbito electrónico, incluso espacial... Voy a crear una red de derivación en su plano etérico. Usted ya no puede dormir porque está sobrealimentado por ese campo de energía que permanece allí, en remanencia total.

Cerré los ojos y fabriqué, en el plano etérico, un pequeño aparato, como un motor, que se encargaría de absorber parte de la enorme energía que impedía dormir a ese hombre desde hacía tanto tiempo. En los meses siguientes, Paul recuperó el sueño, pero la mejoría fue de corta duración.

Mi amigo Marc Côté, terapeuta de Montreal, tuvo entonces la idea de hacerle gastar ese exceso de energía. En efecto, ¿por qué no utilizarla de otra manera? Paul comenzó a tratar de ayudar a su mujer, que sufría de migrañas desde hacía veinticinco años. Le hizo pases sobre la cabeza y la migraña desapareció totalmente.

Todavía hoy, Paul sigue sin dormir realmente, pero su potencial de curación es absolutamente fabuloso. Algo le ha sido transmitido, tal vez, desde otro mundo. ¿Por accidente?

El *pifao*

Jean-François es ghanés. Desde hace veinte años padece dolores de vientre a veces hasta el límite de lo soportable. Fue operado en dos ocasiones y sus dolores siguen siendo intensos. Le han hablado de espasmos intestinales, de crispaciones abdominales, pero nada ha dado resultado. Además, él genera sentimientos de agresividad incomprensibles en sus allegados, siendo que su actitud es absolutamente normal.

En el transcurso de la lectura de su vientre etérico, veo un gallo.

—¿Qué hace aquí este animal? —le pregunté—. ¿Ha vivido rodeado de gallos?

Me miró arrugando el entrecejo. Quizá se preguntaba si no perdía el tiempo.

—¡Seguro, claro! En todos los pueblos africanos los gallos y las gallinas se pasean en libertad, lo mismo que muchos otros animales extraños, como aquí, por otra parte —añadió, malicioso.

Permanecí en silencio, concentrado en su emanación energética. Ese gallo tenía un sentido, ¿pero cuál? Luego vi jirafas.

—¿Hay jirafas donde usted nació?

—No, pero las hay en el Níger.

—¿Las jirafas, el Níger, evocan algo para usted?

—Sí —me dijo Jean-François—, estuve combatiendo en el Níger y mis problemas comenzaron poco tiempo después.

Sentí una vibración extraña, que nada tenía que hacer allí.

—Usted ha sido víctima de un maleficio —declaré prudentemente.

—No me sorprende —admitió él.

Su etérico me proporcionó una nueva información. Yo estaba en conexión directa con su inconsciente y descubría cosas que el ser humano tiende a olvidar con el paso de los años.

—¿Qué le ocurrió a los siete años?

—Mi padre me contó que había ido a ver a un morabito cuando yo tenía esa edad, pues habíamos sido víctimas de un maleficio, mi familia y yo.

—En tahitiano se diría que había sido *boucané*.

En efecto, ese hombre había sido víctima, en 1975, de un hechizo, un *boucan*, y los dolores de vientre que lo torturaban desde hacía veinte años provenían de eso. Sufrió un maleficio, una mala suerte, un *pifao*, para emplear la antigua palabra tahitiana simbolizada por el gallo. Necesitaba borrar la vibración de ese animal tanto para que cesaran sus dolores de vientre como las reacciones hostiles de sus allegados.

Las teorías vibratorias: técnicas energéticas del tercer milenio

Desde la aparición de *Guérison spirituelle et immortalité*, en 1992, se ha dado un gran paso en la comprensión, la lectura, la decodificación y la desprogramación de los campos energéticos que rodean al ser humano.

Ya habíamos observado, en ocasión de expansiones de conciencia provocadas, que sólo un tenue velo separa nuestra condición del momento de nuestra naturaleza verdadera e intemporal. La observación de los campos energéticos de los cuerpos de luz permite encontrar un lenguaje antiguo que es una herramienta de comunicación mucho mejor que nuestro lenguaje hablado, puesto que es el idioma universal, el de la luz.

Habíamos comprobado que algunas transferencias de información de una capa energética a otra se presentan como una transmisión de códigos que son otras tantas unidades holográficas vivientes, a la vez más precisas y más globales que nuestro lenguaje verbal corriente.

Las tradiciones enseñan que el ser humano es un compuesto global que reúne un conglomerado energético de siete cuerpos energéticos, o de siete capas, que vibran a frecuencias diferentes. Esos cuerpos cohabitan en el mismo espacio. Ahora bien, un principio reconocido en física admite que frecuencias diferentes coexisten en un mismo espacio sin destruirse mutuamente.

El cuerpo etérico y el inconsciente

El cuerpo etérico es una verdadera plataforma holográfica que se superpone al cuerpo físico. Vibra a una frecuencia cercana a la de la materia y se imbrica en lo físico rodeándolo al mismo tiempo de una envoltura de cincuenta a sesenta centímetros. A unos quince centímetros de la envoltura física, se encuentra lo que yo he denominado la zona de densificación energética. Es allí donde se puede palpar el cuerpo etérico, "leerlo" y efectuar un balance energético. Por su parte, nuestros ojos espirituales hacen una lectura global a partir de cualquier punto del holograma etérico, lo que es propio de un holograma, en el cual cada punto encierra el conjunto de todos los puntos.

Esta zona de densificación responde a cierto número de parámetros, que permiten la elaboración de un equilibrio de salud tanto física como psicológica.

El primero, quizás el más importante, es su espesor. Debe tener unos quince centímetros. No obstante, en el caso de enfermedades, de problemas físicos e incluso emocionales, ese espesor se reduce poco a poco. Hemos observado, en personas afectadas de enfermedades graves o en los agonizantes, zonas de densificación de apenas dos o tres centímetros.

Las técnicas energéticas, consistentes en redinamizar el cuerpo etérico a partir de seis puntos situados en la frente, permiten devolver su espesor a un etérico enfermo. La persona evidencia entonces una mejoría de varios días en su estado de salud.

Quienes trabajan con los poderes de la naturaleza, como los chamanes, tienen etéricos muy amplios, que alcanzan a veces los veinticinco centímetros y dan testimonio de una fuerza muy grande y de una gran vitalidad.

El achicamiento de ese campo de energía puede deberse a factores emocionales o a corrientes energéticas inconscientes que hacen más lento el flujo de energía, el *prana*, en los canales que componen ese campo.

El segundo parámetro es la densidad del cuerpo etérico. Su importancia fue descubierta en 1995. Yo había formulado la idea de que el cuerpo etérico era comparable a la capa de ozono que rodea a la Tierra. Esta capa filtra los rayos ultravioleta provenientes del espacio y así nos protege de las radiaciones perjudiciales. Pero su papel es aún más importante.

La Tierra es bombardeada constantemente por meteoritos, que sin embargo se disgregan quemados en la atmósfera. Por cierto, algunos caen sobre la Tierra, pero es una cantidad ínfima comparada con el número total.

Lo mismo ocurre con el cuerpo etérico, que filtra informaciones codificadas, o "quistes de memoria", susceptibles de generar trastornos emocionales y hasta fisiológicos en el cuerpo físico. Si lo etérico es denso, esas memorias son quemadas como los meteoritos y no alcanzan a lo físico. Ésa es la razón por la cual ciertas personas tienen constantemente pequeños problemas de salud mientras que otras no los tienen jamás. Lo etérico de estas últimas es denso y desempeña bien su papel de barrera de protección contra esos trastornos energéticos que se inscriben poco a poco en la materia física.

El tercer parámetro concierne a la alineación y al ordenamiento. Entre 1985 y 1993, observamos desórdenes energéticos a veces importantes en nuestros pacientes.[1] Reordenábamos y reafianzábamos sistemáticamente cuerpos etéricos perturbados como consecuencia de traumatismos físicos o afectivos, de una anestesia general o también de un defecto de construcción en el momento de la encarnación.

Observamos que esas intervenciones se volvían inútiles a partir del momento en que el cuerpo etérico era suficientemente denso. Entonces, envolvía bien al cuerpo físico y cumplía perfectamente su papel.

En cambio, esos desórdenes energéticos provocaban a veces patologías como vértigos, náuseas, trastornos de la visión, pulsiones de angustia, e incluso desórdenes psiquiátricos como alucinaciones visuales y auditivas.

La reacción palpatoria

Cuando se palpa la zona de densificación, el cuerpo etérico debe tener una reacción suave, como un gato que arquea el lomo cuando se lo acaricia. La reacción palpatoria denota en la mayoría de los casos una tendencia psicológica. Las personas encerradas en sí mismas, con una visión rígida de la existencia, tienen una reacción palpatoria casi inexistente. Las que tienen una reacción amplia demuestran una buena adaptabilidad a las condiciones generales de la existencia.

La textura

La textura del cuerpo etérico debe ser suave y lisa al tacto. Esta característica es perceptible gracias a la extensión energética del órgano físico del tacto. Los cuerpos etéricos son rugosos, arenosos, suaves, sedosos, etcétera. Estas particularidades representan también aspectos de la estructura psicológica del individuo. Un etérico rugoso corresponde generalmente a una persona de carácter áspero. Un etérico sedoso, a una persona de fácil acceso.

El movimiento etérico primario

Los osteópatas reconocen el movimiento respiratorio primario en el cráneo; este movimiento se debe a la circulación del líquido cefalorraquídeo que permite que aquél respire. Sus ínfimas variaciones, que los osteópatas sienten en la yema de los dedos, les permiten establecer un diagnóstico. El etérico está animado de un mismo movimiento respiratorio, denominado a veces movimiento etérico primario.

El cuerpo etérico no es una estructura fija y rígida. Por el contrario, está animado de ondulaciones. También esa respiración traduce la manera en que una persona está regida por los campos significativos intemporales de su inconsciente.

Podemos sumar la luminosidad al número de parámetros. El cuerpo etérico debe ser brillante y su luminosidad debe estar distribuida de manera pareja en todo el campo. En ciertos casos es despareja y aparecen zonas oscuras, lo que denota un "desorden etérico" susceptible de provocar a corto o largo plazo, si no ya, un problema físico.

En efecto, hemos observado que todos los fenómenos que se manifiestan en el aspecto físico han aparecido primero en el plano etérico. Nos hemos convencido de ello después de varios centenares de experiencias. Sabemos que informaciones provenientes de "la otra vertiente de la realidad" transitan por capas de energía más y más densas para pasar de un universo al otro, de la plataforma etérica holográfica al cuerpo densificado. Esas memorias, o quistes de memoria en el caso de algunos desórdenes físicos, tardarán entre unos meses y un año y medio en "descender". Ahora sabemos cómo se activan esos quistes y pasan de una vertiente a otra.

La arqueología psíquica

Pero quizás el descubrimiento más importante es la comprensión del vínculo entre cuerpo etérico e inconsciente.

El psiquismo del ser humano está constituido, en cierto modo, por varias capas arqueológicas. Por eso solemos hablar de arqueología psíquica. El cerebro izquierdo está ligado con la conciencia ordinaria, con la memoria, con lo vivido. Por lo general, la gran mayoría de las personas conserva recuerdos que se remontan hasta la edad de ocho años, más allá de lo cual todo se vuelve borroso. El individuo ya no tiene recuerdos personales sino recuerdos narrados por sus padres o allegados.

Existe pues una zona de memoria y una zona de olvido. La zona de memoria es la conciencia ordinaria ligada con el cerebro izquierdo, racional y analítico. El cerebro derecho, por su parte, está conectado a lo inconsciente. Cuando inclinamos nuestro razonamiento hacia el hemisferio derecho, accedemos a la inmensa reserva de informaciones que es el inconsciente. En eso reside la ventaja de los estados de expansión de conciencia, vía principal hacia las profundidades insospechadas de la psiquis.

Nuestras experiencias nos han permitido comprobar que el cuerpo etérico está conectado al inconsciente. En otros términos, las memorias de superficie propias de la conciencia ordinaria se sitúan en el cuerpo etérico, a pocos centímetros del cuerpo físico. Es decir que allí podemos encontrar la experiencia de los años recientes —enfermedad, intervención quirúrgica, cambio inopinado, viaje, acontecimiento particular—, en una palabra todo lo que constituye la textura de nuestra vida.

En cambio, cuanto más ascendemos en lo etérico tanto más descendemos en el inconsciente. Es posible distinguir, en lo etérico, esa frontera entre la zona de memoria y la zona de olvido. De este modo, al proceder a una lectura del cuerpo etérico, nos abocamos, de hecho, a una lectura del inconsciente. Un cuarto de hora basta para interpretar la estructura psicológica profunda de un individuo.

En enero de 1997, yo explicaba esta manera de trabajar a un grupo de formación. Para ilustrar mis palabras, procedí a una demostración con un participante. Un psicoanalista vino a verme al final de la sesión y me dijo:

—En veinte minutos usted ha realizado lo equivalente a varios meses de análisis.

Entonces comprendí el valor de este tipo de trabajo. En ningún momento tuve la sensación de practicar videncia. Se trata en realidad de actuar sobre otro plano de comprensión, que toma en cuenta el funcionamiento ampliado del ser humano. Un cerebro holográfico descifra un holograma: el cuerpo etérico. Éste constituye, hablando con propiedad, un "aparato" particular dentro del ser humano. Bastaba identificarlo para permitir la decodificación de un campo de energía invisible para nuestros ojos e ignorado siempre por la tecnología moderna.

Aclaremos sin embargo que la situación está evolucionando. En 1990, en el Congreso Científico de Council Grove, Kansas, me encontré con el profesor Tiller, de quien he hablado en *Guérison spirituelle et immortalité*. Él seguía presidiendo el departamento de *engineering* de la universidad. Con sus alumnos que preparaban la tesis de doctorado, se había dedicado a fabricar un aparato capaz de objetivar el cuerpo etérico.

Explicaba ese campo de energía relacionándolo con la termodinámica de los sistemas inestables. Escucharlo hablar es un verdadero sortilegio: se expresa a la vez como un científico de alto nivel y como un místico, pasando de los dipolos a los cuerpos etérico y astral sin la menor confusión.

Consideremos ahora la zona de olvido a la que nos hemos referido precedentemente. Ella fluctúa en función de la estructura psicológica de la persona. Recientemente, conocí a un hombre que no conservaba ningún recuerdo anterior a los doce años. Ahora bien, quedó casi establecido que había sido víctima de un incesto o de violencia física. La estructura psicológica teje una envoltura de protección, como un manto de olvido.

En tales casos, conviene deslizarse muy suavemente en el campo de energía para comenzar a descifrarlo. Se logrará así describir una habitación, una alcoba, una cama... Hemos observado con frecuencia que las memorias que se encuentran en los niveles relativamente elevados del cuerpo etérico, o sea en las capas profundas del inconsciente, parecían electrizarse entonces y descendían de capa en capa de energía, aflorando insensiblemente hacia la conciencia ordinaria. Por eso no es raro oír exclamar a algunas personas:

—¡Ah, sí! Ahora lo recuerdo. Había olvidado completamente ese episodio.

Por cierto, no es cuestión de emitir opiniones falsas basadas en interpretaciones apresuradas. Semejante trabajo exige una rectitud absoluta. Para paliar los riesgos de error, yo trato siempre de obtener múltiples confirmaciones. Para ello, me baso en lo vivido por la persona, a fin de verificar si existe un vínculo entre la información desconocida y lo vivido.

Cuando una imagen percibida vuelve repetidamente durante treinta segundos o un minuto, yo comienzo a pensar en la posibilidad de que ella corresponda a una realidad. Mi cerebro trabaja entonces a un régimen acelerado. Funciona simultáneamente en dos niveles: en el aquí y ahora y en la otra dimensión.

Cuando se me presentan imágenes, antes de describirlas al sujeto, le pregunto si tal pasaje o tal situación le evocan algo. Si responde negativamente, guardo ese elemento de información en un rincón de mi memoria y prosigo mi lectura. Suele ocurrir que informaciones sucesivas no tengan pies ni cabeza. No las rechazo, sólo las acomodo como hacemos con las piezas de un rompecabezas antes de intentar encajarlas.

Es importante no precipitarse y proceder siempre a múltiples verificaciones. Una simple sensación, de frío intenso, por ejemplo, o una imagen vaga, como una flor, nunca son elementos suficientes.

Para empezar a formular cualquier opinión, es necesario disponer de ocho, diez, quince informaciones que se completen y se confirmen mutuamente. Hay que ver la imagen que muestra el rompecabezas. Tal lectura dura por lo general entre cinco y diez minutos, algo que es notablemente rápido.

En 1988 y 1989, acepté hacer de cobayo para el laboratorio del Monroe Institute de Virginia. Me sentía confiado en ese ambiente. Allí no tenía la impresión de ser analizado por seres incrédulos, cínicos, desprovistos de una mente abierta, sino por científicos objetivos deseosos de comprender el funcionamiento del cerebro en esos momentos de conciencia particular. En esa ocasión descubrí con sorpresa que podíamos aumentar deliberadamente la frecuencia del cerebro. En lugar de funcionar entre veinte y veinticinco hertz, nivel ordinario de conciencia, las señales eléctricas pueden subir hasta cincuenta, incluso hasta sesenta hertz.

Siento un respeto profundo y sincero por ese potencial altamente espiritual del ser humano.

El cuerpo etérico encierra toda la experiencia de nuestra vida presente. En él encontramos el entorno familiar y profesional, los acontecimientos de la adolescencia y de la infancia, y hasta el impacto de la vida fetal. Y todos esos elementos pueden ser el objeto de una lectura. Suele ocurrir que ésta sea imprecisa y deje subsistir una duda. En tal caso yo no emito opinión alguna. En cambio, si la imagen que se dibuja es nítida, si los diversos elementos se imbrican de manera lógica, las informaciones que pasan de ese modo al nivel consciente del ser van a ayudarlo profundamente en su progreso. Entendámonos bien: yo no soy terapeuta ni sanador. Sólo trato de comprender la estructura global del hombre como especie. Ahora bien, la visión que se desprende abre perspectivas realmente fenomenales. Estoy persuadido de que el trabajo en el cuerpo energético constituye uno de los aspectos fundamentales de las orientaciones terapéuticas y espirituales del tercer milenio.

En teoría, no se encuentra ningún rastro de vidas anteriores en el cuerpo etérico. Éstas pertenecen al ámbito del cuerpo astral.

El cuerpo astral

El cuerpo astral es el segundo campo de energía. Está compuesto por partículas taquiónicas, como el cuerpo etérico, pero vibra a una frecuencia aún más elevada.

El cuerpo astral desciende a cuarenta centímetros aproximadamente y se imbrica, en consecuencia, en el etérico. Existe una zona de coexistencia no destructora. Hemos visto que la física reconoce el principio de que dos energías de frecuencias diferentes pueden cohabitar en el mismo espacio sin anularse recíprocamente.

Según la tradición, el cuerpo astral es el vehículo de las emociones y de los deseos. Allí se encuentran los registros de las vidas anteriores. Su lectura revela la historia tanto biográfica como kármica de la persona. Imágenes medievales se superponen a veces a escenas napoleónicas, incluso egipcias o aún más antiguas. El tiempo no existe en el cuerpo astral; todo es posible en él y está al alcance de la mano.

Sin embargo, suele ocurrir que ciertas memorias denominadas kármicas se activen y "desciendan" al cuerpo etérico.

De tal modo, cuando en el transcurso de una lectura del cuerpo etérico vemos surgir una imagen de una vida anterior, sabemos que estamos en presencia de un problema de naturaleza kármica. Hablaremos entonces de traumatismos kármicos o de quistes de memoria.

Un traumatismo es la memoria de un acontecimiento en el cual se ha "insertado" una emoción: miedo, angustia, cólera, temor, dolor, terror, etcétera. Se traduce por un punto de memoria rodeado de una nube emocional. La combinación de ambos engendra el traumatismo. En un mundo de energía, es posible desprogramar esa nube y por lo tanto desactivar, neutralizar, la memoria. Así, una persona que hubiera sido ahorcada en una vida anterior, conserva la memoria de ese episodio en la zona de la nuca etérica y padece dolores cervicales repetidos. Cuando esa memoria haya sido desprogramada, desaparecerán los dolores. La experiencia lo ha demostrado con frecuencia.

En 1996, un encuentro con una bióloga romana me permitió comprender la importancia de la zona de densificación. Esa joven, de treinta y cinco años, era muy enérgica, pero su vida era una retahíla de enfermedades y operaciones. Si mal no recuerdo, había pasado tres años enteros de su vida en el hospital. Su cuerpo físico era literalmente un campo de batalla quirúrgico.

Establecí un balance energético para comprender su estado. Su cuerpo etérico revelaba profundas perturbaciones energéticas. Palpé la zona de densificación y comprobé una caída del cuerpo astral en el etérico. Sin embargo, este último tenía una fuerte densidad. De hecho, las memorias anteriores habían caído en el cuerpo etérico, introduciendo en él episodios de guerra, de muertes y malos tratos diversos. Ahora bien, el cuerpo etérico corresponde al inconsciente; por lo tanto el inconsciente de esta persona encerraba cargas kármicas muy poderosas que influían en su existencia, algo que los místicos enseñan desde siempre. El inconsciente, es decir el universo interior, proyecta series de acontecimientos hacia el mundo exterior y los cristaliza. Esa persona fabricaba literalmente su existencia a partir de cargas kármicas almacenadas en su inconsciente.

¿Era posible recuperar esa zona? Me esforcé en lograrlo restaurando el equilibrio, y por consiguiente la frontera, entre los dos campos. Desde entonces, esa joven parece haber encontrado una energía nueva, una mayor disponibilidad y un entusiasmo aún más vivo.

Los tres cuerpos, físico, etérico y astral, podrían ser denominados los cuerpos de la encarnación. Ellos son los que generan las condiciones de nuestra existencia. ¿Pero somos tributarios de fuerzas inconscientes que no dominamos? Con frecuencia pienso que cuanto más importante es el grado de apertura de conciencia, tanto más dominamos nuestro destino. Podríamos comparar al hombre con una persona en una barca. Si dispone de remos, podrá bogar en cualquier dirección, a menos, desde luego, que la corriente sea demasiado fuerte. Pero si utiliza mal los remos o si no los posee, será incapaz de dirigir su embarcación, que se moverá al capricho de la corriente.

Los campos superiores corresponden al cuerpo mental y al cuerpo causal. Éstos superan la historia biográfica e incluso kármica del individuo. Ya no existe vida presente ni vida anterior. El cuerpo causal representa el campo de la conciencia superior donde se situarían el *bougari* y el *dreamtime* de los aborígenes. A él corresponden la creación y la transmisión del pensamiento ideal. Se relaciona con la esencia de las cosas y las causas reales ocultas detrás de las apariencias. El cuerpo causal corresponde al mundo de las realidades de las causas esenciales.

Mis percepciones se detienen casi en ese nivel. Es raro que yo efectúe una lectura causal. Es una experiencia muy fatigosa pero sumamente poderosa. El lenguaje ya no es de tipo analítico comprensible por el cerebro izquierdo, sino metafórico. En ese nivel, o alcanzado ese grado de frecuencia, penetramos en la historia del mundo y comprendemos a cuál corriente de pensamiento planetario está conectado un individuo. En este plano se encuentran los grandes arquetipos de la humanidad: Cristo, Buda, Isis, Osiris, Quetzalcoatl, Ta'aroa, Odín, etcétera.

Ciertas personas están ligadas con corrientes de pensamiento de la isla de Pascua, a antiguas civilizaciones andinas, a mitos griegos, egipcios o hindúes, a los dioses del Norte, a los mitos celtas, etcétera.

Sophie y la batalla de los dioses

En un reciente ciclo de formación, conocí a Sophie. A pesar de poseer un desarrollo personal y espiritual importante, ella no lograba ver el cuerpo etérico. Numerosos participantes de mis seminarios se sorprenden a menudo al comprobar, al cabo de dos o tres días, que obtienen notables percepciones. ¡Pero Sophie no lo conseguía! En lugar de proceder a una lectura etérica o astral, le propuse intentar una lectura causal. Éste fue el resultado.

Yo siempre comienzo por hacer un balance etérico. El campo de Sophie era de densidad y de espesor normales. Presentaba ligeras rayas en la zona de la rodilla izquierda y del ojo. El tercer ojo, sede de la percepción energética, emitía una pulsación lenta, que zumbaba en tonos graves, como el segundo chakra.

En el nivel astral, todo se presenta en negativo, como en una película fotográfica. ¿Estaríamos en presencia de un mecanismo invertido? Noto también imágenes curiosas: un hombre en una Harley Davidson y detrás de él, indistinta, una persona como aspirada dentro de un tubo; luego aparece un signo, un ideograma japonés. Reconozco el del *Sepuku*, el suicidio ritual en el *bushido*, la disciplina de los samurais. Pregunto a Sophie:

—¿Conoce usted los ideogramas japoneses?

—En absoluto.

Subo la percepción a un grado de frecuencia más elevado en el cuerpo astral. Surgen nuevos anacronismos: ruedas de avión, una colmena, abejas, criptas egipcias, yacentes medievales, estatuas de dioses muertos —¡tanta confusión vibratoria!—, polluelos que picotean, una nutria de dos cabezas comiendo un pescado, un ave lira de plumas multicolores, pavos reales, faisanes, una jungla tropical, escenas de guerra, una ciudad incendiada, muertos por todas partes, un jinete negro en una callejuela buscando algo. El jinete negro me recuerda al Príncipe Negro de la Inglaterra de las cruzadas. Lanzas cruzadas sobre un blasón... dos cuchillas entrecruzadas. El símbolo de los fabricantes de vitrales en la Edad Media... ¡Vaya, el caballero negro se encuentra dentro de un vitral!

No consigo izarme hasta el nivel de lo causal. Me siento como trabado en mi progreso. La entidad está aprisionada en capas energéticas que no se comunican entre sí. Las señales están interrumpidas y las vibraciones son disonantes.

Evolucionamos dentro de un campo de energía intemporal, con un conjunto de escafandras a nuestra disposición para explorar los diferentes niveles de realidad. Para descender al fondo de los mares o caminar en la luna, debemos ponernos una escafandra. Del mismo modo, para explorar el universo físico, nos hemos dotados de otro tipo de escafandra: el cuerpo físico. En principio, los diferentes cuerpos energéticos interactúan entre sí, pero en el caso de Sophie, la comunicación estaba cortada.

Lo astral superior no emite ninguna vibración. Allí la energía parece congelada. Todo está inmóvil, sin la menor respiración energética. De pronto me doy cuenta de que allí hay una conciencia condenada al olvido. ¿Olvido de qué? ¿De sí misma? Ella no tiene ninguna reacción. Pregunto al cuerpo causal si puedo ascender a su nivel. Formulo otra pregunta mentalmente, en forma luminosa: ¿a qué corriente planetaria pertenece ese ser, a qué está conectado? Veo una concha marina, dentro de ella hay una luz, un unicornio, una tortuga, el animal sagrado, un humanoide en el cuerpo astral superior. Tengo la cuasicerteza de que Sophie ha sido amnésica en varias vidas anteriores.

Sin abrir los ojos, ella me confía que suele tener la impresión de estar como anestesiada. Su mente se paraliza cuando quiere reflexionar sobre ciertos temas o cuando trata de tener algunas percepciones. ¿Dónde se sitúa la respuesta a mis preguntas? ¿En el nivel de lo causal, de lo astral, de lo etérico?

Se acerca un objeto. Una esfera semejante a Júpiter. Una batalla mítica opone a Seth y a Horus... ¡Es en Egipto! El mito de los ángeles caídos. Veo el caos y finalmente accedo al nivel causal. Ha transcurrido una media hora desde el comienzo de la experiencia, lo que es anormalmente largo.

Al comienzo de mi incursión en lo causal, todo está confuso. Siento que un arma ha hundido ese grado de conciencia en el olvido, digamos en una congelación vibratoria, a falta de otras palabras. Me encuentro en territorio desconocido, en medio de una batalla de dioses. Si yo tomara las cosas en el primer grado, diría que estamos en presencia de una maldición proferida por entidades etéricas y astrales de una encarnación anterior. Para mí, se trata de otra cosa muy diferente: de una visión causal del *Mahabharata*, la famosa batalla que oponía a los dioses de la mitología hindú. Pero, el *Mahabharata* mitológico es sólo una pálida copia del que se desarrolla ante mis ojos. Veo armas vibratorias que utilizan la antigravitación para sumir a la entidad en un estado de congelamiento vibratorio y en el olvido.

¿Una prohibición vibratoria me impedirá elevarme más, para llegar hasta el origen? Me siento subir en espiral en un universo oscuro. Allí hay descargadores de alta tensión, una capa energética cargada de electricidad negra, tormentas magnéticas. Se me muestra una burbuja que presenta simultáneamente dimensiones diferentes. Estoy en un espacio riemaniano, un espacio más grande en el interior que en el exterior. Adentro, hay objetos cónicos. Las vibraciones retienen prisionera a una parte del ser en medio de una tormenta magnética.

—Una parte de usted —digo a Sophie— está retenida en una prisión sin tiempo y sin dimensiones. Al parecer, usted ha sido condenada al olvido. ¿De qué? ¿Por qué? Necesito traducir esas informaciones a términos etéricos, porque no comprendo nada.

De hecho, la traducción o transcodificación se hace primero de lo causal a lo astral, luego de lo causal a lo etérico. Entonces resulta más simple comprender.

—Es como si civilizaciones futuras —prosigo— hubiesen inventado prisiones vibratorias. Una parte de su conciencia estaría exiliada en esa zona. ¿Conviene dejarla así o abrir la caja de Pandora? Y si la abrimos, ¿qué va a pasar?

Lo causal me responde y me muestra gotas de fuego en forma de lágrimas.

En lo causal se desarrolla como una lucha entre fuerzas solares y lunares, en negativo. En el nivel físico, se hablaría de guerra entre los buenos y los malos, pero se trata de algo muy diferente.

—La batalla sigue desarrollándose. La parte de su ser aprisionada sirve, de hecho, de moneda de intercambio. Esa guerra ha comenzado en un tiempo de dioses, antes de la creación de la humanidad. ¿Qué hacer? ¿Desactivar la bomba del olvido? ¿No habrá peligro espiritual, psíquico o psicológico?

La ayuda vendrá de abajo y se elevará como la *Antakarana*, un puente vibratorio entre la conciencia encarnada y la del alma. Crear la *Antakarana* puede hacer saltar los cerrojos de abajo hacia arriba.

En realidad, mi visión no pertenece al futuro ni al pasado; es del presente. Debo efectuar mi lectura yendo hacia ella. Es la actualización de un juego de ajedrez causal. La persona que está allí es como un gambito de las estrellas, un sacrificio que permite ganar tiempo.[2]

Veo el símbolo de la tortuga. En la Polinesia es un animal sagrado, que no se pierde jamás porque siempre encuentra su casa.

Así se desarrolló esta lectura causal.

Por supuesto, es difícil retranscribir aquí el poder de tales lecturas. Son extremadamente raras, y el lenguaje para expresarlas suele resultar incomprensible. Sin embargo, ¡cuánto potencial encierra este terreno!

Los cuerpos de energía ofrecen muchas otras posibilidades. En especial, permiten obtener informaciones sobre allegados ausentes. Podemos proceder a una lectura muy exacta de esta información holograma. En Brasil, con Liliane, hicimos una lectura para dos madres que habían perdido, una de ellas un hijo de once años y la otra uno de tres años y medio. Describimos así con precisión las circunstancias de su accidente. Fue una experiencia particularmente emocionante, pues nosotros sentíamos la presencia de esos dos pequeños desaparecidos en los códigos de memoria de la estructura energética de las dos mujeres.

De este modo, en el nivel del cuerpo causal, accedemos a la memoria colectiva, a la memoria de la humanidad. Es el nivel del mundo chamánico superior. Ahora es posible el vínculo entre el chamán, el físico y el místico. Es un juego que se desarrolla en una estructura pluridimensional, en un tiempo fuera del tiempo, en un espacio que existe en todas partes y en ninguna.

Hace dos años, me pregunté si sería posible trabajar sobre el ADN y el genoma humano. ¿Es posible transferir informaciones luminosas a la región del genoma? De inmediato tuve la sensación de un peligro, como si no hubiera que aventurarse tan lejos. No obstante, me arriesgué en dos oportunidades para hacer desaparecer quistes renales importantes. En ambos casos, los pacientes me confirmaron que los quistes habían desaparecido totalmente. Esto sigue siendo incomprensible para mí, pero tal vez un día organizaciones poderosas tomen el relevo y exploren esta vía tan prometedora.

En 1992, en ocasión de un congreso en Decatur, Georgia, Estados Unidos, conocí a Ed Thames, presidente de Psytech, una curiosa sociedad norteamericana. Emplea a seis personas, surgidas todas ellas de los comandos de *rangers* del ejército. Por otra parte, cuatro siguen en actividad. Sólo Ed Thames y su adjunto se han retirado.

La historia con la que deseo terminar esta obra parecerá increíble a algunos; yo he dudado en reproducirla durante mucho tiempo, pero el propio Ed Thames la cuenta en público y yo la cito aquí por lo que vale.

Los seis miembros de esa sociedad fueron formados por Ingo Swann, el más célebre *remote viewer*[3] del mundo. Ese hombre es capaz de proyectarse a distancia a cualquier lugar del mundo y describirlo en detalle.

A raíz de esta información, el equipo de Ed Thames recibió contratos importantes por parte de sociedades de tecnología avanzada de Estados Unidos. Se les pedía proyectarse en el futuro para traer planos de máquinas que no serían construidas hasta ochenta años más tarde. Ignoro lo ocurrido con esas búsquedas, pero sí sé con seguridad que se requirió la contribución del equipo durante la guerra del Golfo. Sus miembros se habrían proyectado al salón de mapas de Sadam Hussein. Este hecho sorprendente fue narrado por diversos periódicos norteamericanos, que se burlaron del hecho de que la ONU hubiese recurrido a mediums para vencer a los iraquíes.

Pregunté a Ed. Thames:

—¿Y cómo habéis sentido vosotros esas críticas?

Me miró con una suave sonrisa irónica y respondió:

—Era exactamente lo que esperábamos. Esos periodistas nos fabrican una máscara y mientras tanto nosotros hacemos lo que mejor nos parece.

El general Bert Stubbelbin participaba también en ese congreso. Hoy retirado, este general, comandante de los Servicios de Informaciones de la US Air Force, es el alma verdadera de Psytech. Me contó que esa sociedad estaba igualmente abocada a investigaciones sobre los contactos con civilizaciones provenientes de otros mundos o de otras dimensiones vibratorias.

Soy consciente de que estas afirmaciones superan el marco *strictu sensu* de este libro, pero ellas no dejan de ilustrar el potencial del psiquismo humano, al menos a los ojos de oficiales del más alto nivel. Ilustran también la diferencia entre la información comunicada al público masivo y la realidad de las investigaciones que se realizan en el secreto de laboratorios militares.

En las últimas décadas, diferentes laboratorios de investigación y algunos científicos diseminados en todo el mundo se han abocado a numerosos estudios de las modificaciones somáticas y bioeléctricas registradas en individuos que han experimentado estados de conciencia chamánica. De ello surge que la capacidad de abertura de la conciencia es inherente a la dotación espiritual de cada ser humano.

Estas experiencias ponen en evidencia la influencia del cerebro y la singularidad de la mente: ésta no es un subproducto del cerebro. Todo lo contrario, influye en él. Lo que explicaría que la mente pueda penetrar en las células de un organismo y modificar sus mecanismos fisiológicos. Ya no estamos en el terreno de la superstición y de la fe popular, pues la conexión entre la mente y el cerebro, como la existente entre el cuerpo y la mente, no es más que la prolongación de los interrogantes planteados por la física moderna. La evolución de la percepción de los campos de energía que rodean al ser humano ha tenido en estos últimos años un considerable progreso.

Es posible leer con gran exactitud la historia presente y pasada de un ser humano. El conocimiento de su estructura psicológica profunda y de las razones que permiten que la enfermedad penetre en su envoltura física aportan una inmensa esperanza para el desarrollo de una visión global y unificada del hombre. Los campos energéticos que rodean al ser humano contienen "pequeñas esferas de memoria", códigos de memoria que flotan y encierran todos los acontecimientos de la existencia, presente y pasada. Por consiguiente, es posible, creando conscientemente un adecuado funcionamiento del cerebro, comenzar a leer, literalmente, las envolturas vibratorias de una persona, como se mira una película o una cinta de vídeo.

Me he dado cuenta de que cada órgano físico parece tener su doble de luz, su doble energético. De tal modo, el corazón, el hígado, los pulmones, los riñones, los órganos genitales de un sujeto se reencuentran inscritos vibratoriamente en el cuerpo etérico. Entonces es posible, gracias a esa contrapartida energética, obtener una lectura del verdadero estado de los órganos, más exacta aún que con la ayuda de un *scanner* de positrones. La cirugía energética es la culminación de este descubrimiento: cuando un órgano está infectado, cargado, cuando ha perdido la armonía, es posible abrirlo y operarlo como lo haría un cirujano. Allí encontramos las bases de una cirugía microvibratoria del futuro, a menos que se trate de un redescubrimiento de las bases de una ciencia energética totalmente olvidada desde hace milenios. En todo caso, ésa es una de las esperanzas de los nuevos modelos terapéuticos del tercer milenio.

Si se trata de una realidad, ¿es posible que un día forme parte de lo cotidiano de cada uno? ¿Se pueden percibir corrientemente el cuerpo de luz y los campos de energía que envuelven a los seres humanos? La respuesta es claramente afirmativa. Sin embargo, ¿podemos aceptar esos fenómenos, vivirlos y sacar de ellos enseñanzas aplicables? De la respuesta a este desafío depende, en parte, la visión científica y espiritual que se esboza para el tercer milenio.

Conclusión

A lo largo de toda la Historia, la mayoría de los pueblos tradicionales han concedido considerable importancia a los estados no ordinarios de conciencia. Han elaborado así una notable cartografía del viaje interior, sin descuidar ningún detalle del potencial positivo de esos estados particulares. La tradición chamánica ha resurgido en la actualidad en forma de un camino de transformación viviente, vibrante. Cada día más y más personas exploran los estados de conciencia chamánica para extraer de ellos el conocimiento y la sabiduría del "mundo oculto detrás del mundo". Las enseñanzas transmitidas por la visión chamánica de la existencia son la herencia común de todos los que ven en la senda chamánica un camino que conduce a la sabiduría interior y a la armonía entre pueblos y naciones diferentes.

El chamanismo, la disciplina espiritual más antigua de la humanidad, despierta un nuevo entusiasmo, vinculado, en gran parte, con el hecho de que todas las religiones que se hallaban en el origen de las experiencias espirituales han sido jerarquizadas. El chamanismo, en su forma arcaica o moderna, recuerda el aspecto democrático de la vida espiritual: las fuerzas sutiles de la naturaleza se manifiestan en niveles espirituales de experiencias. Cada dimensión de la realidad está disponible para quien haga el esfuerzo de aprender los diferentes medios de viajar de un mundo a otro y los ponga en práctica. De tal modo, la vía chamánica permite vivir una experiencia directa sin la intermediación de estructuras impuestas por una Iglesia o una doctrina. Esta vía de exploración y sus principales posibilidades ayudan al chamán a curar, a reanimar y a llevar al mundo profano los poderes transformadores del tiempo y del espacio sagrados. Además, su facultad de orquestar por sí mismo sus diferentes estados de conciencia constituye una suerte de puente entre la realidad ordinaria y los planos transpersonales. En efecto, la senda chamánica exige del iniciado que se introduzca en la disolución del ser y penetre conscientemente en el caos.

Durante el viaje chamánico, la psiquis y el cosmos se reúnen; el chamán se convierte entonces en la vía de acceso a las fuerzas de la Creación o a las fuerzas intrapsíquicas. El talento y la disciplina requeridos para asumir relaciones tan especiales deben ser inmensos, lo que explica el respeto con que ha sido considerado el chamán durante milenios. Al desafiar el tiempo y las fronteras culturales, la verdadera tradición chamánica permanece viva en la actualidad y curiosamente idéntica a sí misma, tanto en su método como en su imagen.

En lo más profundo de nuestro ser conservamos el recuerdo de un traumatismo colectivo responsable de la escisión entre nuestras percepciones física y espiritual. Los antiguos atribuían una conciencia tanto a los cuerpos celestes como a las fuerzas de la naturaleza. Nosotros desaprobamos esta creencia calificándola de superstición, de animismo o, por poco que seamos realmente sofisticados, de antropomorfismo. Es probable que, al ocurrir la catástrofe primordial cuyo recuerdo es preservado en una forma u otra por nuestros antepasados, nos hayamos aislado de manera enfermiza y hayamos perdido todo sentimiento de comunión con la naturaleza, el planeta, los "dioses" y los otros.

La psicología moderna se dedica exclusivamente al tratamiento de las consecuencias que han podido tener esa identificación demasiado rígida con la experiencia vivida y esas estructuras de pensamiento alienantes. Lamentablemente, la mayoría de esos procesos psicológicos se contentan con hacer feliz al individuo en su prisión o con crearle una cárcel más sonriente en la que se le enseña a amar más al prisionero.

Una escisión se operó igualmente entre los diferentes niveles del yo, provocando la pérdida del poder de comunicación, hasta entonces considerado fácil, natural, ordinario. La comunión profunda se hizo cada vez más rara y su búsqueda requirió inmensos esfuerzos. Esas especulaciones sobre el mito del mundo, sus consecuencias y su importancia en la tradición chamánica justifican en parte el camino y el don extraordinario del chamán, en la medida en que afirman que el poder de comunicación ha sido retirado a todos los hombres de manera radical, salvo a los chamanes y a los místicos, pues éstos han elegido realizar un enorme trabajo físico, espiritual y psicológico consistente en aventurarse más allá de los velos tendidos hace tanto tiempo sobre el cuerpo, la mente y el alma.

En el mundo entero, cada vez más personas y pueblos despiertan a la memoria colectiva de su cultura, pero aun así son raras las que conocen la tradición chamánica europea, con excepción de las fraternidades druídicas. Las prácticas espirituales y de curación de los pueblos celtas, difundidas antaño, han sido declaradas fuera de la ley durante siglos, condenadas por las revoluciones religiosas, científicas y tecnológicas. Brian Bates señala que la herencia europea occidental ha salido de nuestra conciencia colectiva y que los grandes chamanes de Europa ya no son visibles más que bajo la máscara tenebrosa de personajes novelescos tales como Merlín o Gandalf, Viviana o Morgana.

Los europeos han adquirido la convicción de que las tradiciones de sabiduría eran características de otras culturas. Podíamos buscar en ellas una enseñanza, pero las profundas raíces arquetípicas de nuestro propio modo de vida primordial eran negadas, lo mismo que nuestra memoria colectiva. La sabiduría inmemorial de todo un continente había caído en el olvido. Esa tendencia se está invirtiendo. Se tiene la impresión de que la potencia y la pertinencia del enfoque chamánico se hallaba justo en el umbral de nuestra conciencia, reprimida pero lista para expresarse otra vez. Un nuevo trabajo de arqueología psíquica nos espera. La existencia y la naturaleza de la sabiduría vigente hace milenios, en un tiempo en el que nuestros ancestros vivían en comunidades tribales, en la actualidad han inspirado y despertado a individuos herederos de una gran tradición europea de chamanismo.

Las pinturas rupestres de Lascaux nos han hecho remontar a quince mil años antes de nuestra era; la gruta Chauvet con sus trescientas pinturas nos lleva a más de treinta mil años en nuestro pasado. Jean Clottes, presidente del Comité Internacional de Arte Rupestre y ex director de las Antigüedades Prehistóricas en Francia, no se ha equivocado.[1] Con él, seguimos a los chamanes al mundo subterráneo del más allá donde los aguardaban los animales-espíritus. Los chamanes dibujaban sus siluetas en la roca de las grutas y entraban en contacto con ellos mediante sus dibujos y sus ritos. A través de su memoria y de su visión de un mundo sublimado, estaban en contacto directo con las fuerzas invisibles de la naturaleza.

La memoria colectiva y las enseñanzas sagradas de nuestros orígenes desaparecidos se sitúan en el nivel del cuerpo causal, el quinto cuerpo sutil de la Tradición. Hemos olvidado un caudal considerable de conocimientos, pero las antiguas vías de exploración de la psiquis humana se abren de nuevo para quienes quieran emprender el viaje.

El objetivo último de la vida de los navajos, "marchar hacia la ancianidad por el sendero de la belleza", difiere claramente de las aspiraciones de nuestra civilización. Para ellos, el mayor bien de un hombre es tener una vida larga y armoniosa; luego ser reintegrado a la naturaleza como una parte de su indivisible unidad. Ésa es la suerte que aguarda a los héroes míticos de todos sus cantos, suerte descrita de manera conmovedora en una melopea de la senda de la cima de la montaña.[2]

Como toda visión chamánica del mundo, la religión del pueblo dineh, los navajos, es una profunda meditación sobre la naturaleza y sus potenciales de curación.

Una leyenda dineh cuenta que un héroe regresó a la tierra al término de aventuras peligrosas para transmitir a su joven hermano el conocimiento sagrado que había arrancado a los Seres santos, leyenda que nos hace pensar en la búsqueda del Grial.

Un día en que partió a cazar con su hermano, las divinidades impacientes vinieron a buscarlo. Antes de acompañarlas, dirigió un último canto de adiós a su hermano menor:

Adiós, mi joven hermano.
Desde los elevados lugares, los santos lugares
Los Dioses han venido a buscarme.
Tú no volverás a verme nunca más.
Pero cuando la lluvia moje tu cabeza
Y retumbe el trueno,
Tú pensarás: Es la voz de mi hermano mayor.
Y cuando madure la cosecha,
Cuando oigas la voz de toda clase de pequeños pájaros
Y el chirrido de las langostas,
Tú pensarás: Es la obra de mi hermano mayor.
Es la huella de su espíritu.

Los aborígenes australianos hablan de una época en la que el mundo tangible pertenecía al *dreamtime*. Afirman que un día se reabsorberá en el tiempo del sueño. Las enseñanzas chamánicas sugieren que el universo físico es apenas la chispa instantánea de un contexto mucho más vasto, que la realidad se desarrolla fundamentalmente en un plano inmaterial. Podemos emprender el viaje del chamán y penetrar en un universo donde el espíritu y lo real forman el mismo *continuum*.

Después de tantos años de estudios y de exploración de la psiquis humana, he sentido en nosotros al ser humano en devenir dentro de nosotros. Sobre ese ser todavía dormido se han construido los grandes mitos de la humanidad. Él es quien nos hará pasar de un estado de fractura hacia un nuevo ordenamiento, el que nos permitirá redescubrir la senda del medio y volver a ser uno, vivientes y eternos. Más allá de mi condición humana, éste es el mensaje que a través de *El chamán, el físico y el místico* trato de transmitir.

Agradecimientos

Esta obra representa la evolución de mis experimentaciones y reflexiones realizadas durante los últimos veinte años. Deseo expresar mi profundo agradecimiento a las diversas personas que me han ayudado, sostenido y seguido durante este período:

- a Paul Couturiau, por su colaboración y su ayuda eficaz e imaginativa;
- a Jean-Paul Bertrand, mi editor, que creyó en mi trabajo desde mis primeras publicaciones;
- a los representantes de las diferentes tradiciones que he conocido durante mis viajes a través del mundo;
- a Ueva Salmon, que nos condujo hacia el sortilegio de las tradiciones del Pacífico Sur y nos abrió las puertas de Rapa Nui, la isla de Pascua;
- a mi amigo y hermano Marc Côté, terapeuta de Montreal, que ha tenido a bien revisar y rectificar algunos aspectos del capítulo canadiense;
- a Waldemar Falçao, mi editor de Río de Janeiro y organizador de la "saga" brasileña;
- a Anne-Marie y Wim Ordelman, de la casa solariega del Tertre en Paimpont, Bretaña, que me sensibilizaron al antiguo pensamiento druídico;
- a Wallace Black Elk, Andrew Thunderdog y Kim Pollis, cuya enseñanza, cánticos y tambores todavía hoy resuenan en mis oídos.

Por último, mis pensamientos más profundos son para Liliane, que me acompañó en todos esos viajes y me guió abriéndome las puertas de su mundo chamánico interior. En otros tiempos y en otros lugares, nos habíamos dado cita; nuestros caminos se cruzaron de nuevo en el mundo de hoy.

También a mis guardianes y aliados; el oso y el lobo...

NOTAS

INTRODUCCIÓN

1. Para hacerlo, he recorrido más de quinientos mil kilómetros.
2. Volveré sobre esta noción de "contacto" en el cuerpo de la obra.
3. Brian Bates, *Le Sorcier*, Éditions du Rocher, Mónaco.
4. Karl Popper, *La Quête inachevée*, Calman-Lévy, París, 1981.
5. *La Terre en devenir*, Éditions Albin Michel, París, 1994.

I

EL VIAJE
CHAMÁNICO

1. Patrick Drouot, *Guérison spirituelle et immortalité*, Éditions du Rocher, Mónaco.
2. Guardián del fuego, ¿hay alguien afuera?
3. Perro Trueno.
4. Pied Noir, europeo de Argelia.
5. El Gran Espíritu.
6. Habitante de Los Ángeles.
7. Todos estamos emparentados.
8. Ruth Beebe Hill, *Hanta Yo*, Éditions du Rocher, Mónaco.
9. Acerca de la vida de W. Black Elk, véase Wallace Black Elk y William S. Lyon, *Les Voies sacrées d'un Sioux lakota*, Le Mail, Éditions du Rocher, Mónaco.

10. El Gran Espíritu.
11. Nicolás Black Elk y John Neihardt, *Hehaka Sopa. Les rites secrets des Indiens sioux*, Éditions Payot, París.
12. Ciervo cojo.
13. Archie Fire Lame Deer, *Le Cercle sacré*, Éditions Albin Michel, París.
14. La Tierra.
15. El Pueblo de la Piedra.
16. Todos estamos emparentados.
17. La Madre Tierra.
18. El Gran Espíritu.
19. Los árboles.
20. Colina del Oso.
21. Entonces, rezas más fuerte.
22. Acerca del fin trágico de los indios de California, véase Théodora Krueber, *Ishi*, Éditions Terre Humaine, París.
23. Veamos qué pasa en la tienda.
24. Ake Hultkrantz, *Guérison chamanique et médecine traditionnelle des Indiens d'Amérique du Nord*, Le Mail, Éditions du Rocher, Mónaco.

2

EL MUNDO DE LAS PLANTAS
REVELADORAS

1. Miembro del Departamento de Farmacología Química de la universidad de Kuopio, Finlandia.
2. Miembro de la Escola Paulista de Medicina de San Pablo, Brasil.
3. Sustancias reveladoras de Dios.
4. En castellano en el original. *(N. De la T.)*
5. Un culto afrobrasileño.
6. Alan Kardec, *Le Livre des esprits, Le Livre des médiums*, Dervy Livres, París.
7. En castellano en el original. *(N. De la T.)*
8. Ríos estrechos.
9. La liana.
10. La hoja.

11. Una seta tóxica.
12. Las visiones.
13. El raspado.
14. La casa de la trituración.
15. Alex Polari de Alverga, *O Libro do mirações*, Editora Record.
16. David Maybury-Lewis, *Millenium, tribal wisdom and the modern world*, Ed. Viking, Penguin Books, Nueva York.

3

EL TRIÁNGULO
POLINESIO

1. Ch. Manutahi, *Mana. Poésie tahitienne*, South Pacific Mana Publications, vol. 7, n° 1.
2. Las cabañas de palmas al borde de la playa.
3. El jefe guerrero.
4. Los tambores.
5. El *aito*, del mismo nombre que los guerreros.
6. La tortuga.
7. La pipa ritual zumbadora.
8. La fuerza creadora del espíritu.
9. El hijo.
10. Sitio ceremonial.
11. Teuira Henry, *Tahiti aux temps anciens*, publicación de la Société des océanistes, París, 1997.
12. Los sacerdotes polinesios.
13. Los cantos guerreros tradicionales.
14. Un árbol que resiste todos los vientos.
15. Orsmond, *Tahitian dictionary*, Bulletin de la Société des études océaniennes, n° 226, marzo de 1984.
16. Un gran jefe.
17. La invocación a la presencia de los dioses.
18. La renovación de los ornamentos del dios.
19. Agua batida.
20. El profeta.
21. Recipiente de madera.
22. Mucha decisión.

23. Teuira Henry, *op. cit.*
24. Una caracola utilizada como trompeta.
25. Guiño.
26. Teuira Henry, *op. cit.*
27. Mai-Arii, *Généalogies commentées des* Arii *des îles de la Société*, Société des études océaniques, 1991.
28. Henry Adams, *Mémoires d'Arii Taimai*, publicaciones de la Société des océanistes, n° 12, París, 1964.
29. Fundación del cielo terrenal.
30. Estabilidad.
31. Los blancos.
32. Peñasco de la flota.
33. Lanza con muescas.
34. El árbol de hierro.
35. Bob Putigny, *Le Mana*, Éditions Avant & Après.
36. Con la boca agrandada.
37. En *L'Express-magazine* del 25 de septiembre de 1997, "Prozac au naturel".
38. Teuira Henry, *op. cit.*
39. Golpear ligeramente.
40. En damero.
41. Que imprime en carbón vegetal.
42. Que está en el cielo oscuro.
43. Buscador en la oscuridad.
44. Hina de temperamento brusco.
45. Artista tatuador.

4

LOS ESTADOS DE CONCIENCIA
CHAMÁNICA

1. Brian Bates, *Le Sorcier, op. cit.*
2. Jeremy Narby, *Le Serpent cosmique.*
3. Joseph Campbell, *The Masks of Gods*, Ediciones Arkana, Nueva York.
4. Son llamados estados de conciencia chamánica (ECC) por antropólogos como Michael Harner.

5. Stanley Krippner, *Chaman du XXe Siècle*, Ruth-Inge Heinze, Irvington editor.
6. Wallace Black Elk y William S. Lyon, Thomas E. Mails y Fools Crow, etcétera
7. Fritjof Capra, *Le Temps du changement*, Éditions du Rocher, Mónaco, 1983.
8. Immanuel Velikovsky, *Mondes en collision*, Éditions Stock, París.
9. Christina y Stanislav Grof, *À la recherche de soi*, Éditions du Rocher, Mónaco.
10. Patrick Drouot, *Guérison spirituelle et immortalité*, Éditions du Rocher, Mónaco.
11. Urgencia.
12. Emergencia, surgimiento.
13. En especial las elaboradas en la *Menninger Foundation* en Topeka, Kansas, por el médico Elmer Green.
14. La experiencia del muro de cobre.
15. Archie Fire Lame Deer, *The Gift of Power*, Ed. Bear & Co.
16. Frances Densmore, *Teton Sioux Music and Culture*, University Press of Nebraska, 1992.
17. Georges Hyde-Georges Bent, *Histoire des Cheyennes*, Éditions du Rocher, Mónaco.

5

LA BÚSQUEDA
DEL FÍSICO

1. *Pattern*: palabra inglesa que significa patrón, pauta, diseño, esquema.
2. Extraño, curioso.
3. Lengua noruega antigua. *(N. de la T.)*
4. Brian Bates, *Le Sorcier*, op. cit.
5. Fritjof Capra, *Le Temps du changement*, op. cit.
6. Einstein, Podolsky y Rosen.
7. Región de las cuatro esquinas.
8. Maurice Barrès, *La Colline inspirée*, Éditions du Rocher, Mónaco.
9. Fred Alan Wolf, *The Eagle's Quest*, Ed. Summit Books, Nueva York.

10. Jeremy Narby, *Le Serpent cosmique*, Georg Éditeur, Ginebra.
11. Patrick Drouot, *Nous sommes tous immortels*, Éditions du Rocher, Mónaco.
12. Jeremy Narby, *op. cit.*
13. Patrick Drouot, *Guérison spirituelle et immortalité*, Éditions du Rocher, Mónaco.
14. V. V. Nalimov, *Les Mathématiques de l'inconscient*, Éditions du Rocher, Mónaco.
15. Renée Weber, *Dialogue avec des scientifiques et des sages*, Éditions du Rocher, Mónaco.
16. El padre del yoga.
17. Renée Weber, *op. cit.*
18. Grigore Burdea y Philippe Coiffet, *La Réalité virtuelle*, Éditions Hermès, París.
19. Sistema de comando con bolas.
20. Palanca de comando para los juegos de ordenador.
21. Howard Rheingold, *La Réalité virtuelle*, Éditions Dunod, París.
22. El experimentador ve el mundo exterior a través de los ojos de un telerobot, al que está conectado en un entorno de realidad virtual.
23. Telepresencia es el nombre dado a un concepto, a una herramienta, a una experiencia.
24. Arnold Toynbee, *L'Histoire*, Éditions Bordas, París, 1981.
25. Stephen Hawking, *Une brève histoire du temps*, Flammarion, París.

6
LOS MECANISMOS CHAMÁNICOS
DE LA CURACIÓN CUERPO-ESPÍRITU

1. Marcha en la belleza.
2. Ake Hultkrantz, *Guérison chamanique et médecine traditionnelle des Indiens d'Amérique*, Le Mail, Éditions du Rocher, Mónaco.
3. F. y M. Grépin, *La Médecine tahitienne traditionnelle*, Éditions du Pacifique.
4. Que reemplaza a la corbata en el sudoeste norteamericano. El bolo está constituido por una pequeña placa de plata grabada y sostenida en el cuello por una banda de cuero.

5. *Arctic Medical Research*, vol. 47, supl. 1, 1988.
6. Mary Louise Dow, "*My encounter with a medecine man*", en la revista norteamericana *New Age Journal*, julio de 1992.
7. En español en el original, por meseta. *(N. de la T.)*
8. Hopi Tribal Operations, P.O. Box 123, Kykotsmovi, Arizona 86039, Tél.: 00 1 602 734 2222.
9. Donald Sandner, *Rituels de guérison chez les Navajos*, Éditions du Rocher, Mónaco.
10. Paul G. Zolbrod, *Le livre des Indiens navajos*, Éditions du Rocher, Mónaco.
11. Ake Hultkrantz, *Shamanic Healing and Ritual Drama*, Crossroad Publishing Co, Nueva York.
12. *Giving voice to bear*, Ed. Roberts & Rinehart, Nueva York.
13. Michael Harner, *La Voie du chaman*, Éditions Press Pocket, París.
14. Corazón de Oso.
15. John Epes Brown, *Les Animaux de l'âme*, Le Mail, Éditions du Rocher, Mónaco.

7
LOS JUEGOS DEL MÍSTICO
El gambito de las estrellas

1. Véase Patrick Drouot, *Guérison spirituelle et immortalité, op. cit.*
2. En el ajedrez, un gambito es un ardid; se sacrifica una pieza para ganar una posición favorable.
3. Literalmente, el que ve a distancia.

Conclusión

1. Clottes Jean y Lewis Williams Davis, *Les Chamans de la Préhistoire*, Éditions du Seuil, París, 1996.
2. Donald Sandner, *op. cit.*

Bibliografía

Introducción

BATES, Brian, *Le Sorcier*, Éd. du Rocher, Mónaco, 1996.
BOFF, Leonardo, *La Terre en devenir*, Éd. Albin Michel, París, 1994.
POPPER, Karl, *La Quête inachevée*, París, Calman-Lévy, París, 1981.

I

EL VIAJE
CHAMÁNICO

DROUOT, Patrick, *Guérison spirituelle et immortalité*, Éd. du Rocher, Mónaco, 1993.
HILL, Ruth Beebe, *Hanta Yo*, Éd. du Rocher, Mónaco, 1993.
BLACK ELK, Wallace y LYON, William S., *Les Voies sacrées d'un Sioux lakota*, Le Mail, Éd. du Rocher, Mónaco.
EPES BROWN, John, *Les Rites secrets des Indiens sioux*, Le Mail, Éd. du Rocher, Mónaco, 1992.
MACGAA, Ed, *Mother Earth spirituality*, Harper, San Francisco, 1990.
FIRE LAME DEER, Archie, *Le Cercle sacré*, Éd. Albin Michel, París, 1995.
KRUEBER, Théodora, *Ishi*, Éd. Plon - Terre Humaine, París, 1968.
COLLIGNON, Béatrice, *Les Inuit*, Éd. L'Harmattan, París, 1996.

2
EL MUNDO DE LAS PLANTAS REVELADORAS

LAMB, Franck Bruce, *Un sorcier dans la forêt du Pérou*, Le Mail, Éd. du Rocher, Mónaco, 1996.
THÉVET, André, *Le Brésil d'André Thévet*, Éd. Chandeigne, París, 1997.
KARDEC, Alan, *Le Livre des esprits, Le Livre des médiums*, Dervy Livres, París.
POLARI DE ALVERGA, Alex, *O guia da floresta*, Editora Record, Río de Janeiro, 1992.
—, *O livro das Miraçoes*, Editora Record, Río de Janeiro, 1984.
MAYBURY-LEWIS, David, *Millenium, Tribal Wisdom and the Modern World*, Ed. Viking, Penguin books, Nueva York, 1992.

3
EL TRIÁNGULO POLINESIO

MANUTAHI, Charles, *Mana, poésie tahitienne*, South Pacific Publications, vol. 7, n° 1.
HENRY, Teuira, *Tahiti aux temps anciens*, publicación de la Société des océanistes, París, 1997.
BABADZAN, Alain, *Les Dépuilles des dieux, essai sur la religion tahitienne à l'époque de la découverte*, Éd. de la Maison des sciences de l'homme, París, 1993.
ORSMOND, *Tahitian dictionnary*, Bulletin de la Société des études océaniques, n° 226, París, 1984.
HAVECKER, Cyril, *Le Temps du rêve, la mémoire du peuple aborigène australien*, Le Mail, Éd. du Rocher. Mónaco.
LONG, Max Freedom, *Kahunas, The Secret Science at Work*, DeVorss y Company, Marina del Rey, Ca. Estados Unidos, 1982.
MAI-ARII, *Généalogies commentés des Arii des îles de la Société*, Éd. Société des études océaniques, Papeete, Tahití, 1996.

TAKAU POMARE, *Mémoires de Marau Taaroa, dernière reine de Tahiti*, Museo del Hombre, publicación de la Société des océanistes, n° 27, París, 1971.
ADAMS, Henry, *Mémoires d'Arii Taimai*, París, publicaciones de la Société des océanistes, n° 12, 1964.
PUTIGNY, Bob, *Le Mana*, Éd. Avant et après, Tahití, 1993.

4

LOS ESTADOS DE CONCIENCIA
CHAMÁNICA

LÉVI-STRAUSS, Claude, *Anthropologie structurale*, Éd. Plon, París, 1973.
KHARITIDI, Olga, *La Chamane blanche*, Éd. Lattès, París, 1997.
MORGAN, Marlo, *Message des hommes vrais aux mutants*, Ed. Albin Michel, París, 1995.
MANKILLER, Wilma, *Mankiller, a Chief and her People*, Ed. St Martin's Griffin, Nueva York, 1993.
NIETHAMMER, Carolyn, *Filles de la Terre*, Éd. Albin Michel, París, 1997.
ELIADE, Mircea, *Le Chamanisme et les techniques archaïques de l'extase*, Éd. Payot, París, 1983.
MERCIER, Mario, *Chamanisme et chamans*, Éd. Dangles, Saint-Jean de Braye, Francia, 1987.
—, *Journal d'un chaman*, Éd. Robert Laffont, París, 1995.
BATES, Brian, *Le Sorcier*, Éd. du Rocher, Mónaco, 1996.
NARBY, Jeremy, *Le Serpent cosmique*, Georg Editeur, Ginebra.
CAMPBELL, *The Masks of Gods*, Arkana, Nueva York, 1971.
SERVIER, Jean, *L'Homme et l'invisible*, Éd. Imago-Payot, París, 1980.
WALSH, Roger N., *The Spirit of Shamanism*, Ed. Jeremy P. Tarcher, Los Ángeles, 1990.
HEIZE, Ruth-Inge, *Chaman du XXe siècle*, artículo de KRIPPNER, Stanley, Ed. Irvington, Nueva York.
CAPRA, Fritjof, *Le Temps du changement*, Éd. du Rocher, Mónaco, 1983.
ZOLBROD, Paul G., *Le Livre des Indiens navajos*, Éd. du Rocher, Mónaco, 1992.

VELIKOVSKY, Immanuel, *Mondes en collision*, Éd. Stock, París, 1978.
GROF, Christina y Stanislav, *À la recherche de soi*, Éd. du Rocher, Mónaco, 1992.
FIRE LAME DEER, Archie, *The Gift of Power*, Ed. Bear y Co, Santa Fe.
DENSMORE, France, *Teton sioux music and culture*, University Press of Nebraska, 1992.
FOSTER, Steven y MEREDITH LITTLE, *The Book of the Vision Quest*, Prentice Hill Press, Nueva York, 1987.
HYDE, Georges y BENT, Georges, *Histoire des Cheyennes*, Éd. du Rocher, Mónaco, 1995.

5

LA BÚSQUEDA
DEL FÍSICO

NALIMOV, V. V., *Les Mathématiques de l'inconscient*, Éd. du Rocher, Mónaco, 1996.
BARRÈS, Maurice, *La Colline inspirée*, Éd. du Rocher, Mónaco, 1995.
WOLF, Fred Alan, *The Eagle's quest*, Summit Books, Nueva York.
NARBY, Jeremy, *Le Serpent cosmique*, Georg Editeur, Ginebra, 1995.
DROUOT, Patrick, *Nous sommes tous immortels*, Éd. du Rocher, Mónaco, 1987.
WEBER, Renée, *Dialogue avec des scientifiques et des sages*, Éd. du Rocher, Mónaco, 1993.
PENROSE, Roger, *Les Ombres de l'espirit*, Interéditions, París, 1995.
BURDEA, Grigore y COIFFET, Philippe, *La Réalité virtuelle*, Éd. Hermès, París, 1993.
RHEINGOLD, Howard, *La Réalité virtuelle*, Éd. Dunod, París, 1993.
TOYNBEE, Arnold, *L'Histoire*, Éd. Bordas, París, 1981.
BOHM, David y PEAT, F. David, *La Conscience et l'univers*, Éd. du Rocher, Mónaco, 1990.
LAZLO, Ervin, *Science et réalité*, Éd. du Rocher, Mónaco, 1996.
FEUERTEIN, G., *Structures of Consciousness*, Integral Publishing, Lower Lake, Ca. Estados Unidos, 1987.
HAWKING, Stephen, *Une brève histoire de temps*, Éd. Flammarion, París, 1996.

PRIGOGINE, Ilya, *La Fin des certitudes*, Éd. Odile Jacob, París, 1996.
WHITEHEAD, A. N., *La Science et le monde moderne*, Éd. du Rocher, Mónaco, 1994.

6
LOS MECANISMOS CHAMÁNICOS
DE LA CURACIÓN CUERPO-ESPÍRITU

HULTRANTZ, Ake, *Guérison chamanique et médecine traditionnelle des Indiens d'Amérique*, Le Mail, Éd. du Rocher, Mónaco.
MAILS, E. Thomas, *Fools Crow*, Éd. du Rocher, Mónaco, 1994.
GREPIN, F. y M., *La Médecine tahitienne traditionnelle*, Éd. du Pacifique, Papeete, 1984.
DOW, Marie Louise, "*My Encounter with a Medicine Man*", en *Nueva Age Journal*, Boulder, Co, Estados Unidos, julio de 1992.
JILEK, G. Wolfgang, *Indian healing, Shamanic ceremonialism in the Pacific Northwest*, Hancock House Publishers, Surrey, BC, Canadá, 1982.
WATERS, Frank, *Le Livre du Hopi*, Éd. du Rocher, Mónaco, 1992.
—, *Masked Gods, Navaho and Pueblo ceremonialism*, Ohio, Swallow Press, Ohio University Press, 1984.
EVOLA, Julius, *Revolt against the Modern World*, Inner Traditions, Rochester, VT, Estados Unidos, 1995.
COLTON, Harold S., *Hopi Kachina Dolls*, University of Nueva Mexico, Albuquerque, NM, 1964.
WITTICK, Ben, *Shadows on Glass*, Rowman y Littlefield Publishers, Savage Maryland, Estados Unidos, 1990.
SANDNER, Donald, *Rituels de guérison chez les Navajos*, Éd. du Rocher, Mónaco, 1991.
KLAH, Hosteen, *Homme-médecine et peinture sur sable navaho*, Le Mail, Éd. du Rocher, Mónaco.
ZOLBROD, Paul G., *Le livre des Indiens Navajos*, Éd. du Rocher, Mónaco, 1992.
HARNER, Michael, *La Voie du chaman*, Éd. Press Pocket, París, 1994.

LÉVI-STRAUSS, Claude, *Le Totémisme aujourd'hui*, Presses universitaires de France, París, 1962.
EPES BROWN, John, *Les Animaux de l'âme*, Le Mail, Éd. du Rocher, Mónaco.

Conclusión

CLOTTES, Jean y LEWIS WILLIAMS, Davis, *Les Chamans de la Préhistoire*, Éd. du Seuil, París, 1996.
SANDNER, Donald, *Rituels de guérison chez les Navajos*, Éditions du Rocher, Mónaco.

ÍNDICE

Introducción
11

I
EL VIAJE
CHAMÁNICO
19

Crowley Lake, contrafuerte de la High Sierra,
California, septiembre de 1992
19

Wallace Black Elk, inipi, la *sweat lodge*
26

Conciencia amerindia
del medio ambiente, Flora Jones,
india wintu, canal del monte Shasta
39

Ritual de la tienda tembladora entre los indios crees
—al norte de Quebec— en el otoño de 1992
42

2
EL MUNDO DE LAS PLANTAS
REVELADORAS
55

Amazonia, abril de 1995
55

La experiencia
de *ayahuasca* - *santo daime*
65

Preparación de la *ayahuasca*
78

La experiencia chamánica
81

Las plantas psicoactivas
de la cuenca del Amazonas
85

3
EL TRIÁNGULO
POLINESIO
91

Profecías anteriores al contacto
92

La caverna de los antepasados
98

Profecías anteriores al contacto
en las islas de la Sociedad
102

Los primeros navegantes a Tahití - El olvido
de las antiguas tradiciones
107

La dinastía de los Teva
109

El mito de la Creación
115

Los sitios ceremoniales polinesios -
Los *marae* Ra'aitea, agosto de 1997
120

Los chamanes polinesios – Los *tahua*
126

Los tatuajes polinesios
131

4
LOS ESTADOS DE CONCIENCIA CHAMÁNICA
137

El resurgimiento del chamanismo
137

Estructura del universo chamánico
149

Visión chamánica del medio ambiente
153

El sanador herido – El llamado al camino
155

Las cartografías modernas de la conciencia
163

La búsqueda de visión
167

Retiro en el desierto del Sinaí – diciembre de 1995
169

La relación con la naturaleza
175

Búsqueda de visión de Roman Nose
176

5
LA BÚSQUEDA DEL FÍSICO
179

Rituales chamánicos y física moderna
179

Los estados de conciencia chamánica
184

Sitios sagrados y física cuántica
186

Las hipótesis de la física chamánica
189

Orígenes del conocimiento chamánico
192

Realidad chamánica y realidad virtual
205

Reseña histórica de la realidad virtual
208

Proyección fuera del cuerpo
y realidad virtual
210

Ciencia chamánica e iluminación
212

¿Hacia la teociencia?
215

Los médicos anónimos.
La catástrofe genética
217

Una teoría universal de los universos
219

La iluminación
220

6
LOS MECANISMOS CHAMÁNICOS
DE LA CURACIÓN CUERPO-ESPÍRITU
221

Curar por el *wakan* – lo sagrado
224

Interacción entre las vías
tradicionales y modernas
225

Medicina tahitiana de las plantas
y origen de la enfermedad
entre los polinesios
228

Medicina faraónica
y chamanismo tradicional
230

Ritual chamánico en los hospitales norteamericanos
231

El mundo chamánico hopi
237

Los *kachina*
240

Dinetah,
el mundo místico navajo
243

Ceremonias navajas
de pinturas sobre arena
245

Los mandalas de curación.
El camino del polen
246

La tradición oral.
Los *tahua* oradores polinesios
249

La recuperación del alma
251

Incorporación por un animal tótem
253

Los animales tótems
254

7
LOS JUEGOS DEL MÍSTICO
EL GAMBITO DE LAS ESTRELLAS
259

La estructura energética del ser humano
265

El que no dormía
266

El *pifao*
269

Las teorías vibratorias: técnicas
energéticas del tercer milenio
270

El cuerpo etérico
y el inconsciente
271

La reacción palpatoria
273

La textura
274

El movimiento etérico primario
274

La arqueología psíquica
275

El cuerpo astral
279

Sophie y la batalla de los dioses
282

Conclusión
291

Agradecimientos
297

Notas
299

Bibliografía
307